国务院参事室
中央文史研究馆 编

袁行霈　王仲伟　陈进玉 主编

中华传统文化经典百篇

上

中华书局

图书在版编目（CIP）数据

中华传统文化经典百篇：全二册/国务院参事室，中央
文史研究馆编. —北京：中华书局，2016.10（2023.2 重印）
ISBN 978-7-101-12180-3

Ⅰ.中…　Ⅱ.①国…②中…　Ⅲ.中华文化–通俗读物
Ⅳ.K203-49

中国版本图书馆 CIP 数据核字（2016）第 228675 号

书　　名	中华传统文化经典百篇(全二册)
编　　者	国务院参事室　中央文史研究馆
主　　编	袁行霈　王仲伟　陈进玉
责任编辑	吴麒麟　彭玉珊
版式设计	毛　淳
责任印制	陈丽娜
出版发行	中华书局
	（北京市丰台区太平桥西里 38 号　100073）
	http://www.zhbc.com.cn
	E-mail:zhbc@zhbc.com.cn
印　　刷	北京新华印刷有限公司
版　　次	2016 年 10 月第 1 版
	2023 年 2 月第 11 次印刷
规　　格	开本/710×1000 毫米　1/16
	印张 53¾　插页 4　字数 500 千字
印　　数	136001–138000 册
国际书号	ISBN 978-7-101-12180-3
定　　价	128.00 元

《中华传统文化经典百篇》组委会

凡 例

一、为传承中华民族的历代文化经典，弘扬中华民族优秀传统文化，展现传统文化在当代的意义，并为构建中华民族的精神家园，实现中华民族伟大复兴的"中国梦"提供精神助力，国务院参事室、中央文史研究馆特此编纂《中华传统文化经典百篇》。

二、本书选文注重思想性、学术性、现实性和可读性的统一，提倡并引导读者阅读原典，以便准确全面地领悟中华文化的精髓和真谛。本书所选的内容涉及中华文化的各个方面，其重点是那些关乎修身立德、治国理政、申张大义、嫉恶刺邪，以及伦理亲情的传世佳作。本书既是历代名著名篇的精粹选本，也是中华民族优秀传统文化的一个较小体量的缩影。

三、本书面向社会各界广大读者，包括各级领导干部、公务员、大专院校师生等。

四、本书的选录范围，上起先秦，下迄近代，历时数千年，包括先秦诗歌、辞赋及历代论说、语录、史传、奏议、碑志、杂记、序跋、尺牍等多方面的题材，希望能从各个角度、各个层次，全面反映中国优秀传统文化的面貌及其深邃的精神内核。

五、本书拟定所选篇目后，十分慎重地确定各篇底本。原文中的古今字、通假字一般不作改动，惟异体字在转换为简体字时，则根据现行标准作适当对换。每篇选文的末尾一律注明出处，即底本名称和所在卷数。

六、本书对每篇选文,均设置【题解】、【注释】、【解析】三个栏目加以诠释。【题解】部分简介作者生平、成书概况、篇题含义及该文写作背景,力求要言不繁,言之有据。【注释】部分解释字词,注明难字读音,串讲句子大意。对历史典故、地理沿革、职官制度等疑难问题,亦不回避。务求准确、晓畅,避免繁琐引录古籍原文。【解析】部分阐释文章主题,旨在以历史唯物主义的观点,站在社会主义核心价值观的高度,深入浅出地发掘中华文化永世不磨的精神内涵与特质,切中肯綮,雅俗共赏。

七、本书所选篇目,大多以原篇目为题(如《桃花源记》、《阿房宫赋》之类)。出自某书而原本未设篇目者,即以某书为题并注明选录几则(如《老子》、《论语》之类)。在原书中未独立命名的文字(如《子产不毁乡校》、《论贵粟疏》之类),今则参考前人选本另拟新题。

八、本书所收各篇的编次,不分文体类别,概以作者时代或成书先后为序。凡同一时代的作者,则按其生卒年先后为序。成书年代或作者生卒年尚存异说者,则暂取一说,并在【题解】中予以说明。

九、本书卷末附有《本书引用参考书目》。

目　录

皋陶谟

《尚书》

【题解】

《尚书》就是"上古的书",记载了自尧舜至东周的历史,基本内容是古代帝王的文告和君臣谈话记录。全书按朝代编排,分为《虞书》、《夏书》、《商书》和《周书》四部分。春秋战国时期称《书》,汉代改称为《尚书》,"以为上古帝王之书"(王充《论衡·正说篇》)。儒家尊其为经典,故又称《书经》。《尚书》相传经孔子搜求、编订,用以教授门徒。先秦儒家所传《尚书》原有百馀篇,秦焚书后多失传,后世出现今文、古文两种传本。秦博士伏生传授的二十八篇(不含《泰誓》篇),因为用汉隶写成,被称为《今文尚书》;经孔子后人孔安国整理的"孔壁古文本",较《今文尚书》多十六篇,由先秦古文字写成,被称为《古文尚书》。东晋元帝时,豫章内史梅赜献上伪托为汉代孔安国作传的《孔传古文尚书》,共五十八篇,其内容实际是今、古文的合编本。这部《尚书》由于汇聚了前人的解说,注释详明,加上王朝的提倡,很快便成为法定标准文本并流传后世。但到宋代,吴棫、朱熹等学者怀疑其为伪书,清人阎若璩的《尚书古文疏证》进一步考订辨伪,力证其伪,故后人又称之为伪《孔传》，其书中各篇的真伪需要分别具体论定。现今通行的《十三经注疏》本《尚书》，是唐代孔颖达据伪《孔传》所编订的《五经正义》本。

本篇节选自《尚书·虞书》。皋陶（gāoyáo 高摇），也写作"咎繇"。"谟"是谋划的意思。"皋陶谟"是指皋陶为帝舜谋划政事。

曰若稽古[1]，皋陶曰："允迪厥德[2]，谟明弼谐[3]。"禹曰："俞[4]！如何？"皋陶曰："都[5]！慎厥身[6]，修思永。惇叙九族[7]，庶明励翼[8]，迩可远在兹[9]。"禹拜昌言曰[10]："俞！"

皋陶曰："都！在知人，在安民。"禹曰："吁！咸若时[11]，惟帝其难之[12]。知人则哲[13]，能官人[14]。安民则惠[15]，黎民怀之。能哲而惠，何忧乎驩兜[16]，何迁乎有苗[17]，何畏乎巧言令色孔壬[18]？"

皋陶曰："都！亦行有九德[19]，亦言其人有德，乃言曰载采采[20]。"禹曰："何？"皋陶曰："宽而栗[21]，柔而立[22]，愿而恭[23]，乱而敬[24]，扰而毅[25]，直而温[26]，简而廉[27]，刚而塞[28]，强而义[29]，彰厥有常，吉哉[30]！

"日宣三德[31]，夙夜浚明有家[32]。日严祗敬六德[33]，亮采有邦[34]。翕受敷施[35]，九德咸事[36]，俊乂在官[37]，百僚师师[38]，百工惟时[39]，抚于五辰[40]，庶绩其凝[41]。无教逸欲有邦[42]，兢兢业业，一日二日万几[43]。无旷庶官[44]，天工[45]，人其代之。天叙有典[46]，敕我五典五惇哉[47]！天秩有礼[48]，自我五礼有庸哉[49]！同寅协恭和衷哉[50]！天命有德，五服五章哉[51]！天讨有罪，五刑五用哉[52]！政事懋哉[53]！懋哉！天聪明[54]，自我民聪明。天明畏[55]，自我民明威[56]。达于上下[57]，敬哉有土[58]。"

皋陶曰："朕言惠[59]，可厎行。"禹曰："俞！乃言厎可绩。"皋陶曰："予未有知，思曰赞赞襄哉[60]！"

《尚书注疏》卷四

【注释】

[1]曰若稽古：考察古时立治之道。曰若，发语词，无义。稽，稽考，考察。　[2]允迪厥德：真诚地遵行古代贤王（这里特指尧）的德行。允，诚实，真实。迪，遵行。厥，代词，指先贤。　[3]谟明弼（bì 币）谐：治国方略得以实现，群臣同心协力。谟，谋，指治国方略。弼，辅助，这里指大

臣。　　[4]俞：叹词，表肯定、应允。　　[5]都：叹词，表感叹。　　[6]"慎厥身"二句：慎修其身，思为长久之道。　　[7]惇（dūn 蹲）叙九族：以宽厚的态度对待同族的人。惇，敦厚。叙，同"序"，次第。　　[8]庶明励翼：众人皆明其教，各自勉励辅佐治国。庶，众多。翼，辅助，言如鸟之羽翼而奉戴之。　　[9]迩可远在兹：由近及远，先从自身做起。迩，近。兹，这里。　　[10]昌言：美言。　　[11]咸若时：大家都这样。时，通"是"，这样。　　[12]惟帝其难之：尧也知道知人安民为难。惟，即使。　　[13]哲：明智。　　[14]官人：指用人得当。官，任用。　　[15]惠：仁爱。　　[16]驩（huān 欢）兜：尧时大臣，因与共工一同为非作恶，被舜流放到崇山。[17]迁：流放。有苗：即"三苗"，古代部族名。因作乱，被舜流放到三危。　　[18]巧言令色：《论语·学而》："巧言令色，鲜矣仁！"令色，伪善的面貌。孔：很。壬：奸佞。　　[19]九德：即下文所说"宽而栗"等九种品德。　　[20]乃言曰载采采：说某人有好的德行，必须以许多事实作为依据。载，施行。采采，许多事。　　[21]宽而栗：宽宏豁达而恭敬谨慎，不随意。栗，威严。　　[22]柔而立：性情温和，而又有自己的主见。　　[23]愿而恭：谨慎谦逊而严肃认真，不怕事。愿，小心谨慎，含有怕事之意。　　[24]乱而敬：有治国才能，且办事认真，不恃才放旷。乱，治，这里指治理才能。　　[25]扰而毅：善于听取意见，且行事果断，不为纷杂意见所迷惑。扰，柔顺，这里指能听取他人意见。毅，刚毅，果断。　　[26]直而温：行为正直而态度温和，不生硬。　　[27]简而廉：从大处着眼，而从小处着手。简，弘大。廉，廉约。　　[28]刚而塞：性情刚正，但又思虑周全，不鲁莽。刚，刚正。塞，充实。　　[29]强而义：坚强勇敢且不违道义。义，合宜。　　[30]吉：善。　　[31]三德：九德之中有其三。　　[32]浚（jùn 俊）明有家：恭敬努力可以做卿大夫。　　[33]祗（zhī 支）：恭敬。　　[34]亮采有邦：可以辅佐天子处理政事而为诸侯。亮，辅佐。采，事务。　　[35]翕

（xī 吸）受敷施：合三德与六德而并用之，并布施政教，普遍推行。翕，合聚。敷，普遍。 [36]九德咸事：行为合于九德的人，都让他担任一定的事务。事，任职。 [37]俊乂（yì 义）在官：才德超群的人，都获得官位。俊，才德超过千人者。乂，才德超过百人者。 [38]百僚师师：指众大夫互相学习效法。 [39]百工惟时：各方面事务的负责人都把自己的职责事务做好。百工，百官。时，善。 [40]抚于五辰：顺应天象变化来处理政务。抚，顺从。五辰，指金木水火土五星，这里泛指天象。 [41]绩：功绩。凝：成就。 [42]无教逸欲有邦：治国者不要贪图安逸和私欲。 [43]一日二日万几：一天之内发生的事情很多。一日二日，指每天。万几，万端，指事务纷繁。 [44]无旷庶官：不要让官位空缺。这里指不要任用不称职的人，不称其职无异于官位空缺。旷，空缺。 [45]"天工"二句：指官职是天命所设，人代天行治国之事。意思是不称其职的人是不能代替上天的。 [46]天叙有典：上天规定了人伦次序的常法。叙，次序。典，常法。 [47]敕（chì 斥）：告诫，命令。五典：指君臣、父子、兄弟、夫妇、朋友五者之间的伦常秩序。五惇：使上述五种关系深厚。 [48]天秩有礼：上天规定了人的尊卑等级，以及相应的不同礼节。秩，次序。礼，礼节，这里指五礼。 [49]自我五礼有庸：指天子、诸侯、大夫、士、庶五种人应遵从五礼。庸，用，这里指推行五礼。 [50]同寅（yín 银）协恭和衷哉：君臣之间互相尊重，恭敬和善，同心同德。寅，恭，恭敬。衷，和善。 [51]五服五章：五服指天子、诸侯、大夫、士、庶人五等礼服。章，文采。五服文采各异，表示等级不同。 [52]五刑：指墨、劓（yì 义）、剕（fèi 废）、宫、大辟五种刑罚。五用：用来惩罚五种罪人。 [53]懋（mào 冒）：勤勉。 [54]聪明：指听取意见和观察问题。 [55]天明畏：上天明察（扬善惩恶）可畏。 [56]自我民明威：上天的可畏是由下民扬善惩恶的行为决定的。 [57]达于上下：上天与下民相通，意指天意与民意相通。 [58]有土：指拥有国土者。　　　　[59]"朕言惠"二句：我所说的都合乎事理，可以付诸实践。惠，顺，合乎事理。厎（zhǐ 纸），致，使达到。　　　　[60]思曰赞赞襄哉：不过是想赞助治国之道罢了。赞，辅佐。襄，完成，这里指治国这件事。

【解析】

　　本篇记录了帝舜与大臣谋议政事的过程，其中中心发言人是大臣皋陶。皋陶发言，中心内容就是希望帝舜继承帝尧的治国传统，使国家得到进一步发展。他提出修身、知人、安民三条具体建议，并以"九德"作为修身、知人的详细标准，强调君王应以身作则，言传身教。接着，皋陶列出上天所规定的五典、五礼、五服及五刑，建议君主据此整顿社会伦常与等级秩序，用礼仪制度规范人们的社会行为，用刑罚来惩治犯罪的人。最后，他指出天意与民意相通，上天考察政治得失，是以庶民的意见为标准。

　　皋陶的发言充分体现了古代为政的德政思想和民本思想。他从修身、用人的标准提出九德，目的就是为了安民。尧帝时发生的四大恶人事件正是关于用人的典型事例：用人不当，就会给庶民造成灾难。因此，他强调在礼制的规范下，帝王能够"慎厥身，修思永"，以身作则，自上而下以宽厚仁慈的道德规范人们的社会行为，最终达到全民整体素质的提高。这种以德为政的治国方针，突显了庶民百姓的重要性，也体现出我国较早的民本思想。

　　文中提出的"九德"准则与修己立人等意见，是对领导者的全面素质的要求，直至今日也仍具借鉴意义。

洪　范

《尚书》

【题解】

　　《洪范》篇在《今文尚书》和《古文尚书》中都有。汉人《书序》说："武王胜殷，杀受，立武庚，以箕子归，作《洪范》。"又据《史记·宋世家》、《尚书大传》等文献记载，此篇为文王建国十三年，武王伐纣胜利后箕子所作。随着出土文献的不断发现，近代以来的研究认为，此篇的成书时间当在商末，但自西周至战国，曾经过后人附益加工。(刘起釪《〈洪范〉成书时代考》)"洪"的意思是大，"范"的意思是法。"洪范"是说"大法"，即治国之道。

　　惟十有三祀[1]，王访于箕子[2]。王乃言曰："呜呼！箕子，惟天阴骘下民[3]，相协厥居[4]，我不知其彝伦攸叙[5]。"

　　箕子乃言曰："我闻在昔，鲧陻洪水[6]，汩陈其五行[7]。帝乃震怒，不畀洪范九畴[8]，彝伦攸斁[9]。鲧则殛死[10]，禹乃嗣兴[11]，天乃锡禹洪范九畴[12]，彝伦攸叙。

　　"初一曰五行[13]，次二曰敬用五事[14]，次三曰农用八政[15]，次四曰协用五纪[16]，次五曰建用皇极[17]，次六曰乂用三德[18]，次七曰明用稽疑[19]，次八曰念用庶征[20]，次九曰向用五福[21]，威用六极[22]。

　　"一、五行：一曰水，二曰火，三曰木，四曰金，五曰土。水曰润下[23]，火曰炎上[24]，木曰曲直[25]，金曰从革[26]，土爰稼穑[27]。润下作咸[28]，炎上作苦，曲直作酸，从革作辛，稼穑作甘。

　　"二、五事：一曰貌，二曰言，三曰视，四曰听，五曰思。貌曰恭[29]，言曰从[30]，视曰明，听曰聪，思曰睿[31]。恭作肃，从作乂[32]，明作晢[33]，聪作谋[34]，睿作圣[35]。

　　"三、八政：一曰食[36]，二曰货[37]，三曰祀，四曰司空[38]，五曰司徒[39]，六曰司寇[40]，七曰宾[41]，八曰师[42]。

　　"四、五纪：一曰岁，二曰月，三曰日，四曰星辰，五曰历数[43]。

　　"五、皇极：皇建其有极[44]。敛时五福[45]，用敷锡厥庶民[46]。惟时厥庶民于汝极[47]，锡汝保极。凡厥庶民，无有淫朋[48]，人无有比德[49]，惟皇作极[50]。凡厥庶民，有猷有为有守[51]，汝则念之。不协于极[52]，不罹于咎，皇则受之[53]。而康而色[54]，曰：'予攸好德[55]。'汝则锡之福。时人斯其惟皇之极[56]。无虐茕独而畏高明[57]。人之有能有为，使羞其行[58]，而邦其昌[59]。凡厥正人[60]，既富方穀[61]，汝弗能使有好于而家[62]，时人斯其辜[63]。于其无好德[64]，汝虽锡之福，其作汝用咎[65]。无偏无陂[66]，遵王之义；无有作好[67]，遵王之道；无有作恶，遵王之路。无偏无党，王道荡荡[68]；无党无偏，王道平平[69]；无反无侧[70]，王道正直。会其有极[71]，归其有极。曰皇极之敷言[72]，是彝是训，于帝其训，凡厥庶民，极之敷言，是训是行[73]，以近天子之光[74]。曰天子作民父母[75]，以为天下王。

"六、三德：一曰正直[76]，二曰刚克[77]，三曰柔克[78]。平康正直[79]，强弗友刚克[80]，燮友柔克[81]，沉潜刚克[82]，高明柔克。惟辟作福[83]，惟辟作威，惟辟玉食。臣无有作福、作威、玉食。臣之有作福、作威、玉食，其害于而家，凶于而国。人用侧颇僻[84]，民用僭忒[85]。

"七、稽疑：择建立卜筮人[86]，乃命卜筮，曰雨[87]，曰霁，曰蒙，曰驿，曰克，曰贞[88]，曰悔，凡七。卜五，占用二，衍忒[89]。立时人作卜筮，三人占[90]，则从二人之言。汝则有大疑[91]，谋及乃心[92]，谋及卿士，谋及庶人，谋及卜筮。汝则从[93]、龟从、筮从、卿士从、庶民从，是之谓大同。身其康强，子孙其逢吉[94]。汝则从、龟从、筮从、卿士逆、庶民逆，吉。卿士从、龟从、筮从、汝则逆、庶民逆，吉。庶民从、龟从、筮从、汝则逆、卿士逆，吉。汝则从、龟从、筮逆、卿士逆、庶民逆，作内吉[95]，作外凶。龟、筮共违于人，用静吉[96]，用作凶。

"八、庶征：曰雨，曰旸[97]，曰燠[98]，曰寒，曰风。曰时五者来备[99]，各以其叙，庶草蕃庑[100]。一极备[101]，凶；一极无，凶。曰休征[102]：曰肃[103]，时雨若；曰乂，时旸若；曰晢，时燠若；曰谋，时寒若；曰圣，时风若。曰咎征[104]：曰狂[105]，恒雨若；曰僭[106]，恒旸若；曰豫[107]，恒燠若；曰急[108]，恒寒若；曰蒙[109]，恒风若。曰王省惟岁[110]，卿士惟月，师尹惟日。岁、月、日时无易[111]，百谷用成[112]，乂用明，俊民用章[113]，家用平康。日、月、岁时既易，百谷用不成，乂用昏不明，俊民用微[114]，家用不宁。庶民惟星。星有好风[115]，星有好雨。日月之行[116]，则有冬有夏。月之从星[117]，则以风雨。

"九、五福：一曰寿，二曰富，三曰康宁，四曰攸好德，五曰考终命[118]。六极：一曰凶短折[119]，二曰疾，三曰忧，四曰贫，五曰恶，六曰弱。"

《尚书注疏》卷一二

【注释】

[1]惟：句首发语词。下文同。十有三祀：即十三年，指文王受命建周的第十三年，武王继位的第四年。有，通"又"。祀，年。　[2]王访于箕（jī 机）子：周武王询问箕子。箕子，殷纣王的叔父和大臣。　[3]阴骘（zhì 至）：庇护。骘，定。　[4]相协厥居：使下民和谐地安住。相，帮助。一说相为使的意思。厥，指下民。　[5]彝（yí 仪）伦：常理。攸叙：所序，引申为制定，规定。　[6]鲧（gǔn 滚）：相传为禹的父亲。陻（yīn 音）：堵塞。　[7]汩（gǔ 古）陈其五行：扰乱了天帝所创造的五行规律。汩，乱。陈，列。其，指下文的天帝。五行，金、木、水、火、土。详见下文。　[8]畀（bì 币）：给予。九畴：九类。　[9]斁（dù 杜）：败坏。　[10]殛（jí 及）：诛杀。　[11]嗣兴：指大禹接替父亲治理洪水。　[12]锡：通"赐"，赐

予。下文同。　　　[13]初一：第一。　　　[14]敬用五事：敬慎地做五件事。五事，指貌、言、视、听、思。详见下文。　　　[15]农用八政：勤勉地做好食、货、祀等八种政务。详见下文。　　　[16]协用五纪：使五种计时方法与天时相合。协，合。五纪，岁、月、日、星辰、历数五种计时方式。详见下文。　　　[17]皇极：君王所建立的法则。皇，大。极，居中，引申为中道，此处指法则。一说为至高无上的原则。　　　[18]乂（yì 义）用三德：要用正直、刚克、柔克三种德行治民。详见下文。　　　[19]明用稽疑：要明确是非，用卜问的方式解决疑难问题。稽，卜问。　　　[20]念用庶征：用心考察各种征兆。　　　[21]向用五福：用五福来引导人们行善。向，通"飨（xiǎng 享）"，劝勉。五福，指寿、富、康宁、好德、终命这五种福。详见下文。　　　[22]威用六极：用六种惩罚使人畏惧。威，通"畏"，畏惧。六极，指凶短折、疾、忧、贫、恶、弱六种惩罚。详见下文。　　　[23]水曰润下：水向下润泽。以下几句是在描绘五种物质的自然属性。　　　[24]炎上：向上燃烧。　　　[25]曲直：指木材用来作器物时可以弯曲，也可以伸直。　　　[26]从革：可以变化形状，指金属类的东西可以根据人的需求变成不同形状。革，变化。　　　[27]爰：通"曰"。稼穑：泛指农业活动。　　　[28]润下作咸：水的味道是咸的。以下几句是在讲这五种物质所对应的味道。　　　[29]貌曰恭：容貌要恭敬。以下几句在讲对五事的要求。　　　[30]从：顺从，指说话要合乎情理。　　　[31]睿（ruì 瑞）：通达，思虑广远。　　　[32]从作义：说话合乎情理，则天下可治。以下几句在讲不同的态度行为会有不同的结果。　　　[33]哲（zhé 哲）：明智。　　　[34]聪作谋：指如果听取意见广泛就能善谋。　　　[35]睿作圣：如果考虑问题通达，就可以成为圣人。　　　[36]食：代指农业。　　　[37]货：代指工商业。　　　[38]司空：掌管建筑工程等的官职。　　　[39]司徒：掌管教育的官职。　　　[40]司寇：掌管司法的官职。　　　[41]宾：宾客，指外交事务。　　　[42]师：军队，指军事管理。　　　[43]历数：即历法。　　　[44]皇建其有极：君王建立他的统治法则。其，代词，代指君王。　　[45]时：通"是"，代词，这。　　[46]敷：遍布，普遍。　　[47]"惟时厥庶民于汝极"二句：这样百姓面对你的统治法则，就会帮助你保卫、守护它们。意指百姓拥护君王的统治。　　[48]无有淫朋：不要结党营私。淫，邪恶。朋，朋党。　　[49]人：指臣子，与上文的"庶民"相对。比德：勾结做奸邪之事。　　[50]惟皇作极：只遵守君王建立的准则。　　[51]"有猷（yóu　尤）有为有守"二句：（百姓中）有谋略、有作为、有操守的，你就要记住并任用他们。猷，谋划。念，时常想到。　　[52]"不协于极"二句：（行为）不合法则，但还没有犯罪的（人）。罹（lí　离），遭受。　　[53]受：接受，容纳，引申为宽容。　　[54]而康而色：假如他态度谦恭。第一个"而"为连词，假如；第二个"而"为代词，你。康，和悦。色，脸色。　　[55]予攸好（hào　浩）德：我喜欢（您建立的）道德准则。　　[56]时人：这些人。斯：乃。　　[57]无虐茕（qióng　穷）独而畏高明：不要欺侮孤独无依的人而畏惧高贵显赫的人。茕独，泛指鳏寡孤独、无依无靠的人。高明，指高贵显赫的贵族。下同。　　[58]使羞其行：使他的才华德行能够施展。羞，进献。　　[59]而邦其昌：这样国家就会昌盛。其，乃，就。　　[60]正人：指做官的人。　　[61]既富方穀：既要给他们爵禄使之富贵，同时又要让他们行善政。方，并。穀，善。一说指禄位。　　[62]而家：国家。而，你。　　[63]时人斯其辜：这些人就将会犯罪。辜，罪过。　　[64]于其无好德：对于那些不赞成你所建立的道德准则的人。　　[65]其作汝用咎：他们为你做事用的就是罪恶的行为。意指他们会给你带来危害。　　[66]无：通"勿"。陂（pō　坡）：颇，偏颇，歪斜。　　[67]无有作好：不要作私好。意指不要徇私枉法。　　[68]荡荡：宽广。　　[69]平平（piánpián　骈骈）：形容治理有序。　　[70]反、侧：指违犯法度。　　[71]"会其有极"二句：会集那些遵守准则的人，使他们归向君王的法则。　　[72]"曰皇极之敷言"三句：君王所建立的是要遵守的法令，既是君王的训导，也是天帝的意志。 [73]是训是行：按照这个法则行事。 [74]以近天子之光：用来接近天子的光辉。意指依附天子。 [75]"曰天子作民父母"二句：天子应当像臣民的父母一般，做天下臣民的君王。 [76]正直：端正人的曲直。 [77]刚克：以刚强取胜。克，胜。 [78]柔克：以柔顺取胜。 [79]平康正直：对待平和康宁的人，要以正直的方式。以下几句都在讲对待不同的人要用不同的方式。 [80]强弗友：强硬且不亲善（的人）。友，亲近。 [81]燮（xiè 泄）友：态度和顺可亲（的人）。 [82]沉潜：都表示低下意，用以指代庶民。与下文的"高明"相对。 [83]辟：指君王。 [84]人用侧颇僻：指臣子背离准则。 [85]民用僭（jiàn 见）忒（tè 特）：臣民因此犯上作乱。忒，作恶。 [86]卜筮：以龟甲、蓍草占卦。 [87]雨、霁、蒙、驿、克：是龟甲卜卦的五种兆象。霁，兆形像雨止而云气在上。蒙，兆形像雾气蒙蒙。驿，兆形像不连贯的云气。克，兆形交错。 [88]贞、悔：蓍草占筮的两种卦象。贞，内卦。悔，外卦。 [89]衍忒：指推演卜筮所得卦象的变化（以判断吉凶）。衍，通"演"，推演。忒，变更。 [90]"三人占"二句：如果三人占卜，听从两个人的判断。 [91]则：假若。 [92]谋及乃心：你自己要先考虑。乃，你，你的。 [93]从：占卜术语，指占卜结果与占卜者意愿相符合。与下文"逆"相对。 [94]逢：大，盛。 [95]"作内吉"二句：对内吉利，对外就不吉利。 [96]"用静吉"二句：不做事就吉利，做事就凶险。 [97]旸（yáng 羊）：日出，放晴。 [98]燠（yù 玉）：暖，热。 [99]时五者来备：这五种现象都能按照一定的规律发生。备，齐备。 [100]蕃庑（wǔ 五）：（草木）生长旺盛。 [101]一极备：（上述五种现象中的）一种现象过多。与下文的"一极无"对应。 [102]休征：各种好的征兆。休，美好。 [103]"曰肃"二句：（君王治理政务）如果态度恭肃，雨就会按时而来。雨，原作"寒"，今据顾颉刚、刘起釪《尚书校释译论》改。这几句对应上文"五事",并用不同的征兆说明不同的治理态度。　　[104]咎征:各种不吉的征兆。　　[105]"曰狂"二句:君王行为狂妄,大雨就会下个不停。恒,长久,持续。　　[106]僭(jiàn 见):过失,差错。　　[107]豫:一本作"舒",安逸。　　[108]急:急躁,指行事不周全。　　[109]蒙:昏昧,指办事糊涂。　　[110]"王省(xǐng 醒)惟岁"三句:大意是说王、卿士、师尹三者职责不同,观察他们的角度时段也应不同。君王之所视察,就像一年包括四时;卿士就像月,统属于岁;师尹就像日,统属于月。省,视察。师尹,众官之长,指大夫官。　　[111]岁、月、日时无易:大意是年月日四时皆正常,则政治清明。易,变化。　　[112]用:因此。下同。成:丰收。　　[113]俊民用章:贤能的人因此能够得到任用。章,显明,这里指提拔。　　[114]微:不明,昏暗,这里指不被提拔。　　[115]"星有好风"二句:有的星喜欢带来风,有的星喜欢带来雨。古代天文学认为月亮经过某些星宿会带来特定的气象变化。此处比喻庶民的喜好变化无常。好,爱好,喜欢。　　[116]"日月之行"二句:日月运行有常,就会有冬夏这样的四季变化。比喻庶民应像众星为日月所统率一样,臣服于统治,这样国家才会安定。　　[117]"月之从星"二句:如果月亮偏离太阳而顺从于星星,就会带来风或是雨。比喻君臣顺纵庶民的欲望,就会带来灾祸。　　[118]考终命:高寿善终。考,老。　　[119]凶短折:早死。凶,未成人而死。短,年未二十而死。折,未婚而死。

【解析】

　　《洪范》篇记载了箕子对武王关于治理天下问题的回答,内容深刻丰富,是研究上古政治、哲学思想的重要文献。文章一开始就通过武王与箕子的对话,交代了本篇的缘起与主题,即如何治理好国家。然后简单地阐述了"洪范九畴"即九条治理大法的内容，作为全篇的纲目。自此以下逐条讲解五行、五事、八政、五纪、皇极、三德、稽疑、庶征、五福、六极这些具体内容。

全篇系统阐发了治理国家的原则和方法，提出了"皇极"这一重要概念，强调君王要树立统治原则最高标准。所谓皇极，即"无偏无陂，遵王之义；无有作好，遵王之道；无有作恶，遵王之路。无偏无党，王道荡荡；无党无偏，王道平平；无反无侧，王道正直。"这一段话的核心就是"王道正直，公正不偏"，是国君为维护社会秩序、处理社会事务、统一臣民思想而采取的中道原则。《左传》襄公三年在赞扬晋国祁奚荐贤的事迹时说："《商书》曰：'无偏无党，王道荡荡。'其祁奚之谓矣。"为什么说祁奚符合王道的原则？是因为他"称其仇，不为谄；立其子，不为比；举其偏，不为党"。这正是《洪范》宣扬的公平正直之道。如何达到这一目标，《洪范》提出了治理国家的三种手段——"三德"，即正直、刚克、柔克。"刚克"和"柔克"是"正直"的两翼和补充，不仅仅针对"沉潜"（庶民）和"高明"（贵族）两类不同身份的人，而且用来区别对待持不同政治态度的人。以"刚克"镇压"强弗友"的反抗者，以"柔克"软化"燮友"的驯服者。这种刚柔相济的施政手段，正是历代帝王交替运用德与法、刑与礼、怀柔与高压的统治方式。

此外《洪范》提出为政要处理好八方面的政事，即"农用八政"。八政中，最有意义的是以食、货居首，即强调农业和工商业，其后才是祭祀、军事等其他活动。殷商时期，纣王笃信天命，把"祀"与"戎"放在首位，而箕子所提出的这一治国之道是以衣食为本，说明了对经济的重视。后来史书的《食货志》之名即源于此，唐代杜佑《通典》将"食货"居于《通典》各门之首，《管子》经济思想"仓廪实，则知礼节；衣食足，则知荣辱"，都是《洪范》八政以食货为先的延伸与发展。

文中还提出为政要敬用五事，五事指貌、言、视、听、思，讲的是对行为和思想的五种要求，强调当政者要明察、善断。殷代统治的特点是"殷人尊神，率民以事神，先鬼而后礼"（《礼记·表记》）。在这样的神权背景下，箕子所提出的《洪范》五事，已不再用神的意志来概括一切，而是注意将视听所得的经验和理性思考结合起来，这就超出了人的感性认识阶段，对理性思考提出了更高的要求。

同时，上古思想中许多重要的哲学命题在本篇中也有重要的论述，例如对"五行"的论述、对卜筮与天象吉凶关系的讨论等，这对研究上古历史与哲学思想都有极为重要的参考价值。尽管《洪范》篇体现出的上古哲学与政治思想，不可避免地带有天人感应思想、神化君权的色彩，但其哲学思想的体系性与完整性，政治理论的方法性与实践性，都体现出中华上古文明的高度成熟，对后世影响深远。

无 逸

《尚书》

【题解】

　　《今文尚书》和《古文尚书》皆存《无逸》篇，二者内容相同，只是所在篇次各异。关于该篇成书时间，据《史记·鲁周公世家》记载，周公还政周成王以后，怕成王"有所淫泆"，所以写《无逸》"以诫成王"。因此一般认为是在周公还政以后所作。但与《尚书》其他篇目相比，本篇文字相对平易、流畅，所以宋代胡宏《皇王大纪》怀疑该篇为周公绝笔，较之周公其他诸诰最为晚出，今人张西堂则认为可能成于春秋末年。

　　本篇是周公劝谏成王之作，"无逸"是说不要贪图安逸享乐。

　　周公曰："呜呼！君子所其无逸[1]。先知稼穑之艰难[2]，乃逸[3]，则知小人之依。相小人[4]，厥父母勤劳稼穑[5]，厥子乃不知稼穑之艰难，乃逸乃谚[6]，既诞[7]，否则侮厥父母[8]，曰：'昔之人无闻知[9]。'"

　　周公曰："呜呼！我闻曰，昔在殷王中宗[10]，严恭寅畏[11]，天命自度[12]，治民祗惧[13]，不敢荒宁[14]，肆中宗之享国[15]，七十有五年。其在高宗[16]，时旧劳于外[17]，爰暨小人[18]。作其即位[19]，乃或亮阴[20]，三年不言[21]，其惟不言，言乃雍[22]。不敢荒宁，嘉靖殷邦[23]。至于小大[24]，无时或怨[25]。肆高宗之享国，五十有九年。其在祖甲[26]，不义惟王[27]，旧为小人。作其即位，爰知小人之依[28]，能保惠于庶民[29]，不敢侮鳏寡[30]。肆祖甲之享国，三十有三年。自时厥后[31]，立王生则逸，生则逸，不知稼穑之艰难，不闻小人之劳，惟耽乐之从[32]。自时厥后，亦罔或克寿[33]，或十年，或七八年，或五六年，或四三年。"

周公曰："呜呼！厥亦惟我周太王[34]、王季[35]，克自抑畏[36]。文王卑服[37]，即康功田功[38]。徽柔懿恭[39]，怀保小民，惠鲜鳏寡[40]。自朝至于日中昃[41]，不遑暇食[42]，用咸和万民[43]。文王不敢盘于游田[44]，以庶邦惟正之供[45]。文王受命惟中身[46]，厥享国五十年。"

周公曰："呜呼！继自今嗣王[47]，则其无淫于观、于逸、于游、于田[48]，以万民惟正之供。无皇曰[49]：'今日耽乐。’乃非民攸训[50]，非天攸若，时人丕则有愆[51]。无若殷王受之迷乱[52]，酗于酒德哉[53]！”

周公曰：“呜呼！我闻曰，古之人犹胥训告[54]，胥保惠，胥教诲，民无或胥譸张为幻[55]。此厥不听，人乃训之[56]，乃变乱先王之正刑[57]，至于小大。民否则厥心违怨[58]，否则厥口诅祝。”

周公曰：“呜呼！自殷王中宗，及高宗，及祖甲，及我周文王，兹四人迪哲[59]。厥或告之曰：‘小人怨汝詈汝[60]。’则皇自敬德[61]。厥愆[62]，曰：‘朕之愆。’允若时[63]，不啻不敢含怒[64]。此厥不听，人乃或譸张为幻，曰：‘小人怨汝詈汝。’则信之，则若时，不永念厥辟[65]，不宽绰厥心，乱罚无罪，杀无辜。怨有同[66]，是丛于厥身。”

周公曰：“呜呼！嗣王其监于兹[67]。”

《尚书注疏》卷一六

【注释】

[1]君子所其无（wù 勿）逸：君子在位，不应该贪图安逸享乐。君子，

地位高的人，这里指做官的人。所，处在。其，指其位。无，通"毋"，不要。　　[2]稼穑（sè 色）：稼本指种植庄稼，穑指收获庄稼，此处泛指农业劳动。　　[3]"乃逸"二句：这样，处在安逸的环境，就会知道百姓的痛苦了。乃，这样。小人，与上文的"君子"相对，地位低的人，这里指普通百姓。依，通"隐"，隐痛，疾苦。　　[4]相（xiàng 象）：看。　　[5]厥：他，指上文的"小人"。　　[6]乃逸乃谚：不仅安逸享受，行为还放肆不恭。谚，通"唁"，粗野。　　[7]既诞：时间久了以后。诞，《汉石经》作"延"，表示长久。　　[8]否则：于是。　　[9]昔之人无闻知：上了年纪的人什么也不懂。昔，久。闻知，指知识。　　[10]殷王中宗：指太戊，殷代第七世贤主。因商从成汤以后，政教渐衰。到太戊时，殷商复兴，故称中宗。　　[11]严恭：指外貌庄敬。寅畏：指内心敬畏。恭、寅，都表示恭敬义，前者强调外在，后者强调内心。　　[12]天命自度（duó 夺）：以天命为标准来衡量。度，衡量。　　[13]祗（zhī 支）惧：敬慎小心。祗，恭敬。　　[14]荒宁：荒怠自安，此处指安逸纵乐。　　[15]"肆中宗之享国"二句：所以中宗在位七十五年。肆，所以。享国，指在王位。有，通"又"。　　[16]高宗：指武丁，商王小乙之子，勤于政事，使商朝的政治、经济、军事、文化得到空前发展，史称"武丁盛世"。　　[17]时旧劳于外：高宗从前在外和百姓一起劳作。时，通"是"，指高宗。相传高宗为太子时，其父小乙曾命令他出外行役。　　[18]爰（yuán 元）暨小人：于是和百姓（共同稼穑）。爰，于是。暨，连词，和。　　[19]作：等到。其：指高宗。　　[20]乃或亮阴：又碰到他的父亲死去，居丧守孝。或，又。亮阴，一作"谅闇（ān 安）"，居丧守孝。　　[21]言：说话，这里指讨论国事。　　[22]言乃雍：等到守丧结束开口说话时君臣和谐。意思是深得大臣拥护。雍，和谐。　　[23]嘉靖：安定。　　[24]小：指百姓。大：指群臣。　　[25]无时或怨：没有人发怨言。时，通"是"，指高宗。　　[26]祖甲：武丁的儿子帝甲。一说成汤之孙太甲。　　　[27]"不义惟王"二句：祖甲以为代兄为王不合道义，逃亡民间，做过很久的平民百姓。东汉经学家马融说："祖甲有兄祖庚，而祖甲贤，武丁欲立之。祖甲以王废长立少，不义，逃亡民间。故曰不义惟王，久为小人也。"旧，久，长时间。一说"旧"为"过去"义。　　　[28]爰：于是。　　　[29]保惠于庶民：安定百姓，爱护众民。保，安。惠，仁爱。　　　[30]鳏（guān 官）：年老无妻的人。寡：年老无夫的人。　　　[31]"自时厥后"二句：从这以后，所立的君主生来就贪图安逸。时，通"是"，这。厥，指上述三位帝王。　　　[32]惟耽乐之从：只是沉溺在享乐之中。　　　[33]亦罔或克寿：没有国君能够长寿。罔，没有。克，能够。　　　[34]周太王：即古公亶父，文王的祖父，周公的曾祖。　　　[35]王季：文王的父亲，周公的祖父，名季历。　　　[36]抑：谦下。畏：敬畏。　　　[37]卑服：从事卑贱的劳作。服，从事。一说卑服指生活节俭。　　　[38]即：就，从事。康功：开通道路的劳动。康，指路。田功：耕种田地的劳动。　　　[39]"徽柔懿恭"二句：（他）和蔼仁慈，善良恭敬，使百姓和睦、安定。徽，善良。懿，美。　　　[40]惠：仁爱，爱护。鲜：善，这里指善待百姓。　　　[41]自朝至于日中昃（zè 仄，去声）：从早上到中午到下午。日中，中午。昃，太阳偏西。　　　[42]不遑（huáng 皇）暇食：没有闲暇时间吃饭。遑暇，空闲。　　　[43]用：以。咸和：和谐。咸，通"諴"，和睦。　　　[44]盘：安乐。田：田猎。　　　[45]以庶邦惟正之供：文王使众国进贡正常的赋税（从不横征暴敛）。以，使。正，正税，指正常的进贡。供，进献。　　　[46]受命惟中身：中年受命为君。受命，接受天命。中身，中年。　　　[47]继自今嗣王：从今以后的继位君主。　　　[48]淫：过度。观：观游，这里指不合礼制、不合时节的观游。　　　[49]无（wù 勿）皇曰：不要遽然地说。皇，遽（jù 据），仓猝。　　　[50]"非民攸训"二句：不是教导百姓的好榜样，也不是顺从天意的好君主。若，顺从。　　　[51]时人丕则有愆（qiān 千）：这样的人于是就有了过错。丕则，同上文的"否则"，于是。愆，过错。　　　[52]殷王受：即纣王。　　　[53]酗于酒德：把酗酒作为酒德。酗，沉迷于酒。于，为。　　　[54]胥：互相。训告：劝导。　　　[55]民无或胥譸（zhōu 周）张为幻：百姓没有互相欺骗诈惑的。譸张，欺诳。幻，欺诈，惑乱。　　　[56]人乃训之：人们就会以此为榜样（相互欺诈）。训，榜样。一说人们就会顺从自己的意愿。训，顺从。　　　[57]正刑：政策法令。　　　[58]"民否则厥心违怨"二句：百姓无所适从，就会心生反抗怨恨的情绪，口中发出诅咒的语言。诅祝，诅咒。　　　[59]迪哲：通达明智。迪，蹈，实践。哲，智慧。　　　[60]詈（lì 力）：骂。　　　[61]皇自：自己更加。　　　[62]厥愆："厥或愆之"的省文，有人指出他们的过错。　　　[63]允若时：确实像这样。允，信，确实。时，通"是"，这样。　　　[64]不啻（chì 赤）：不但。　　　[65]"不永念厥辟（bì 必）"二句：不多考虑国家的法度，不放宽自己的胸怀。辟，法度。　　　[66]"怨有同"二句：民心同怨，这种怨恨的情绪就会聚集在你身上。丛，聚集。　　　[67]监：通"鉴"，鉴戒，可以对照引为教训。

【解析】

　　西周初年，周公东征，初定天下，但仍面临着内忧外患、民生凋敝的局面。加之成王年少，初掌政权，经验不足。在此情况下，周公作《无逸》，总结殷商统治经验，告诫成王要勤政，切勿贪图安逸享乐。文中首先对成王提出要求"君子所其无逸"，怎样才能做到这一点？周公认为首先要了解"稼穑之艰难"，这样才能知晓百姓的疾苦。随后，周公以商周几代圣明君主为例，进一步说明无逸的重要性。最后周公告诫成王及后世嗣君要力戒逸乐，正确对待民众的怨詈，虚心听取臣民意见。

《无逸》篇体现了周初统治阶级的执政理念，对后世君主产生了深远的影响。成王、康王秉承无逸思想，勤勉为政，实现了"成康之治"，使周王朝达到了繁荣昌盛的顶峰。汉朝光武帝以《无逸》为鉴，虚心纳谏，开创"光武中兴"。清朝康熙帝则直接受《无逸》篇的影响，实践"无逸"之道，重农保民，开创了"康乾盛世"。

《周易》二卦

《周易》

【题解】

　　《周易》在先秦一般只称作《易》，后来儒家尊之为经，自汉代以来称《易经》。传世的《周易》由"经"、"传"两部分组成，"经"指原经或文本，其内容包括六十四卦的卦名、卦爻象和卦爻辞，约产生在西周初期至中期之间。"传"包括"十翼"，即《彖（tuàn 团，去声）》上下、《象》上下、《系辞》上下、《文言》、《序卦》、《说卦》、《杂卦》七种十篇，主要是解释"经"的文字，约成书于战国末年。"传"之解"经"，其特色在于将《易》由原来的卜筮之书发展转化为道德义理阐释之书，从而使《易》一跃成为"群经之首"，在中国文化史上产生了很大的影响。《周易》这部书，把认识客观规律和人们对这种规律的利用两者结合起来，指导人们根据形势的变化采取正确的决策，实质上是一部"开物成务"、"极深研几"之书。早期的《周易》，"经"、"传"并未混在一起，汉儒把《彖》、《象》纂入"经"中。《文言》是专门解释乾坤二卦的，三国的王弼把它取出，放在乾坤二卦的卦、爻辞后面，作为乾坤二卦的结论，后世因利就便，也就成为习惯。唐代孔颖达奉命撰修《周易正义》，取王弼注而为之疏，使王弼本成为流传最广的本子。这里所选的乾坤二卦，居《周易》六十四卦之首，在《周易》哲学体系中占有极其重要的地位。《周易》以阴阳作为最高的哲学范畴，而乾坤二卦对天地之间阴阳两大势力的性质和功能做了全面的阐发，它们是进入《周易》哲学体系的门户，如果不先读懂乾坤二卦，便无从窥见易道的底蕴。

乾 卦

▤ （乾下乾上）乾[1]：元，亨，利，贞。

初九[2]：潜龙，勿用[3]。

九二：见龙在田[4]，利见大人。

九三：君子终日乾乾[5]，夕惕若。厉，无咎。

九四：或跃在渊[6]，无咎。

九五：飞龙在天[7]，利见大人。

上九：亢龙有悔[8]。

用九[9]：见群龙无首，吉。

《彖》曰[10]：大哉乾元[11]，万物资始，乃统天。云行雨施[12]，品物流形。大明终始，六位时成。时乘六龙以御天。乾道变化[13]，各正性命。保合大和，乃利贞。首出庶物，万国咸宁。

《象》曰[14]：天行健[15]，君子以自强不息。"潜龙勿用"，阳在下也[16]。"见龙在田"，德施普也[17]。"终日乾乾"，反复道也[18]。"或跃在渊"，进无咎也。"飞龙在天"[19]，大人造也。"亢龙有悔"，盈不可久也。"用九"，天德不可为首也[20]。

《文言》曰[21]："元"者善之长也[22]，"亨"者嘉之会也，"利"者义之和也，"贞"者事之干也。君子体仁足以长人[23]，嘉会足以合礼，利物足以和义，贞固足以干事。君子行此四德者，故曰"乾：元、亨、利、贞"。

初九曰："潜龙勿用"，何谓也？子曰："龙德而隐者也[24]。不易乎世，不成乎名，遁世无闷，不见是而无闷。乐则行之，忧则违之，确乎其不可拔，潜龙也。"

九二曰："见龙在田，利见大人"，何谓也？子曰："龙德而正中者也[25]。庸言之信，庸行之谨，闲邪存其诚，善世而不伐，德博而化。《易》曰：'见龙在田，利见大人'，君德也。"

九三曰："君子终日乾乾，夕惕若，厉，无咎"，何谓也？子曰："君子进德修业[26]。忠信所以进德也，修辞立其诚，所以居业也。知至至之，可与言几也。知终终之，可与存义也。是故居上位而不骄，在下位而不忧。故乾乾因其时而惕，虽危无咎矣。"

九四曰："或跃在渊，无咎"，何谓也？子曰："上下无常[27]，非为邪也。进退无恒，非离群也。君子进德修业，欲及时也。故无咎。"

九五曰："飞龙在天，利见大人"，何谓也？子曰："同声相应[28]，同气相求。水流湿，火就燥，云从龙，风从虎。圣人作而万物睹。本乎天者亲上，本乎地者亲下，则各从其类也。"

上九曰："亢龙有悔"，何谓也？子曰："贵而无位[29]，高而无民，贤人在下位而无辅，是以动而有悔也。"

"潜龙勿用"[30]，下也。"见龙在田"，时舍也。"终日乾乾"，行事也。"或跃在渊"，自试也。"飞龙在天"，上治也。"亢龙有悔"，穷之灾也。乾元"用九"，天下治也。

"潜龙勿用",阳气潜藏[31]。"见龙在田",天下文明[32]。"终日乾乾",与时偕行[33]。"或跃在渊",乾道乃革[34]。"飞龙在天",乃位乎天德[35]。"亢龙有悔",与时偕极[36]。乾元"用九",乃见天则[37]。

"乾,元"者[38],始而亨者也;"利,贞"者,性情也。乾始能以美利利天下,不言所利,大矣哉!大哉乾乎!刚健中正,纯粹精也。六爻发挥[39],旁通情也。"时乘六龙",以"御天"也。"云行雨施",天下平也。

君子以成德为行[40],日可见之行也。"潜"之为言也[41],隐而未见,行而未成,是以君子"弗用"也。

君子学以聚之[42],问以辩之,宽以居之,仁以行之。《易》曰:"见龙在田,利见大人",君德也。

九三重刚而不中[43],上不在天,下不在田。故乾乾因其时而惕,虽危无咎矣。

九四重刚而不中[44],上不在天,下不在田,中不在人,故"或"之。"或"之者,疑之也,故"无咎"。

夫"大人"者,与天地合其德[45],与日月合其明,与四时合其序，与鬼神合其吉凶。先天而天弗违[46]，后天而奉天时[47]。天且弗违，而况于人乎？况于鬼神乎？

“亢”之为言也，知进而不知退，知存而不知亡，知得而不知丧。其唯圣人乎[48]！知进退存亡而不失其正者，其唯圣人乎！

《周易注疏》卷一

【注释】

[1]乾：卦名。以天为象，以健为义。乾卦，包含元、亨、利、贞四种德性。《子夏易传》说：“元，始也。亨，通也。利，和也。贞，正也。”就是说，乾卦是代表一切事物的原始根源，它是毫无阻碍，无不通达，绝对祥和有益而无害的，而且是洁净清正的。一说，“元、亨、利、贞”当读作“元亨，利贞”，元亨是大通顺，利贞是占问的事有利，贞是占问。　　[2]初九：乾卦▅有六画，称六爻（yáo 姚）。“—”为阳爻，称九。初九，指最下第一爻为阳爻。九二、九三指从下往上数第二、第三阳爻。上九，指最上阳爻。　　[3]潜龙，勿用：意思是说，乾卦的第一爻（初九），象征潜伏着的龙，以不用为佳。龙是中国古人最崇敬的生物，而且相信它具有神灵的作用，古人因借用龙的功能，说明卦爻变化的不可捉摸而可以想象的状态。子夏说：“龙所以象阳也。”潜龙，便是潜伏隐藏的龙。　　[4]“见龙在田”二句：乾卦的第二爻（九二），象征已经出现在田地上的龙一样，可以见到高贵的大人物而有利了。第一个“见”，同“现”。田，地。大人，指圣明德备的人。　　[5]“君子终日乾乾”四句：是说君子整天固守刚健中正的德性，虽然到了夜晚，还

要像白天一样的警惕自励。为学为道的君子只有这样惕励，才不会有过失和忧患。乾乾，借用重复本卦的卦名，作为形容词用。乾卦代表了至阳、至刚、至健、至中、至正等道理。把乾乾两字重复地用作形容词，就是表示人要效法乾卦的德性与精神，随时随地固守着刚健、中正、如阳的德性。惕，小心谨慎。厉，严谨而危正的德性。 [6]或跃在渊："或"是将然之辞。"或跃"谓将欲跳跃而尚在犹疑，跃跃欲试而有所图进。九三阳爻居刚位，故戒之以惕惧；九四阳爻居柔位，故有跳跃之志而又能犹疑三思。如此则可保前景无忧害。 [7]"飞龙在天"二句：此君子显达之象。飞龙在天，谓龙飞于天，表示升腾之象。利见大人，是有贵人相助之义，亦表示外部客观环境有利。 [8]亢龙：即龙飞得太高。有悔，有不好的事情。比喻处在高危的地位。 [9]用九：乾卦所特有，与《周易》筮法、占法有关。从卦象层面上讲，就是乾卦六爻全为"老阳"的卦象。从数的角度解释，就是说乾卦六爻全为"九"。这条辞反映乾中有坤但乾不是坤的特点，朱熹《周易本义》论"用九"说："六爻皆变，刚而能柔。" [10]《象》：指《象传》，它是对卦名、卦体、卦义予以解说的文字。 [11]"大哉乾元"三句：是说乾元之气太伟大了，它使万物得以萌生，并且统领主宰大自然的运作过程。乾元，指"天"的元气，即充沛宇宙间、开创万物的阳气。统，统领。天，犹言大自然。 [12]"云行雨施"五句：是说云雨以时兴降，各类物种在大气的流动中随之长成；太阳终而复始地周天运动，宇宙上下四方之位于是确定。这就好像太阳按时乘驾着六龙有规律地运行于天空。品物，即各类事物。流形，流布成形。这是指万物因雨水的滋润而不断变化发展、壮大成形。大明，即太阳。终始，指太阳东升西落的周天运动。六位，也可以说成六合、六虚，指上下四方之位或天地四时（即两仪四象）。卦有六爻六位以象宇宙，所以六位亦指六爻所在的六个位置。六位时成，就造化而言，谓乾元大明终始有序，宇宙六合于是确定；就《易》而言，谓乾元大明之德圆而神，由于它的终始有序的运动而使得六十四卦各卦的爻位因之确定。"时乘六龙以御天"一句，就象而言，是说太阳乘驾六龙有规律地运行于天；就意而言，是说圣人凭借乾卦六爻的往复规律而驾御自然。　　[13]"乾道变化"六句：是说由乾元之气所决定的天道有规律地运动变化，使得万物各得其所；乾元之气恒久维持和谐的状态，所以它能施利于万物并使万物正常运作。天道生长、万物终始相续，天下万物都可宁定安吉。　　[14]《象》：指《象传》，它是对卦辞、爻辞予以诠释的文字。　　[15]"天行健"二句：是说天道运动不止，这便是乾卦的意象。君子应当效法乾道，自觉奋勉，永无止息。行，运转不停。君子，指有才德之人。以，是以，所以。　　[16]阳在下：指初九阳气初生而居下。阳气微弱，喻君子所处之客观环境不利，行动的时机不成熟。　　[17]德施普：指九二阳气出现于地面，其生养之德普及万物。　　[18]反复道：指反复行道不使偏差。反复，指重复践行。道，正道。　　[19]"飞龙在天"二句：是说爻已至五，龙飞于天，君子风云际会，成为获得显爵之大人，可大有作为于天下。造，指有所作为。　　[20]天德：指阳刚之德。《周易正义》："天德刚健，当以柔和接待于下，不可更怀尊刚为物之首，故云'天德不可为首'也。"　　[21]《文言》：即释说乾、坤二卦之言，为《十翼》之一，又称《文言传》。六十四卦只有乾、坤二卦有《文言传》。　　[22]"'元'者善之长也"四句：元是众善之首，亨是美的集合，利是义的体现，贞是治事的根本。嘉，美。会，会合。和，反应，体现。贞，正。干，根本。　　[23]"君子体仁足以长人"四句：君子履行仁善则足以为人君长，会合众美则足以符合礼，施利于万物则足以体现义，坚守正道则足以治事。长人，为众人之君长。贞固，坚持正道。　　[24]"龙德而隐者也"九句：是说有龙一样的品德而不得不暂且隐居的人，他不会为污浊的世俗改变节操，不迷恋于成就功名，逃离这个世俗不感到苦闷，不为世人称许也不感到苦闷。称心的事付诸实施，不称心的事绝不实行，具有坚定不可动摇的意志，这就是潜龙的品格。"龙德而隐者"，《周易正义》认为这是"以人事释'潜龙'之义"。遁，隐避。不见是，不被世人所称许。违，弃，不用。确，坚定。拔，转移，动摇。　[25]"龙德而正中者也"六句：是说有龙一样的品德而立身中正的人，始终能做到言必守信，行必谨慎，防范邪僻而保持诚挚，为善于世而不自夸，德泽广施以感化天下。正中，指九二居下卦之中。庸，有平常和中和的双重意思。闲，防止。存，保持。善世，为善于世，亦可训为治世。伐，夸耀。德博，德泽广被。化，感化天下。　[26]"君子进德修业"至"虽危无咎矣"：这几句讲的是君子如何增进美德和修养功业，即追求忠信可以增进美德，修治言论而立足于诚挚可以积蓄功业。能预知事物如何进展而采取相应的行动，这样的人才可能保有适宜之行。所以能居高位而不骄横，在下位而不忧愁。勤勉于事而随时惕惧，虽有危险亦可无害。知至至之，知，预知。前"至"谓进展，指事物如何进展。后"至"谓自己的行动如何进展，指采取相应的行动。言几，讨论几微之理。原本无"言"字，今据阮元校勘记补。知终终之，前"终"字谓事物发展的终极结果，后"终"字谓自己行动的终极走向。存义，使自己的行动保持适宜。因其时，指随时。　[27]"上下无常"七句：这是譬喻贤人的上升、下降是无常则的，并非有违正道；他的进取、隐退也是无定规的，并非随波逐流。君子增进美德、修养功业，应该抓住时机，所以没有什么过失。无常、无恒，指无常则、无定规。邪，违离正道。离，当用为"丽"，依附，趋附。群，犹言世俗。　[28]"同声相应"十句：这是譬喻同类的声音互相感应，同样的气息互相求合。水向低湿处流，火往干燥处烧，云随龙吟而兴，风随虎啸而起，圣人奋起治世而万物显明可见。依存于天的亲近于上，依存于地的亲近于下，各以类相从而发挥作用。　[29]"贵而无位"四句：这是譬喻某种人太尊贵了反而没有位置可以安身，太高贵了下面难有亲上的人。贤人都处在下位而高高在上者得不到好的辅助，所以一旦轻举妄动就将"有所悔恨"。　[30]"潜龙勿用"至"穷之灾也"：这几句话是说，初九爻在最下的一位，所以不起作用，是谓"潜龙勿用"。九二爻的"见龙在田"，是说已得其时、得其位了。九三爻的"终日乾乾"，是指对于事功行为所持的态度。九四爻的"或跃在渊"有自试的现象。九五爻的"飞龙在天"，是说在上位治道的情况。上九爻的"亢龙有悔"，已经达到爻位的最高点，难免会有物极必反的灾晦。时舍，谓阳气舒发，时机已到。舍，通"舒"。穷，尽，极。　　[31]阳气潜藏：指初九如阳气潜伏，藏而未发。　　[32]天下文明：指九二如阳气发出地面，万物焕发光彩。　　[33]与时偕行：指九三如阳气发展到一定阶段，万物将趋于繁盛。行，发展。　　[34]乾道乃革：指九四如阳气发展至一个新阶段，万物正临转化。乾道，天道，即大自然的运行规律。革，变革。　　[35]乃位乎天德：位，此言尊居"天位"。天德，指九五如阳气发展到最旺盛阶段，万物已至繁茂。　　[36]与时偕极：极，穷极，穷困。爻位至上则时已穷，上九亢极则行必困。　　[37]乃见天则：乾德至极而能通其变，不为盈满，及时退返，和光同尘，如此最能体现天之法则。天则，自然法则，客观规律。　　[38]"'乾，元'者"至"纯粹精也"：这几句是说，乾卦象征天，有元亨之德，它能化生万物并使之亨通。和谐有利，贞正坚固，是天所蕴含的本性和内情。天以嘉美的惠利泽及万物，而它却不自伐其德，这真是太伟大了。伟大的天，它刚健中正，纯粹至精。　　[39]"六爻发挥"六句：是说乾卦六爻的运动变化，曲尽万物的发展情理。乾德有规律地运移其六爻，如同乘驾六龙而健行于周天，行云降雨，带来天下太平。发，动，运动。挥，移动，变化。旁通，犹言曲尽。情，天地万物的情理。时，按时，有规律。　　[40]"君子以成德为行"二句：是说君子以德业的成就，作为行为的目的。而德性之目标，以平日可以显见的行为作为标准。成德，成就德业。为行，作为立身行事之目的。日，俞樾《群经平议》以为"日"是"曰"之讹，"曰可见之行"，是说要把这种理想体现在具体的行动上。　　[41]"'潜'之为言也"四句：初九爻辞所讲的"潜"，意思是隐藏着而没有显现，行动尚未显著，所以君子暂时不施展才用。　　[42]"君子学以聚之"四句：是说君子靠学习来积累知识，靠发问来辨决疑难，胸怀宽阔而居于适当之位，心存仁爱而施诸一切行为。聚，积累知识。辩，通"辨"。仁以行之，即以仁爱之心行事，《中庸》"力行近乎仁"即此。　　[43]"九三重刚而不中"五句：是说九三是多重阳刚叠成的，居位不正中，上不达于高天，下不立于地面，所以要不断健强振作，随时保持警惕，这样即使面临危险也可免遭咎害。重刚而不中，初九、九二均为阳刚之爻，九三仍为阳爻，故称"重刚"。六十四卦的每卦只有二、五两爻居中，故九三"不中"。　　[44]"九四重刚而不中"八句：是说九四是多重阳刚叠成的，居位不正中，上不达于高天，下不立于地面，中不处于人境，所以强调"或"。强调"或"的意思，就是说要有所疑虑而多方审度，这样就能不遭咎害。中不在人，指九四之位近于天，远于地，故说中不在人。　　[45]"与天地合其德"四句：这是通过多种比拟来赞扬九五的"大人"。合，犹言符合、相同。　　[46]先天：先于天象，这里指自然界尚未出现变化时，就预先采取必要的措施。　　[47]后天：后于天象，这里指自然界出现变化之后，及时采取适当的措施。天时，指大自然的阴晴寒暑等变化规律。　　[48]其唯圣人乎：这是《文言》作者的慨叹语，与末句相同而复用，旨在渲染慨叹语气。

坤　卦

▆▆（坤下坤上）坤[1]：元，亨。利牝马之贞[2]。君子有攸往[3]，先迷，后得主，利。西南得朋[4]，东北丧朋。安贞吉[5]。

《彖》曰：至哉坤元[6]！万物资生，乃顺承天。坤厚载物[7]，德合无疆。含弘光大，品物咸亨。牝马地类[8]，行地无疆，柔顺利贞。君子攸行[9]，先迷失道，后顺得常。西南得朋[10]，乃与类行。东北丧朋，乃终有庆。安贞之吉[11]，应地无疆。

《象》曰：地势坤[12]，君子以厚德载物[13]。

初六[14]：履霜[15]，坚冰至。

《象》曰：履霜坚冰[16]，阴始凝也。驯致其道，至坚冰也。

六二：直方大[17]，不习无不利[18]。

《象》曰：六二之动[19]，直以方也。不习无不利，地道光也。

六三：含章[20]，可贞。或从王事[21]，无成有终。

《象》曰：含章可贞[22]，以时发也。或从王事，知光大也。

六四：括囊[23]，无咎无誉。

《象》曰：括囊无咎[24]，慎不害也。

六五：黄裳[25]，元吉。

《象》曰：黄裳元吉[26]，文在中也。

上六：龙战于野[27]，其血玄黄[28]。

《象》曰：龙战于野[29]，其道穷也。

用六[30]：利永贞[31]。

《象》曰：用六永贞[32]，以大终也。

《文言》曰：坤，至柔而动也刚[33]，至静而德方[34]。后得主而有常[35]，含万物而化光[36]。坤道其顺乎，承天而时行[37]。

积善之家，必有馀庆；积不善之家，必有馀殃。臣弑其君，子弑其父，非一朝一夕之故，其所由来者渐矣，由辩之不早辩也[38]。《易》曰"履霜坚冰至"，盖言顺也[39]。

直其正也[40]，方其义也。君子敬以直内[41]，义以方外，敬义立而德不孤。"直方大，不习无不利"，则不疑其所行也[42]。

阴虽有美[43]，含之，以从王事，弗敢成也。地道也，妻道也，臣道也，地道无成而代有终也。

天地变化[44]，草木蕃。天地闭，贤人隐。《易》曰"括囊，无咎无誉"，盖言谨也。

君子黄中通理[45]，正位居体，美在其中而畅于四支，发于事业，美之至也！

阴疑于阳必战[46]，为其嫌于无阳也[47]，故称"龙"焉；犹未离其类也[48]，故称"血"焉。夫玄黄者[49]，天地之杂也，天玄而地黄。

《周易注疏》卷一

【注释】

[1]"坤：元，亨"句：坤，卦名，以地为象，以顺为义。元，亨，词义与乾卦略同，此处特指"地"配合"天"，也能开创化生万物，并使之亨通。《周易本义》"元亨"连读，训为"大亨"，可备一说。　[2]利牝（pìn 聘）马之贞：贞，正也，指守持正固。"牝马"柔顺而能行地，故取为坤德之象。　[3]"君子有攸往"四句：这几句说明坤德在于柔顺、居后，抢先必迷，随后则利。攸，所。"先迷，后得主，利"三句，《周易本义》读作"先迷后得，主利"，朱骏声《六十四卦经解》以"利"属下文，读作"先迷后得主，利西南"。两说可并存。　[4]"西南得朋"二句：尚秉和《周易尚氏学》取《十二辟卦图》为说，指出坤居西北亥位，阴气逆行，沿西南方向前行遇"阳"渐盛，若沿东北方向前行则失"阳"渐尽；而"阴得阳为朋"，故西南行"得朋"，东北行"丧朋"。此说阐明"阴阳为朋"之理甚为精当，今从之。　[5]安贞吉：这是归结"得朋"、"丧朋"之义，说明坤德以安顺守正为吉。　[6]"至哉坤元"三句：是说伟大的坤元之气，万物依靠它成长，它顺从禀承天的志向。至，形容词，指大地生养万物之德美善至极。　[7]"坤

厚载物"四句：是说地体深厚而能普载万物，德性广合而能久远无疆。它含育一切使之发扬光大，万物亨通畅达遍受滋养。无疆，兼含地域无涯和时间无限之义。"含弘光大，品物咸亨"，《周易集解》引崔憬曰："含育万物为弘，光华万物为大。动植各遂其性，故言'品物咸亨'也。" [8]"牝马地类"三句：是说母马与地有类同的德性，其持久的耐性使其在大地上健行不已，其柔顺的品格使其利于持守正道。利贞，利于持守正道。 [9]"君子攸行"三句：是说君子有所前往，要是抢先居首必然迷入歧途、偏失正道，要是随从人后、温和柔顺就能使福庆久长。先，即先动，谓贸然先行。后，即后动，谓谨慎随后。坤主柔节，故宜后不宜先。得常，谓坤德能顺则福庆常保。 [10]"西南得朋"四句：是说往西南将得到友朋，可以和朋类共赴前方；往东北将丧失友朋，但最终也仍有喜庆祥祥。西南，谓阳方。朋，指得阳为友。类，众。阴无阳不行，南行得阳以为友，故可与众偕行。东北，谓阴方，行往阴方则失阳以为友。"东北丧朋，乃终有庆"，是说往东北方向虽丧阳失朋，但行至终极，必将旋转为西南方，则也出现得朋之"庆"，故曰"乃终有庆"。这是揭示阴阳循环消长之理，表明只要安顺守持坤德，即使"丧朋"，也将出现"得朋"之时。 [11]"安贞之吉"二句：安守正道而获得吉祥，是说要应合坤地的美德而永远保持下去。安贞，安守正道。应地，应合效法坤地美德。无疆，永远保持下去。 [12]地势坤：此释坤卦上下"坤"皆为"地"之象。《说卦传》谓坤象取地、其义为顺，《大象传》即依此为说。 [13]厚德载物：是说地势是顺着天的，君子应效法地，用深厚的德泽来化育人物。 [14]初六：居卦下第一位，故称"初"；以其阴爻，故称"六"。 [15]"履霜"二句：是说阴气初起，必增积渐盛，犹如微霜预示着坚冰将至。履，践，踩。 [16]"履霜坚冰"四句：是说履践秋霜意味着冬日的阴气已开始凝积，依照循序渐进的规律，坚冰必然到来。"驯致其道，至坚冰也"即"坚冰之至，驯致其道也"，为协韵而倒其语序。驯，顺，循。就客体而言，是说气自然积渐之规律；

就主体而言，是说察知几微而因循之。 [17]直方大：这是从六二的位、体、用三方面说明爻义之美。《周易正义》："生物不邪谓之'直'也，地体安静是其'方'也，无物不载是其'大'也。"尚秉和《周易尚氏学》："方者，地之体；大者，地之用；而二又居中直之位，故曰'直方大'。" [18]不习无不利：六二之爻位居中得正，能行中正之道，虽未娴熟于事，然亦无所不利，此所谓"不习"之事。习，犹言学习。 [19]"六二之动"四句：是说六二的举动行止，正直而端方，无所修习却能无所不利，是因为效法了广大的地道。地道，指地的柔顺之道。 [20]"含章"二句：是说六三阴居阳位，犹如内含美德而不轻易发露，故可守贞。含，怀有。章，文采，指美德。 [21]"或从王事"二句：或，不定之辞，含抉择时机之义。成，成功。无成，犹言不以成功自居。有终，即尽"臣职"至终。此二句承前文义，展示"含章可贞"的具体情状。 [22]"含章可贞"四句：内怀美德而可以守正，这是说六三同时也能够抓住时机发挥才能；或许还会追随君王做事，说明其智虑明智而远大。知光大，知，通"智"。六三居下卦之上，有为臣颇多艰难之象，故须"知光大"才能摆正位置，慎行免咎。 [23]"括囊"二句：是说六四处位不中，其时不利施用，故以"括囊"喻缄口不言、隐居不出。这样虽不致惹害，但也不获赞誉，故曰"无咎无誉"。括，闭也，犹言"束紧"。 [24]"括囊无咎"二句：《象传》说："束紧囊口，免遭咎害。"说明六四必须谨慎小心才能不惹祸患。六四以阴居阴，有谦退自守、慎而又慎之象，这是处位不利能获无咎的重要条件。故爻辞以"括囊"为喻，《象传》以"慎不害"设戒。 [25]"黄裳（cháng 常）"二句：是说六五以柔居上卦之中，其德谦下，故获"元吉"。黄，居"五色"之"中"，象征中道。裳，古代服装是上衣下裳，故"裳"象征"谦下"。元，大也，犹言"至大"。 [26]"黄裳元吉"二句：《象传》说："黄色裙裳，至为吉祥。"说明六五以温文之德守持中道。"文在中"，文，谓温文，与威武相对，亦喻坤德。六五获"元吉"，在于居尊而能柔和谦下，与乾卦九五阳刚向上正好相反。　　[27]龙战于野：是说上六阴气至盛，阴极阳来，二气交互和合，故有"龙战"之象。龙，喻阳刚之气。战，接。龙战，指阴阳交合。　　[28]其血玄黄：此句承上句意，谓阴阳二气交合，流出青黄交杂之血。尚秉和《周易尚氏学》："万物出生之本，由于血。血者，天地所遗氤氲之气。天玄地黄，'其血玄黄'者，言此血为天地所和合，故能生万物也。"　　[29]"龙战于野"二句：二龙交战于野外，这意味着阴道盛极而走向困穷。本爻"龙战"的喻意，含两个方面：一、阴气至盛，终究要导致阳来；二、坤道穷尽，则转入阴阳交合。所谓"天地生生之德"，就在两者矛盾统一中体现出来。此爻明显反映了《周易》阴阳相推、变易不穷的思想。　　[30]用六：义与乾卦"用九"相对，但"用六"是就阴爻而言。　　[31]利永贞：是说柔极能济之以刚则利。永，永久，含"健"义。能永久守正，即见阳刚之质。　　[32]"用六永贞"二句：即"用六永贞"，（由阴变阳，）以小变大来作终结。所谓"大"，即阳大阴小。"以大终"犹言"以阳为归宿"。　　[33]至柔而动也刚：尚秉和《周易尚氏学》："坤柔动刚，义与'用六'、'大终'同。言坤虽至柔，遇六则变阳矣。"　　[34]方：古人以为天圆地方，此处含流布四方之意。　　[35]后得主而有常：《周易正义》："阴主卑退，若在事之后，不为物先，即'得主'也；此阴之恒理，故云'有常'。"　　[36]含万物而化光：此句与《象传》"含弘光大，品物咸亨"之义同。《周易本义》："复明'亨'义。"　　[37]承天而时行：《周易集解》引荀爽曰："承天之施，因四时而行之也。"以上几句大意是，大地极为柔顺但变动时却显示出刚强，极为安静但柔美的品德却流布四方。随从人后、有人作主，于是保持福庆久长；包容一切、普载万物，于是焕发无限光芒。大地体现的规律多么柔顺啊！它禀承天的意志沿着四时运行得当。这一节是总释坤卦卦辞大义，以下六节分释六爻喻旨。　　[38]两个"辩"：通"辨"，别也。　　[39]盖言顺也：《象传》"顺"作"驯"，朱熹疑"顺"当作"慎"。在这里，此"顺"字兼驯（循）、顺、慎而言。就客体现象而说，坚冰之至有循次积渐之过程；就主体教训而说，谓当依其理而慎行之。本节是释坤卦初六爻辞，主要阐发了防微杜渐的意义。　　[40]"直其正也"二句：义，宜也。《易经蒙引》："此'正'、'义'二字，皆以见成之德言。然直不自直，必由于敬；方不自方，必由于义。直，即'主忠信'；方，即'徙义'。直，即心无私；方，即事当理。"　　[41]"君子敬以直内"三句："敬以直内，义以方外"两句复申直、方之义，犹言"以敬使内心正直，以义使外形端方"。德不孤，指美德广布，人所响应。　　[42]不疑其所行：指美德充沛，所行必畅达无碍，故不须疑虑。　　[43]"阴虽有美"至"地道无成而代有终也"：这几句大意是，阴柔在下者纵然有美德，只是含藏不露而用来辅助君王的事业，不敢把成功归属己有。坤阴对乾阳来说是处于从属地位的地道、妻道和臣道，它们本无所谓成功，而仅仅是替乾阳成就事功罢了。这里指出坤道在客观上是"成物"的，但在主观上要不以为"成"、不自居其"成"。代有终，即替乾阳成就事功而归功于乾阳。代，替。有，同"为"。终，犹"成"。　　[44]"天地变化"四句：天地变化，草木蕃盛。天地闭塞，贤人隐遁。　　[45]"君子黄中通理"五句：是说君子修美于内而通达于外，时位正当而居中得体。内在的美德，流通于四肢，发挥于事业，这真是完美至极了。黄，中之色，六五柔居上卦中位，故称"黄中"。理，指美在其中而见之于外的文理。正位居体，犹言"体居正位"，即正确居处己位。支，通"肢"。　　[46]阴疑于阳必战：是说上六处坤之极，阴极返阳，犹"凝情"于阳，故必致交合。疑，通"凝"，犹言"凝情"。　　[47]"为其嫌于无阳也"二句：是说爻辞取"龙"喻阳，是虑及读者或疑卦中无阳，不明爻义。嫌，《说文解字》："不平于心也，一曰疑也，从女兼声。"　　[48]"犹未离其类也"二句：是说上六既阴极遇阳，阴阳必合，故爻辞称"血"以明交合。类，朋类，指阳性"配偶"。　　[49]"夫玄黄者"三句：这三句说明爻辞"其血玄黄"，是譬喻天地交合之血混合。尚秉和《周易尚氏学》："言此血非阴非阳，亦阴亦阳,为天地所和合,故能生万物。"又曰:"阴阳合为'类',离则为独阴独阳。独阴独阳不能生,即不成为'血'。既曰'血',即阴阳类也,天地杂也。"这一段大意是说,阴气凝情于阳气必然相互交合。作《易》者是怕读者疑惑于坤卦没有阳爻,所以在爻辞中称"龙"代表阳;又因为阴不曾离失其配偶阳,所以在爻辞中称"血"代表阴阳交合。至于血的颜色为青黄相杂,这是说明天地阴阳的血交互混合:天为青色,地为黄色。杂,指血色相混。

【解析】

《周易》六十四卦,乾为纯阳之卦,坤为纯阴之卦;乾卦是阳卦之首,坤卦是阴卦之首。乾坤二卦集中体现了阴阳哲学的基本原理,是深入理解易道的关键。另一方面,六十四卦有不少事不同而文同者,这些文字的基本含义,在乾坤二卦里首先表现出来。如乾卦之"元亨利贞",坤卦之"西南东北",各有一定含义,别的卦用时,皆本此以为说。故而乾坤二卦在《周易》一书中又有着起例的作用。

作为《周易》六十四卦之首,乾卦以天为象征形象,具有阳性、刚健的特征。其卦辞"元亨利贞"经由《象传》解释,被提炼为四个德性范畴,称为乾之四德,其用意在于表明阳气是宇宙万物"资始"之本。但阳气的自身发展,又有一定的规律,于是,六爻拟取龙作为阳的象征,从潜龙到亢龙,层层推进,形象地展示了阳气萌生、进长、盛壮乃至穷衰消亡的变化过程。其中九五"飞龙在天",体现阳气至盛至美的情状;上九"亢龙有悔",则披露物极必反、阳极生阴的哲理。

坤卦继乾卦之后，寓有地以承天的意旨。全卦之义，在于揭示阴与阳既相对立、又相依存的关系。在这对矛盾中，阴依顺于阳而存在、发展。就卦象看，坤以地为象征形象，其义主顺。坤卦六爻主要抒发阴在附从阳的前提下的发展变化规律。二处下守中，五居尊谦下，三、四或"奉君"或"退处"，皆呈"坤，顺"之德，而以二、五最为美善；至于初六履霜与上六龙战，两相对照，又深刻体现了阴气积微必著、盛极返阳的辩证思想。

乾坤二卦不仅展示了《周易》作者对客观世界的一种纯粹理性认识，还具有一种普遍的实践指导功能。如《系辞》所说："夫《易》何为者也？夫《易》开物成务，冒天下之道，如斯而已者也。是故圣人以通天下之志，以定天下之业，以断天下之疑。"《周易》作为一部"开物成务"之书，其中的易道囊括了天地万物之理，可以启发人们的智慧，开通人们的思想，把这个易道用于处理实际的事务，就能通权达变，决断疑惑，采取正确的行动，做成一番事业。乾坤二卦对人们的启示意义，正在于要"推天道以明人事"，从天道的刚健有为中学会自强不息、奋发有为；从地道的柔顺宽容中学会宽厚涵容、厚德载物。乾坤并健，刚而能柔，柔中有刚。人们也要如同宇宙的自然法则那样，把自强不息与厚德载物结成一种双向互补、协调并济的关系，既勇猛进取又虚怀若谷。

关于《周易》的核心思想，在《乾卦·象传》中有一个经典表述："乾道变化，各正性命。保合大和，乃利贞。首出庶物，万国咸宁。""大和"即"太和"，是最高的和谐，既包括人与自然的和谐，也包括人与人之间的和谐。《周易》的核心思想是追求一种以大和为最高目标的天与人、自然与社会的整体和谐，其思维模式是一个阴阳互补的宇宙观、世界观，代表了中国文化自强不息、厚德载物的根本精神，对我们今天人类社会的建设也具有很大的启发意义。

《诗经》四篇

《毛诗》

【题解】

《诗经》是中国第一部诗歌总集，共收录305篇。其时代自西周初年至春秋中叶（约前11世纪至前6世纪）。原来只称《诗》或"诗三百"，如《论语·季氏》云："不学诗，无以言。"《论语·为政》云："诗三百，一言以蔽之，曰：思无邪。"汉武帝建元五年（前136）置"五经博士"，将《诗》与《易》、《尚书》、《礼》、《春秋》并列，是官方确认《诗》为"经"的开始。这体现了对它的尊崇，并一直沿袭了下来。可见在古人心目中早已把《诗经》视为中华传统文化最重要的原典之一。

汉代传授《诗》的有鲁、齐、韩、毛四家，后来其他三家诗先后亡佚，只有《毛诗》流传至今。《毛诗》在《关雎》之下有《毛诗序》一篇。序又分小序和大序，小序解释各篇的大意；大序是《诗经》全书的总序，其中说道："治世之音安以乐，其政和；乱世之音怨以怒，其政乖；亡国之音哀以思，其民困。"又说道："上以风化下，下以风刺上，主文而谲谏，言之者无罪，闻之者足以戒。"这些话对中国诗学都有重大的影响。

　　孔子曾将"诗三百"作为政治教化、美育和言语教育的教材,他说:"小子何莫学夫诗?诗可以兴,可以观,可以群,可以怨。迩之事父,远之事君;多识于鸟兽草木之名。"(《论语·阳货》)又说:"不学诗,无以言。"(《论语·季氏》)这些话对后世影响很大。

　　《诗经》有"六义"、"四始"之说。"六义"指风、雅、颂三种体式和赋、比、兴三种表现手法。"四始"一说指"风"、"小雅"、"大雅"、"颂"各自的第一篇,即《关雎》、《鹿鸣》、《文王》、《清庙》,本书所选的四篇正是《诗经》的"四始"之篇。

关　雎

关关雎鸠[1],在河之洲[2]。窈窕淑女[3],君子好逑[4]。

参差荇菜[5],左右流之[6]。窈窕淑女,寤寐求之[7]。

求之不得,寤寐思服[8]。悠哉悠哉[9],辗转反侧[10]。

参差荇菜,左右采之。窈窕淑女,琴瑟友之[11]。

参差荇菜,左右芼之。窈窕淑女,钟鼓乐之[12]。

《毛诗注疏》卷一

【注释】

[1]关关雎鸠(jūjiū 居究):关关,水鸟雌雄和鸣声。雎鸠,水鸟

47

名,相传"生有定偶而不相乱,偶常并游而不相狎"。 [2]洲:水中的陆地。 [3]窈窕(yǎotiǎo 杳挑,上声)淑女:窈窕,美心为窈,美状为窕。淑,美善。 [4]君子好逑(qiú 求):君子,有身份的男子的通称。好逑,好的匹配。逑,配偶。 [5]参差(cēncī 岑,阴平 呲)荇(xìng 幸)菜:参差,长短不齐的样子。荇菜,一种可食的水生植物。 [6]左右流之:指采荇菜的女子时而向左、时而向右地采摘。流,通"摎(liú 留)",捋取。下文"左右采之"、"左右芼(mào 貌)之"与此句意思相同。 [7]寤寐(wùmèi 务妹):寤,醒来。寐,入睡。 [8]思服:思,发语词,无实际意义。服,思念。 [9]悠哉悠哉:形容时间之久长。 [10]辗转反侧:"辗"与"转"同义,"反"与"侧"同义,连起来用表示坐卧不宁的样子。 [11]琴瑟友之:琴瑟,皆为古代弹拨乐器。友之,把她当成亲密的朋友对待。 [12]钟鼓乐之:钟鼓,皆为古代打击乐器。乐之,使淑女感到快乐。第四、五两章的后两句皆为迎娶后的想象之辞。

【解析】

《关雎》为"风"(又称"国风")的第一篇。"风"为地方乐调,共有十五国风,即当时十五个地区的地方乐调,其词大多属于民俗歌谣之类。

《毛诗序》说:"诗者,志之所之也。在心为志,发言为诗。情动于中而形于言,言之不足,故嗟叹之;嗟叹之不足,故永歌之;永歌之不足,不知手之舞之,足之蹈之也。"第一首《关雎》正是这种创作过程生动而具体的体现。第一章以雎鸠的和鸣兴起"窈窕淑女,君子好逑",正所谓"情动于中而形于言",为全诗之要领。第二章的"寤寐求之",第三章的"求之不得,寤寐思服。悠哉悠哉,辗转反侧",正所谓"言之不足,故嗟叹之;嗟叹之不足,故永歌之",而这种嗟叹、永歌又是那么真率,毫无扭捏矫饰之态;第四章的"琴瑟友之",第五章的"钟鼓乐之",写君子想象中的婚嫁场面,正是"永歌之不足,不知手之舞之,足之蹈之也"这种兴奋状态的生发。

全诗感情既饱满炽烈,又"和乐平正"(方玉润《诗经原始》语),"乐而不淫",正应了孔子的评价:"诗三百,一言以蔽之,曰:思无邪。"这也体现了我们的先民在婚恋观上是多么的大胆坦诚、真率纯洁。把《关雎》放在《诗经》的第一篇,有将婚恋视为"人伦之始"的意思。

鹿　鸣

呦呦鹿鸣,食野之苹[1]。我有嘉宾,鼓瑟吹笙。吹笙鼓簧[2],承筐是将[3]。人之好我[4],示我周行[5]。

呦呦鹿鸣,食野之蒿。我有嘉宾,德音孔昭[6]。视民不恌[7],君子是则是傚。我有旨酒[8],嘉宾式燕以敖[9]。

呦呦鹿鸣,食野之芩。我有嘉宾,鼓瑟鼓琴。鼓瑟鼓琴,和乐且湛[10]。我有旨酒,以燕乐嘉宾之心。

《毛诗注疏》卷九

【注释】

[1]苹:一种陆生的可食植物。下文"蒿"、"芩(qín 秦)"同义。　　[2]簧:乐管内发声的舌片。　　[3]承筐是将:古人宴享时有奉送币帛的侑宾之礼,这句就是说在宴会上进行着侑宾之礼。承,奉送。筐,盛币帛的器物。将,进行。　　[4]人之好我:人,指与会的嘉宾。我,指设宴的主人。　　[5]示我周行(háng 航):嘉宾宣示大道,向我表达友好之情。示,告。周行,大道,正道。　　[6]德音孔昭:德音,美好的品德和声誉。孔昭,非常昭著。　　[7]"视民不恌(tiāo 挑,阴平)"二句:嘉宾所说的绝非轻佻之言,因而可以把它作为规则加以效法。视,通"示"。恌,通"佻",轻薄。傚(xiào 笑),同"效",效法。　　[8]旨酒:醇美的酒。　　[9]嘉宾式燕以敖:嘉宾既可得到宴享之乐,又可得到遨游之乐。燕,通"宴"。敖,通"遨"。　　[10]湛(dān 丹):通"媅(dān 丹)",乐,尽兴。

【解析】

《鹿鸣》是"小雅"的第一篇,描写的是周人宴享宾客的场面、过程。先有奉币帛以侑宾的礼仪,再有歌乐中的酒食尽欢,最后有鼓乐齐鸣的合乐。宴饮活动的重点集中体现在主人的敬宾、嘉宾的美德,以及宴享活动维系人心的作用上。"人之好我,示我周行",这是说对主人报答的最好方式就是向他示以美德大道;"我有嘉宾,德音孔昭",这是说对嘉宾的最大敬意就是能使其德音得到显著的发扬;"和乐且湛","以燕乐嘉宾之心",宴饮最重要的社会意义就在于营造一种祥和的氛围,使宾主身心都得到愉悦。

文 王

文王在上[1]，於昭于天[2]。周虽旧邦[3]，其命维新。有周不显[4]，帝命不时。文王陟降[5]，在帝左右。

亹亹文王[6]，令闻不已。陈锡哉周[7]，侯文王孙子。文王孙子，本支百世[8]，凡周之士，不显亦世[9]。

世之不显，厥犹翼翼[10]。思皇多士[11]，生此王国。王国克生[12]，维周之桢。济济多士[13]，文王以宁。

穆穆文王[14]，於缉熙敬止[15]。假哉天命[16]，有商孙子。商之孙子，其丽不亿。上帝既命，侯于周服。

侯服于周，天命靡常[17]。殷士肤敏[18]，裸将于京[19]。厥作裸将，常服黼冔[20]。王之荩臣[21]，无念尔祖[22]。

无念尔祖，聿修厥德[23]。永言配命[24]，自求多福。殷之未丧师[25]，克配上帝。宜鉴于殷，骏命不易[26]。

命之不易，无遏尔躬[27]。宣昭义问[28]，有虞殷自天[29]。上天之载，无声无臭[30]。仪刑文王[31]，万邦作孚[32]。

《毛诗注疏》卷一六

【注释】

[1]文王在上：周文王（名姬昌）的神灵在上天。史载周人自姬昌开始称王，周人认为这是周族受天命之始。 [2]於（wū 乌）昭于天：得到天命而彰显昭著。於，叹美声。 [3]"周虽旧邦"二句：周邦虽是旧邦，但至文王而有新的开始。旧邦，历史悠久的邦国。命，天命，国祚。维，乃。 [4]"有周不显"二句：周国得以彰显，天命得以继承。时，通"承"。不，通"丕"，意为大。 [5]"文王陟（zhì 至）降"二句：是说文王神灵的上下往来，始终在天帝的左右。陟降，上下。帝，天帝。 [6]亹亹（wěiwěi 尾尾）：勤勉貌。 [7]"陈锡哉周"二句：是说接受上天厚赐的是周文王的子孙。陈，通"申"，重复。锡，通"赐"。陈锡，即厚赐。侯，维，只有。孙子，犹言子孙。 [8]本支百世：本支，根干和枝叶。这里指周的本宗和支系。百世，世世代代。 [9]不显亦世：不，通"丕"。不显，即大显。下文"世之不显"同。亦，通"奕"。亦世，即累世。 [10]厥犹翼翼：厥，其。犹，通"猷（yóu 尤）"，谋略。翼翼，谨慎貌。 [11]思皇多士：思，语气词，无实义。皇，滋长，增加。 [12]"王国克生"二句：是说周王国能培育出"多士"，他们是国家的栋梁。克，能。维，是。桢，根干，骨干。 [13]济济：众多貌。 [14]穆：和睦端庄。 [15]於（wū 乌）缉熙敬止：缉熙，光明正大。敬止，诚敬谨慎。止，语尾助词。 [16]"假哉天命"六句：是说天命是伟大的，商不下数万的子孙既已接受天命，服从了周。假，大。有商，古人在称某朝时常在前加一"有"字。丽，数目。不亿，不止一亿。古时以十万为一亿。侯，乃，于是。服，服事，臣服。 [17]靡：无，不。 [18]殷士肤敏：殷士，指助祭的殷人后代。肤敏，壮美敏捷。 [19]祼（guàn 灌）将于京：殷人的后代也来到京城进行助祭。祼，祭祀的一种形式，也称"灌祭"。将，进行。 [20]常服黼冔（fǔxǔ 府许）：常，通"尚"，还是，依然。黼

尋，殷人依然穿戴着他们的礼服和礼帽。　　[21]王之荩（jìn 近）臣：王，指主祭的周王。一说周成王。荩，进用。指周王所进用的殷商旧臣。　　[22]无念尔祖：周人劝殷商旧臣弃旧从新，不要再怀想商之先祖。　　[23]聿（yù 玉）：循，遵行。　　[24]永言配命：永远膺承上天之命。　　[25]"殷之未丧师"二句：是说殷朝在未丧失民心时，他们也能配享上帝。　　[26]骏命不易：骏命，大命，天命。不易，不容易。　　[27]无遏（è 饿）尔躬：是说天命不易长保，只是不要在你们身上中断。遏，止。　　[28]宣昭义问：宣昭，发扬光大。问，通"闻"。"义问"即令闻，好名声。　　[29]有虞殷自天：还须知道殷鉴是来自天意的。有，通"又"。虞，揣度。殷，通"依"，依从。"虞殷"含有借鉴之意。　　[30]无声无臭（xiù 嗅）：无声无息。　　[31]仪刑：效法。刑，通"型"，模范。　　[32]孚：信，信服。

【解析】

　　《文王》是"大雅"的第一篇，《毛诗序》说："雅者，正也，言王政之所由废兴也。政有小大，故有小雅焉，有大雅焉。"《文王》一诗，歌颂的是周文王如何建国以及周王子孙如何守成王业，属于政之大者。第一章以"文王在上，於昭于天"始，以"文王陟降，在帝左右"结，是说周文王的开国称王乃受命于天，"周虽旧邦，其命维新"，强调文王是新受命者，有一个新的开始。第二章"文王孙子，本支百世"，第三章"思皇多士"、"济济多士"，反复强调"多士"的重要性，指出国家只有培育出大批的新人成为国家的栋梁，文王开创的基业才能"不显亦世"，长治久安。第四章、第五章"商之孙子，其丽不亿。上帝既命，侯于周服"，是说要想自己长治久安，必须使敌人臣服，而这种臣服不能只靠武力，而要让他们心悦诚服，他们可以保留自己的文化而侯服于新王。其中"天命靡常"一句强调天命并非固定不变的，而是取决于人事。第六章"殷之未丧师，克配上帝。宜鉴于殷，骏命不易"，进一步写殷人也曾得到过天命，所以更应以殷为鉴。第七章作为结章，与第一章相呼应，既然要以天命为本，就应敬畏天命。别看"上天之载，无声无臭"，但它是公平的，是会选择的，只有效法文王，才能得到万邦的诚信。

要之，此诗在对周文王充满敬意的回忆与歌颂中，也对周王朝自身的发展做出清醒的思考。诗中反复表述要敬畏天命，培养人才，以殷亡为借鉴等，都是古人给我们留下的治国理政的宝贵经验和教训。

清　庙

　　於穆清庙[1]，肃雝显相。济济多士[2]，秉文之德[3]。对越在天[4]，骏奔走在庙[5]。不显不承[6]，无射于人斯！

《毛诗注疏》卷一九

【注释】

[1]"於（wū 乌）穆清庙"二句：进入肃穆的清庙，人们好像又见到文王本

身的相貌。於穆，犹言"穆穆"，意为肃穆。清庙，肃然清静的庙宇。肃，敬。雝（yōng 拥），同"雍"，谐和。显，明，指有明德。相，助，指助祭者。 [2]济济多士：济济，众多。多士，指参加祭祀的众多诸侯和公卿大臣。 [3]秉文之德：都秉持着文王的德行。 [4]对越在天：是说报答文王的在天之灵。对，报答。越，宣扬。 [5]骏：通"逡"，形容奔走时急速的样子。周时在庙堂祭祀时以小步速行为恭敬。 [6]"不显不承"二句：是说文王的功德多么显赫，多么盛美，人们都在毫不懈怠地继承着他的盛德和功业。不，通"丕"，大。承，通"烝"，美善。射（yì 意）：厌倦、懈怠。斯，句末语助词。

【解析】

　　颂是宗庙之乐歌，分"周颂"、"鲁颂"、"商颂"。这首《清庙》为"周颂"的第一篇，写的是周人祭祀周文王的情景。据最新的出土文献《战国楚竹书·孔子诗论》第五简记载，孔子曾这样说："《清庙》，王德也，至矣！敬宗庙之礼，以为其本；秉文之德，以为其蘖。"这些话准确地揭示了此诗的两大主旨。"於穆清庙，肃雝显相"，"骏奔走在庙"，这都是"敬宗庙之礼"。"祭神如神在"（《论语·八佾》），祭祀祖先应恭恭敬敬地恪尽职责，怀着一颗敬畏之心，感念他的伟大业绩，从而继承和巩固王德之本。"无射于人斯"，是要求子孙能毫不懈怠地"秉文之德"。而"秉文之德"的关键是"济济多士"，要有德才兼备的人才，使王德不断地"分蘖"发扬。这样看来，祭祀宗庙祖先不仅仅是形式，而是要通过这种形式追本溯源，不忘本初，凝聚人心，警示后人，紧抓人才的培养，从而光大祖先的王德和基业。

子产不毁乡校

《左传》

【题解】

《春秋左氏传》，简称《左传》，《春秋》三传之一，是我国第一部编年体史籍。"传"是注释说明的意思。"《春秋》三传"都是注释鲁史《春秋》的，另两种（《公羊传》和《穀梁传》）偏重发挥义理，只有《左传》是以叙事为主，史料价值很高。相传《左传》为春秋末期鲁国史官左丘明所编纂，但其实际成书年代或在战国中前期。此书记载了从鲁隐公元年（前722）至鲁哀公二十七年（前468）二百五十多年间东周列国的政治、经济和文化。《左传》的思想内涵极为丰富，大体上以儒家思想为主，也囊括了法家、兵家等多方面内容。内中尤以"民本"思想特别值得我们重视。本段文字出自《左传》襄公三十一年（前542），篇题为前人所加。

郑人游于乡校[1]，以论执政[2]。然明谓子产曰[3]："毁乡校，何如？"子产曰："何为？夫人朝夕退而游焉，以议执政之善否。其所善者，吾则行之；其所恶者，吾则改之，是吾师也。若之何毁之？我闻忠善以损怨[4]，不闻作威以防怨。岂不遽止[5]？然犹防川。大决所犯[6]，伤人必多，吾不克救也。不如小决使道[7]，不如吾闻而药之也[8]。”然明曰：“蔑也今而后知吾子之信可事也[9]。小人实不才。若果行此，其郑国实赖之[10]，岂唯二三臣？”

仲尼闻是语也[11]，曰：“以是观之，人谓子产不仁，吾不信也。”

《春秋左传注疏》卷四〇

【注释】

[1]乡校：古代地方学校。周代特指六乡州党的学校。　　[2]执政：执政的大臣。　　[3]然明：春秋时期郑国大夫，姓然明，名䣛蔑（zōng miè 宗灭），故下文自称蔑。子产：姬姓，公孙氏，名侨（？—前522），字子产。春秋时期郑国著名政治家、思想家。郑简公十二年（前554）为卿，二十三年开始主政郑国，相郑简公、郑定公二十馀年。　　[4]损：减少。　　[5]岂不遽（jù 巨）止：难道不能迅速制止议论？遽，赶快，疾速。　　[6]决：堤岸溃破。　　[7]道：同“导”，疏通。　　[8]吾闻而药之：我听到这些来救治弊端。药之，使之为药，救治。　　[9]信：确实。　　[10]赖：依靠。　　[11]仲尼：孔子字仲尼。

【解析】

不毁乡校一事发生在子产主政郑国的第二年（前542）。其时子产推行一系列治国新举措，遭到部分人的反对。于是，郑国人聚集乡校，批评子产的施政举措。大夫然明建议子产毁乡校，以杜绝众人的议论；而子产以政治家的气度欢迎这些批评，认为压制舆论会使民怨沸腾，诚恳接受批评才是施政的良策。《国语·周语上》"召公谏厉王弭谤"的记载说，周厉王为人暴虐，又拒绝批评，最终被臣民抛弃。子产显然熟悉这段历史，从中汲取了教训，因而做出了如此明智正确的选择。

子产论政宽猛

《左传》

【题解】

本文选自《左传》昭公二十年（前522），篇名为前人所加。这段文字记载了子产临终前对继任者子大（tài 太）叔的政治嘱托。子大叔对遗嘱的违背与遵从所造成的后果，正折射出子产作为政治家的远见卓识；而孔子对子产、子大叔执政的评价，则体现了儒家宽严相济的中和思想。

郑子产有疾。谓子大叔曰[1]："我死，子必为政[2]。唯有德者能以宽服民，其次莫如猛。夫火烈，民望而畏之，故鲜死焉[3]。水懦弱，民狎而玩之[4]，则多死焉。故宽难。"疾数月而卒。

大叔为政，不忍猛而宽。郑国多盗，取人于萑苻之泽[5]。大叔悔之，曰："吾早从夫子，不及此。"兴徒兵以攻萑苻之盗[6]，尽杀之，盗少止。

仲尼曰："善哉！政宽则民慢，慢则纠之以猛。猛则民残[7]，残则施之以宽。宽以济猛[8]，猛以济宽，政是以和。《诗》曰'民亦劳止[9]，汔可小康[10]。惠此中国，以绥四方[11]'，施之以宽也。'毋从诡随[12]，以谨无良。式遏寇虐[13]，惨不畏明'，纠之以猛也。'柔远能迩[14]，以定我王'，平之以和也。又曰'不竞不絿[15]，不刚不柔。布政优优[16]，百禄是遒[17]'，和之至也。"

及子产卒，仲尼闻之，出涕曰："古之遗爱也[18]。"

《春秋左传注疏》卷四九

【注释】

[1]子大叔：姓游，名吉，春秋时郑国贵族，继子产之后主政郑国。其人熟悉典故，娴于辞令，知名于诸侯国。　[2]为政：执政。　[3]鲜：少。　[4]狎（xiá　侠）：轻忽，轻慢。玩：弄。　[5]取（jù　聚）：通"聚"，聚集。萑苻（huánfú　桓伏）之泽：芦苇丛生的水泽。　[6]徒兵：步兵。　[7]残：残忍，残暴。　[8]济：调剂，弥补，补益。　[9]"民亦劳止"四句：见于《诗·大雅·民劳》。　[10]汔（qì　气）：差不多。　[11]绥：安。　[12]"毋从诡随"四句：见于《诗·大雅·民劳》。诡随，不顾是非而妄随人者。　[13]式：应。遏：止。　[14]"柔远能迩"二句：见于《诗·大雅·民劳》。迩，近。　[15]"不竞不絿（qiú　求）"四句：见于《诗·商颂·长发》。竞，强。絿，缓。　[16]布政：施政。优优：宽裕之貌。　[17]遒

（qiú 求）：聚。   [18]遗爱：指有古人高尚德行、被人敬爱的人。

【解析】

    本文是一篇关于子产、孔子治国理念的重要文献。子产临终前将其治民理政的经验传授给继任者子大叔，认为民之性，畏惧严苛而亵于宽松，故在春秋乱世，为政当以猛为主。子大叔继任后，不忍用猛而用宽，导致郑国多盗贼。子大叔感悟到子产遗嘱的道理，于是发兵歼灭群盗。针对郑国的政局变化，孔子阐述了治民当以宽严相济的儒家中和思想。孔子认为德治与法治应协调施用，而以德治礼治为主导，以达到社会和谐的效果。

召公谏厉王弭谤

《国语》

【题解】

《国语》是中国最早的一部国别体史书。相传为春秋末期鲁国史官左丘明编纂,但实际成书年代应在战国初期。《国语》二十一卷,分周、鲁、齐、晋、郑、楚、吴、越八国记事,起自西周中期,下迄战国初年,前后约五百年。与《左传》不同,《国语》以记言为主,记事为辅,士大夫的嘉言善语构成此书的主体。《国语》的编纂既有惩恶扬善的劝诫意味,又有汲取历史经验教训的用意,对今人亦多有启发。本篇选自《周语上》,篇题为后人所拟。"召公"一作"邵公"。

厉王虐[1],国人谤王[2]。召公告王曰[3]:"民不堪命矣!"王怒,得卫巫[4],使监谤者[5]。以告,则杀之。国人莫敢言,道路以目[6]。

王喜,告召公曰:"吾能弭谤矣[7],乃不敢言。"召公曰:"是鄣之也[8]。防民之口,甚于防川。川壅而溃[9]，伤人必多，民亦如之。是故为川，决之使导；为民者，宣之使言。故天子听政，使公卿至于列士献诗[10]，瞽献曲[11]，史献书[12]，师箴[13]，瞍赋[14]，矇诵[15]，百工谏[16]，庶人传语，近臣尽规，亲戚补察，瞽、史教诲，耆、艾修之[17]，而后王斟酌焉[18]，是以事行而不悖。民之有口也，犹土之有山川也，财用于是乎出；犹其有原隰衍沃也[19]，衣食于是乎生。口之宣言也，善败于是乎兴，行善而备败，所以阜财用衣食者也[20]。夫民虑之于心，而宣之于口，成而行之，胡可壅也[21]？若壅其口，其与能几何？”

王弗听，于是国人莫敢出言。三年[22]，乃流王于彘。

《国语》卷一《周语上》

【注释】

[1]厉王：周厉王（？—前828），姬姓，名胡。周夷王姬燮之子，西周第十位君主。虐，残暴。　　[2]国人：指居住在大邑内的人。谤，指责别人的过失。　　[3]召公：召穆公，姬姓，名虎。为厉王朝的卿士。　　[4]卫巫：卫国的巫师。　　[5]监：察看，监视。　　[6]目：不敢发言，用眼色表

态示意。 [7]弭（mǐ 米）：止息。 [8]鄣：同"障"，阻塞。 [9]壅（yōng 庸）：堵塞。 [10]列士：古称天子之上士，以别于诸侯之上士。献诗：进献诗歌，用以讽谏。 [11]瞽（gǔ 鼓）：乐官，古代以瞽者为之。瞽，眼失明。曲：原作"典"，据徐元诰《国语集解》改。 [12]史献书：外史进献史志文献以尽规鉴之效。 [13]箴：规谏，告诫。 [14]瞍（sǒu 叟）：盲人。古代乐官以盲人充任。 [15]矇：目盲。亦指一时失明。 [16]百工：各种工匠。 [17]耆（qí 棋）、艾：尊长，师长。亦泛指老年人。 [18]斟酌：反复考虑、择善而定。 [19]隰（xí 习）：低湿的地方。 [20]阜（fù 复）：谓使之丰厚、富有。 [21]胡：原作"故"，据徐元诰《国语集解》改。 [22]"三年"二句：由于周厉王统治暴虐，国人不堪忍受，三年后（前841）国人暴动，推翻厉王的统治，厉王逃亡至彘，最终死在那里。彘（zhì 智），在今山西霍县东北。

【解析】

召公用"防民之口，甚于防川"来比拟压制民间呼声的危害，并指出民间的声音有利于天子施政，而且周代已有天子纳谏的制度，厉公不应该弭谤。以人为鉴，可以明得失。厉公拒绝纳谏，最终为民所弃。因此，在上者时刻关注百姓的声音，随时反思修正自己的行为，是极为重要的。

牧　民

《管子》

【题解】

　　《管子》是战国时期管仲（？—前645）后学对管仲思想、言行的记述与发挥之作，其中也夹杂了秦汉时期的一些作品。《汉书·艺文志》将其列为"道家"，《隋书·经籍志》则将其列为"法家"。在道家、法家为主体之外，书中亦有儒家、纵横家、兵家之说，间杂阴阳家、农家思想。此书虽非管仲本人所作，但对了解战国时期的学术思想以及齐国的政治文化均有重要价值。汉代初年许多思想家的论著以及《史记》、《汉书》中都援引过《管子》。《管子》一书经西汉刘向整理后，定为八十六篇，今本存七十六篇。《牧民》是《管子》的第一篇，讲的是治理国家的总体原则与方法，共分《国颂》、《四维》、《四顺》、《士经》、《六亲五法》五章，这里所选的是前三章。

国　颂 [1]

　　凡有地牧民者[2]，务在四时[3]，守在仓廪[4]。国多财，则远者来；地辟举[5]，则民留处；仓廪实，则知礼节；衣食足，则知荣辱；上服度[6]，则六亲固；四维张[7]，则君令行。故省刑之要[8]，在禁文巧；守国之度，在饰四维[9]；顺民之经[10]，在明鬼神[11]，祇山川，敬宗庙，恭祖旧。不务天时，则财不生；不务地利，则仓廪不盈。野芜旷，则民乃菅[12]；上无量[13]，则民乃妄。文巧不禁，则民乃淫[14]；不璋两原[15]，则刑乃繁。不明鬼神，则陋民不悟[16]；不祇山川，则威令不闻；不敬宗庙[17]，则民乃上校；不恭祖旧，则孝悌不备[18]。四维不张，国乃灭亡。

【注释】

[1]国颂：形容治理国家所应有的样子。颂，形容。　　[2]牧民：管理人民。牧，本义为养牛人。　　[3]务在四时：这是说要根据天时的变化，在不同的季节里完成不同的工作，也就是《论语·学而》篇所说"使民以时"。《管子》中专有《四时》一篇论述这一问题。　　[4]守在仓廪（lǐn 凛）：其职守在于使粮仓充实。廪，粮仓。　　[5]"地辟举"二句：土地开发了，人民就会留下来居住。辟，开辟。举，开发。　　[6]"上服度"二句：大意是说在上之人用度有法，则家国巩固。服，用。度，法度，这里是有节度的意思。六亲，泛指亲属。古代为宗法社会，国民皆为部族成员，这里的六亲可理解为国

66

民。　　　[7]四维：即下文所说的礼、义、廉、耻四项纲纪。维，本义为系物的大绳，可泛指一切事物赖以固定的东西，引申为纲纪。　　　[8]"省刑之要"二句：省约刑罚的关键，在于禁止舞文弄巧。文，文饰，掩盖。巧，巧骗，伪诈。"文巧"指文过饰非、钻法律空子，即《韩非子·五蠹》所说的"儒以文乱法"。　　　[9]饬：通"饬"，整饬，端正。　　　[10]顺民之经：教训人民的办法。顺，通"训"。　　　[11]"在明鬼神"四句：明，尊敬。祇（zhī 支），恭敬。祖旧，宗亲、故旧。此数句与《管子·四称》"敬其山川、宗庙、社稷及至先故之大臣，收聚以忠而大富之"意思相同。"祖旧"即"先故之大臣"，故下文说"不恭祖旧，则孝悌不备"。　　　[12]民乃菅（jiān 尖）："菅"，一说当作"奸"，一说当作"营"，营即乱。　　　[13]上无量：在上之人用度无量，即上文"上服度"的反面。　　　[14]民乃淫：人民便有淫邪行为。淫，多的，过度的。《管子·五辅》："若民有淫行邪性，树为淫辞，作为淫巧，以上诌君上，而下惑百姓，移国动众，以害民务者，其刑死流。"　　　[15]不璋两原：璋，当作"墇"，"障"之古字，拥堵。两原，承上文而言，"上无量"乃"妄"之原，"文巧不禁"乃"淫"之原。原，通"源"。　　　[16]陋民不悟：陋，小。一说"悟"不合韵，当作"信"。　　　[17]"不敬宗庙"二句：意思是说如果不敬宗庙，老百姓就会不知尊卑而抗上。校（jiào 较），抗，较量。一说即"效"，上无所尊，下亦效之。　　　[18]悌（tì 替）：敬爱兄长，恭顺。

四　维

　　国有四维，一维绝则倾，二维绝则危，三维绝则覆，四维绝则灭。倾可正也，危可安也，覆可起也，灭不可复错也[1]。何谓四维？一曰礼，二曰义，三曰廉，四曰耻。礼不逾节[2]，义不自进，廉不蔽恶，耻不从枉。故不逾节，则上位安；不自进，则民无巧诈；不蔽恶[3]，则行自全；不从枉，则邪事不生。

【注释】

[1]复错："错"字疑为衍文，《艺文类聚》卷五三引《管子》作"得复"。　[2]"礼不逾节"四句：大意是说有了礼，就不会不知节制；有了义，就不会急于自荐、冒进；有了廉，恶行无法隐蔽；有了耻，就不会去跟随那些邪枉而无羞耻心的人。　[3]"不蔽恶"二句：不隐蔽恶行，则其品行完备。行自全，相当于"完人"之意。

四　顺

政之所兴[1]，在顺民心；政之所废，在逆民心。民恶忧劳，我佚乐之[2]；民恶贫贱，我富贵之；民恶危坠[3]，我存安之；民恶灭绝，我生育之。能佚乐之[4]，则民为之忧劳；能富贵之，则民为之贫贱；能存安之，则民为之危坠；能生育之，则民为之灭绝。故刑罚不足以畏其意[5]，杀戮不足以服其心。故刑罚繁而意不恐[6]，则令不行矣；杀戮众而心不服，则上位危矣。故从其四欲[7]，则远者自亲；行其四恶，则近者叛之。故知予之为取者[8]，政之宝也。

《管子》卷一

【注释】

[1]兴：《艺文类聚》卷五三引《管子》作"行"，顺民心则行。　[2]佚：通"逸"，安逸。　[3]"民恶危坠"二句：老百姓厌恶忧心、恐惧的生活，我存恤百姓使其安定下来。存，恤问。　[4]"能佚乐之"八句：大意是说谁能使百姓安逸、快乐，百姓就会替他操劳；谁能使百姓富贵，百姓就会甘心为他受穷；谁能存恤百姓，百姓就会为他担心；谁能生养、化育百姓，百姓就会甘心为他赴死。　[5]"故刑罚不足以畏其意"二句：刑罚不足以使百姓畏惧，杀戮不足以使百姓心服。　[6]"故刑罚繁而意不恐"四句：刑罚繁琐却不能使百姓畏惧，法令就无法施行；杀戮众多但老百姓并不心服，在上之人的位子就坐不稳了。　[7]"故从其四欲"四句：能满足百姓的"四欲"，远方的人就会来亲附；如果做了"四恶"之事，身边的人也会背叛。四欲，指上文说的"佚乐"、"富贵"、"存安"、"生育"。四恶，指"忧劳"、"贫贱"、"危坠"、"灭绝"。　[8]"故知予之为取者"二句：知道"给予"也就是"索取"的道理，这是从政的法宝。予，授予，给予。

【解析】

《牧民》篇中以礼、义、廉、耻为"国之四维"，把它们作为维持国家与社会稳定的四大纲纪而提到了一个很高的位置。"四维"当中缺了任何一样，国家就要倾颓；缺了两样，政权就要濒危；缺了三样或四样，社会就要坍毁。如果没有了道德的维系，单纯或过分依赖刑罚制裁，法律就会越来越繁琐、严苛。其结果是对老百姓的威慑力越来越小，社会治理的成本日益提高，效力却逐渐减弱了。

那么，礼义廉耻应该如何养成呢？《管子》里有一个很著名的论断："仓廪实，则知礼节；衣食足，则知荣辱。"道德不能仅靠凭空说教，必须要有一定的物质前提。人只有在满足了温饱之后，才能顾及礼义廉耻，因此"凡治国之道，必先富民"（《管子·治国》）。这和孔子主张的先"富之"，既而"教之"的观点（《论语·子路》），是一脉相承的。

尽可能地满足百姓的生活需求，做到"顺民心"，这是治理国家的关键所在。渴望安乐富裕，希望免除恐惧，需要繁衍生息，这都是人最基本的需求，也是最大的"民心"。统治者如果能想百姓之所想，多为百姓谋福祉，那么百姓也会义无反顾地报以最大的支持。

《老子》九章

《老子》

【题解】

老子（前571？—前471？）姓李，名耳，字聃（dān 丹。一说本字伯阳，谥聃），楚国苦县厉乡曲仁里（今河南鹿邑东）人，一说今安徽涡阳人。曾任周朝"守藏室之史"（管理周王室藏书的官员），中国古代哲学家、思想家，道家学派的创始人，又被后世道教尊为始祖。《史记》卷六三有传。据司马迁《史记》本传记载，老子在出函谷关前，被关令尹喜强留著书，言道德之意五千言乃去，最后不知所终。关于老子其人，司马迁的时代已莫能明，一说是楚人老莱子，与孔子同时，一说是周太史儋（dān 丹），在孔子死后129年。老子哲学分为"道"与"德"两个部分，"道"与"德"是体用关系，以"道"为宇宙的本源，解释宇宙及世间万物的变化。老子哲学蕴含着朴素的辩证法观念，如"有无相生"、"正复为奇"等等。老子主张"自然"、"无为"，司马迁认为"李耳无为自化，清静自正"，就是对老子哲学极为简括精当的说明。关于老子其书，过去有很多的争论。1973年，湖南长沙马王堆第三号汉墓出土了帛书《老子》甲、乙本。甲本抄写的年代，至晚在汉高祖时期，约前206—前195年之间。乙本抄写的年代，可能在汉惠帝时期，约前194—前180年之间。1993年，湖北荆门郭店出土了《老子》甲、乙、丙三组楚简文本，进一步证明，《老子》一书的成书时间不晚于战国中期偏晚之前。从形式上看，《老子》一书与先秦诸子之书不同之处主要有两点：一是虽不免有后学的增补修改，但基本上出自一人的手笔。二是全书基本是韵语，可以称作哲理性的散文诗。《老子》一书的通行本主要是西汉河上公《老子章句》和三国魏王弼《老子注》。这里所选的《老子》共有九章，涉及老子的"道"论、"德"论两个部分，是老子哲学思想的精髓所在。

二　章

天下皆知美之为美，斯恶已[1]；皆知善之为善，斯不善已。故有无相生[2]，难易相成，长短相较[3]，高下相倾[4]，音声相和，前后相随。是以圣人处无为之事[5]，行不言之教；万物作焉而不辞[6]，生而不有，为而不恃，功成而弗居。夫唯弗居，是以不去。

【注释】

[1]恶：丑，与"美"相对。已：通"矣"。　　[2]有无：此处的"有"、"无"指的是现象界中事物的"有"、"无"，而非本体论意义上的"有"、"无"。　　[3]较：郭店竹简本作"形"。依韵例，作"形"字是。形，比

较。　　　[4]倾：帛书本作"盈"，张松如认为此处避汉惠帝刘盈讳而改。　　　[5]圣人：道家理想中的人物"圣人"与儒家不同，道家"圣人"特征是清静无为、取法自然。无为：顺其自然。　　　[6]辞：郭店竹简、帛书甲乙本作"始"，顺其自然而不为先。

八　章

上善若水[1]。水善利万物而不争，处众人之所恶，故几于道[2]。居善地[3]，心善渊[4]，与善仁[5]，言善信[6]，正善治[7]，事善能[8]，动善时[9]。夫唯不争，故无尤[10]。

【注释】

[1]上善若水：意思是说上善之人，如水之性。上善，上善之人，即道家的圣人。以下几句都是以水德为喻，对上善之人作出的写状。　　　[2]几：接近。　　　[3]善地：善于选择地方。　　　[4]善渊：善于保持沉静。　　　[5]善仁：善于保持宽厚。　　　[6]善信：善于保持诚信。　　　[7]正：一作"政"。善治：善于保持清静。　　　[8]善能：善于发挥所长。　　　[9]善时：善于选择时机。　　　[10]尤：过失。

二十二章

曲则全，枉则直[1]，洼则盈，敝则新[2]，少则得，多则惑。是以圣人抱一[3]，为天下式。不自见[4]，故明；不自是，故彰；不自伐[5]，故有功；不自矜[6]，故长。夫唯不争，故天下莫能与之争。古之所谓曲则全者，岂虚言哉！诚全而归之。

【注释】

[1]枉：屈。 [2]敝：旧。 [3]抱一：守道。 [4]见：同"现"，表现，显现。 [5]自伐：自我夸耀。 [6]自矜（jīn 今）：自大。

二十五章

有物混成[1]，先天地生。寂兮寥兮[2]，独立不改[3]，周行而不殆，可以为天下母。吾不知其名，字之曰道，强为之名曰大。大曰逝[4]，逝曰远，远曰反。故道大，天大，地大，王亦大[5]。域中有四大，而王居其一焉。人法地，地法天，天法道，道法自然[6]。

【注释】

[1]物：同"道之为物"之"物"，这里指道。 [2]寂兮寥兮：没有声音

和形状。兮，虚词。　　[3]"独立不改"二句：意思是说道的独立性和永恒性，大道运行，无处不在，周而复始。周行，一说无处不在地运行。周，遍。另一说循环往复地运行。周，循环。　　[4]"大曰逝"三句：意思是说道的运行周流不息，无远弗届，最后又返回自然混成的本原状态。以上是对道的运行特性的说明。　　[5]王：有的版本作"人"。　　[6]自然：自然而然。

三十三章

知人者智，自知者明。胜人者有力，自胜者强。知足者富。强行者有志。不失其所者久[1]。死而不亡者寿[2]。

以上《老子道德经》上篇

【注释】

[1]不失其所者久：不失去根基或本性的人才能长久。　　[2]死而不亡者寿：肉体消亡而道长存的人才算长寿。

四十四章

名与身孰亲[1]？身与货孰多[2]？得与亡孰病[3]？是故甚爱必大费[4]，多藏必厚亡。知足不辱，知止不殆[5]，可以长久。

【注释】

[1]名与身孰亲：名利与生命哪个更值得珍惜？　[2]身与货孰多：生命与身外之物哪个更贵重？多，这里有贵重的意思。　[3]得与亡孰病：得到与失去哪个是灾祸？病，灾祸。　[4]甚爱必大费：过度的吝惜必然引起更大的浪费。　[5]殆：危险。

五十七章

　　以正治国[1]，以奇用兵，以无事取天下[2]。吾何以知其然哉？以此。天下多忌讳[3]，而民弥贫；民多利器，国家滋昏；人多伎巧，奇物滋起；法令滋彰，盗贼多有。故圣人云："我无为而民自化，我好静而民自正，我无事而民自富，我无欲而民自朴。"

【注释】

[1]"以正治国"二句：以清静之道治国，以诡奇之法用兵。奇和正是一组相反的概念。正，这里指的是清静无为之道。奇，与后来孙子所谓的"兵者，诡道也"有相通之处。　[2]以无事取天下：在老子看来，有正则有奇，奇正相生，正可以治国，奇可以用兵，但是只有无事才可以取天下。无事，无为。下文的"无为"、"好静"、"无事"、"无欲"就是其具体的展开。　[3]忌讳：这里指法令、戒条及规定等。

六十七章

天下皆谓我道大，似不肖[1]。夫唯大，故似不肖。若肖，久矣其细也夫！我有三宝，持而保之。一曰慈[2]，二曰俭[3]，三曰不敢为天下先。慈，故能勇；俭，故能广；不敢为天下先，故能成器长[4]。今舍慈且勇，舍俭且广，舍后且先，死矣！夫慈[5]，以战则胜，以守则固。天将救之，以慈卫之。

【注释】

[1]似不肖：因为道具有"逝"、"远"、"反"的特性，所以，道不可能与任何事物相似。肖，相似。 [2]慈：慈爱，宽厚。 [3]俭：与"啬"同义，节俭，有而不尽用。 [4]器长：万物的首长。器，与"道"相对。该句有的版本又作"故能为成器长"，故一说"成器"乃成词，犹"大器"，成，大。后说亦可从。 [5]"夫慈"三句：慈则相悯、相恤、相爱，故无论战与守，皆能取得胜利。这与孟子的"仁者无敌"的观念有一致之处。

七十七章

天之道，其犹张弓与？高者抑之，下者举之；有馀者损之，不足者补之。天之道，损有馀而补不足。人

77

之道则不然[1]，损不足以奉有馀。孰能有馀以奉天下？唯有道者。是以圣人为而不恃[2]，功成而不处，其不欲见贤。

以上《老子道德经》下篇

【注释】

[1]人之道：与"天之道"相对，指社会的一般规律。 [2]"是以圣人为而不恃"三句：陈鼓应据严灵峰《老子达解》认为最后三句与上文意义不相连属，乃错简，但帛书乙本已如此。见，同"现"，显现，表现。

【解析】

老子哲学，一切都是围绕着他所预设的"道"来展开的，由此呈现为宇宙论—人生论—政治论三个层次。

第二十五章是对"道"的具体描述。老子的"道"，不同于西方哲学的"绝对理念"和"绝对精神"，"道"是有实体性的具体存在，它先天地而生，无声无形，是"天下母"，宇宙万物皆由它创生而来，即所谓的"道生一，一生二，二生三，三生万物"（第四十二章），"道"是浑朴的、独立的、永恒的，大道流行，周流不息，无远弗届，最后又回归到本初的状态。

"道"最大的特性就是"自然"，"自然"即自然而然的意思。如果说，孔子哲学的核心是"仁"，那么老子哲学的核心则是"自然"。"道"是本体性的、始源性的,而"德"则是与"道"二而一的哲学范畴。"德者,得也","德"是"道"的具体展开。"道"内蕴于"德",而"德"无往而不体现于"道"之中。

老子从经验世界出发,以类比论证的方式阐述了对立转化规律。第二章的"有无相生"、第二十二章的"曲则全"等等,都体现了老子哲学的深刻之处。世间的万事万物以及一切现象皆相反相成,而人间的价值观如美与丑、善与恶等等,也同样如此。善于从反面来把握事物正反面的意义,这是老子乃至道家哲学的特异、卓异之处。朴素的辩证思维观念,构成了老子哲学的方法论。

哲学是为人生的"思维的花朵"。就老子哲学的体系而言,"道"与"德"的下落,便是老子哲学的人生论。除了第二章、二十五章以外,本篇所选的第八章、二十二章、三十三章、四十四章、五十七章、六十七章、七十七章,均是对"德"这一范畴的具体展开。

"反者道之动,弱者道之用"(第四十章),既是老子对"道"的体察的结果,也是其哲学思辨的基本方法。"反"是老子哲学认识论的主干,"反"兼具二义:一是"相反",二是"返本"。"相反",提示着从宇宙万物以及现象运行的反面来把握其意义;"返本",则要求回到"道"的"自然"的状态。所谓"道法自然"的"自然",落实于老子哲学的人生论,其核心概念便是"无为"。

"天之道,不争而善胜,不言而善应"(第七十三章),"天之道,利而不害;圣人之道,为而不争"(第八十一章),所以,与此相一致的,"功成而弗居"(第二章),"不争"(第八、二十二章),

"知足"、"知止"（第四十四章），"无为"（第五十七章），"慈"、"俭"、"不敢为天下先"（第六十七章），"功成而不处"（第七十七章）等等，都是对"无为"思想的具体论说。

毕竟，老子所处的时代及其"周守藏室之史"的身份，决定了《老子》一书在某种程度上又具有"献策资政"的性质。因此，其人生论的再一步下落，就构成了老子的政治论。"以道莅天下"（第六十章），"清静为天下正"（第四十五章），"清静"便是老子开出的治国理政的药方。在老子看来，"人之道"已经背离了"天之道"，"天下多忌讳，而民弥贫"等等（第五十七章），"人之道则不然，损不足以奉有馀"等等（第七十七章），就是老子对现实清醒体察的结果。在老子看来，正是由于统治者的恣意妄为、欲望膨胀，才造成了人世间的种种矛盾和不平等。"朝甚除，田甚芜，仓甚虚；服文采，带利剑，厌饮食，财货有馀，是谓道夸。非道也哉"（第五十三章），这显然已经是老子对统治者横征暴敛的抗议了。而老子所谓的"失道而后德，失德而后仁"（第三十八章），正是对统治者"有为"之害的深刻揭示。

毋庸置疑，老子哲学标志着先秦哲学已达到了一个新的高度，"人法地，地法天，天法道，道法自然"，这四句话既表现了老子哲学的宏大气象，也昭示着老子哲学抽象思辨的高度，"道法自然"已深刻地影响了中国人的思维方式。道家哲学与儒家哲学共同构成了中国文化的主干。可以说，儒道互补，儒显而道隐，是中国文化的基本特征。

《论语》二十六章

《论语》

【题解】

孔子（前551—前479），名丘，字仲尼，鲁国陬邑（今山东曲阜东南）人。出身于没落贵族家庭，幼年丧父，家境清贫。曾做过管理仓库和牧畜的小吏，后专心教授弟子，整理古代文献，以好礼、知礼闻名。鲁定公时出任中都宰、司空、司寇等职，后因政治理想难以实现，毅然离开鲁国，到了齐国。后又带领弟子周游卫、宋、陈、蔡等国，历时十四年之久。鲁哀公十一年（前484）归鲁，十六年卒。孔子是儒家学派创始人，是我国古代最有影响的思想家和教育家。《论语》一书由孔子弟子、再传弟子等记录并编纂，记录了孔子及其主要弟子的言行，成书时间约在战国初年，是了解孔子及其思想的主要依据，也是儒家经典文献之一。今传《论语》共二十篇，各篇若干章不等。后人比较重要的注释之作有魏何晏《论语集解》、梁皇侃《论语义疏》、宋邢昺《论语注疏》、宋朱熹《论语集注》、清刘宝楠《论语正义》等。今选二十六章。

曾子曰[1]："吾日三省吾身[2]：为人谋而不忠乎？与朋

友交而不信乎[3]? 传不习乎[4]? ”

《论语注疏》卷一《学而》

【注释】

[1]曾子: 孔子弟子曾参, 字子舆。　　[2]省 (xǐng 醒): 反省。　　[3]信: 守信用。　　[4]传: 指老师的传授。

子曰: “君子食无求饱, 居无求安, 敏于事而慎于言[1], 就有道而正焉[2], 可谓好学也已。”

《论语注疏》卷一《学而》

【注释】

[1]敏于事而慎于言: 做事勤敏而说话谨慎。　　[2]就有道而正焉: 就教于有德多才之人来端正自身。就, 趋向, 靠近。

子曰: “道之以政[1], 齐之以刑, 民免而无耻; 道之以德[2], 齐之以礼, 有耻且格。”

《论语注疏》卷二《为政》

【注释】

[1]"道之以政"三句：大意是用政令来训导，用刑罚来治理，人民就会想法逃避制裁而没有羞耻心。道，同"导"，训导。政，法制，禁令。齐，整治，整顿。刑，刑罚。免，逃避。 [2]"道之以德"三句：大意是用道德来训导，用礼教来治理，人民就会有羞耻心而归顺。格，至，来，引申为归服。

子曰："富与贵是人之所欲也，不以其道得之[1]，不处也。贫与贱是人之所恶也，不以其道得之[2]，不去也。君子去仁[3]，恶乎成名？君子无终食之间违仁[4]，造次必于是[5]，颠沛必于是。"

《论语注疏》卷四《里仁》

【注释】

[1]"不以其道得之"二句：不按仁义之道而得到富贵，君子不会居有。处，居。 [2]"不以其道得之"二句：据上下文义，前一"不"字当为衍文，是说若行仁义之道而得到贫贱，君子不会逃避。 [3]"君子去仁"二句：是说君子离开仁道，还能在哪方面成就名声呢？恶（wū 乌），何。 [4]君子无终食之间违仁：君子哪怕是吃一顿饭的时间也不会离开仁道。终食，吃完饭。 [5]"造次必于是"二句：是说紧急的时刻、困顿的时刻，都一定执着于仁道。造次，匆忙。是，指"仁"。

子曰："士志于道，而耻恶衣恶食者[1]，未足与议也[2]。"

《论语注疏》卷四《里仁》

【注释】

[1]耻恶衣恶食：以衣服不好、饮食不好为耻。　[2]未足与议：不值得与其共谋大事。

子曰："君子喻于义[1]，小人喻于利。"

《论语注疏》卷四《里仁》

【注释】

[1]喻：知晓。

子贡曰[1]："如有博施于民而能济众[2]，何如？可谓仁乎？"子曰："何事于仁[3]，必也圣乎！尧、舜其犹病诸[4]！夫仁者，己欲立而立人[5]，己欲达而达人。能近取譬[6]，可谓仁之方也已。"

《论语注疏》卷六《雍也》

【注释】

[1]子贡:孔子弟子端木赐,字子贡。　　[2]博施于民而能济众:博施恩惠给老百姓,并能周济大众。　　[3]何事于仁:哪里只是仁。孔子认为"仁"是推己及人的同情和施恩,若能博爱大众、普施广济,则不止于仁,而是已达到"圣"的境界。事,犹止,仅。　　[4]病诸:认为艰难。诸,指"博施于民而能济众"。　　[5]"己欲立而立人"二句:自己想成功,也使别人成功;自己想通达,也使别人通达。　　[6]近取譬:是说从近处自身类推,将心比心。近,指自身。取譬,寻取比喻。

子曰:"默而识之[1],学而不厌,诲人不倦[2],何有于我哉[3]?"

《论语注疏》卷七《述而》

【注释】

[1]识(zhì　志):记。　　[2]诲:教导。　　[3]何有于我哉:对我来说还有什么呢?意谓此外无他。

子曰:"德之不修,学之不讲,闻义不能徙[1],不善不能改,是吾忧也。"

《论语注疏》卷七《述而》

【注释】

[1]闻义不能徙：听到正义而不能奔赴。徙，趋赴。

子曰：“饭疏食[1]，饮水，曲肱而枕之[2]，乐亦在其中矣。不义而富且贵[3]，于我如浮云。”

《论语注疏》卷七《述而》

【注释】

[1]饭：吃。疏食：粗饭。　　[2]曲肱（gōng 弓）：弯曲胳膊。　　[3]“不义而富且贵”二句：用不正当手段得来的富贵，对于我就如同天上的浮云一般。

子曰：“盖有不知而作之者[1]，我无是也[2]。多闻，择其善者而从之，多见而识之[3]，知之次也[4]。”

《论语注疏》卷七《述而》

【注释】

[1]不知而作：不懂而盲目造作。　　[2]是：指“不知而作”。　　[3]识（zhì 志）：记。　　[4]知之次：次一等的知，即学而知。孔子认为“生而知之者上也，学而知之者次也”（《论语·季氏》）。

曾子曰："士不可以不弘毅[1]，任重而道远。仁以为己任，不亦重乎？死而后已，不亦远乎？"

《论语注疏》卷八《泰伯》

【注释】

[1]弘毅：志向远大，意志坚强。

子曰："三军可夺帅也[1]，匹夫不可夺志也。"

《论语注疏》卷九《子罕》

【注释】

[1]三军：军队的通称。

子路、曾晳、冉有、公西华侍坐[1]。

子曰："以吾一日长乎尔[2]，毋吾以也。居则曰[3]：'不吾知也！'如或知尔[4]，则何以哉？"

子路率尔而对曰[5]："千乘之国[6]，摄乎大国之间[7]，加之以师旅，因之以饥馑[8]，由也为之，比及三年[9]，可使有勇，且知方也[10]。"夫子哂之[11]。

“求！尔何如？”

对曰：“方六七十[12]，如五六十，求也为之，比及三年，可使足民。如其礼乐[13]，以俟君子。”

“赤！尔何如？”

对曰：“非曰能之，愿学焉。宗庙之事，如会同[14]，端章甫[15]，愿为小相焉[16]。”

“点！尔何如？”

鼓瑟希[17]，铿尔[18]，舍瑟而作[19]，对曰：“异乎三子者之撰[20]。”

子曰：“何伤乎[21]？亦各言其志也。”

曰：“莫春者[22]，春服既成[23]，冠者五六人[24]，童子六七人，浴乎沂[25]，风乎舞雩[26]，咏而归。”

夫子喟然叹曰：“吾与点也[27]！”

三子者出，曾皙后。曾皙曰：“夫三子者之言何如？”

子曰：“亦各言其志也已矣。”

曰：“夫子何哂由也？”

曰：“为国以礼，其言不让，是故哂之。”

"唯求则非邦也与[28]？"

"安见方六七十如五六十而非邦也者？"

"唯赤则非邦也与？"

"宗庙会同，非诸侯而何？赤也为之小[29]，孰能为之大？"

《论语注疏》卷一一《先进》

【注释】

[1]子路：仲由，字子路。曾晳：名点，曾参之父。冉有：名求，字子有。公西华：名赤，字子华。四人皆孔子弟子。侍坐：在尊长近旁陪坐。　[2]"以吾一日长乎尔"二句：因为我比你们年长一些，不要因为我而难以畅所欲言。　[3]居：平素家居。　[4]"如或知尔"二句：如果有人了解你们，那你们将怎么做呢？何以，何用，何为。　[5]率尔：急遽的样子。　[6]千乘（shèng 剩）：一千辆兵车。古时四匹马驾一辆车合称"乘"，车乘多少可反映一个国家的大小和强弱。　[7]摄：夹处。　[8]因：承接。饥馑（jǐn 紧）：饥荒。　[9]比及：等到。　[10]知方：明白规矩道义。　[11]哂（shěn 审）：微笑。此处带有讥笑之意。　[12]方六七十，如五六十：指疆土纵横六七十里，或五六十里的小国。如，或。　[13]"如其礼乐"二句：至于礼乐教化，有待君子来做了。　[14]如：或。会同：会、同本为诸侯朝见天子之礼的名称，这里当指诸侯之间聘问相见之礼。　[15]端章甫：穿戴好礼服礼帽。端，古代的一种黑色礼服。章甫，商代玄冠之名，亦用为礼帽。此处皆用作动词。　[16]相：在主人（包括天子、诸侯、大夫）

左右襄助行礼的司仪。相分大小，小相指职务轻微之相。　[17]鼓瑟希：弹瑟声稀落渐尽。希，同"稀"。　[18]铿尔：铿的一声。形容投瑟之声。　[19]作：站起来。　[20]异乎三子者之撰：是说自己的志向与三人所述不同。撰，述。　[21]伤：妨害。　[22]莫春：季春三月。莫，同"暮"。　[23]春服：春日穿的夹衣。　[24]冠者：指成人。古时男子年二十而冠。　[25]沂：古水名。源出山东曲阜东南尼山，流经曲阜南二里处，往西注入泗水。　[26]风乎舞雩（yú 鱼）：在舞雩台上吹风。舞雩，台名，祭天求雨之处。雩祭有歌舞，故称舞雩。　[27]与：赞同。　[28]唯求则非邦也与：冉求讲的难道就不是邦国吗？　[29]"赤也为之小"二句：是说公西赤自称只能作小相，那谁能作大相？

　　颜渊问仁[1]。子曰："克己复礼为仁[2]。一日克己复礼，天下归仁焉[3]。为仁由己，而由人乎哉？"

　　颜渊曰："请问其目[4]。"子曰："非礼勿视，非礼勿听，非礼勿言，非礼勿动。"

　　颜渊曰："回虽不敏，请事斯语矣[5]。"

《论语注疏》卷一二《颜渊》

【注释】

　　[1]颜渊：孔子弟子颜回，字子渊。　[2]克己复礼为仁：约束自己而复归于礼就是仁。克，克制，约束。复，返。　[3]归仁：称许为仁。归，犹"与"，赞许。　[4]目：条目，细则。　[5]请事斯语：请让我按照这句话

去做吧。事，从事。

子贡问政[1]。子曰："足食[2]，足兵，民信之矣。"

子贡曰："必不得已而去，于斯三者何先？"
曰："去兵。"

子贡曰："必不得已而去，于斯二者何先？"
曰："去食。自古皆有死，民无信不立[3]。"

《论语注疏》卷一二《颜渊》

【注释】

[1]政：指为政之道。　[2]"足食"二句：食指粮食储备，兵指军事（包括兵卒与兵器等）储备。[3]民无信不立：如果人民对政府没有信任，国家根本站不住。

季康子问政于孔子[1]。孔子对曰："政者，正也。子帅以正[2]，孰敢不正？"

《论语注疏》卷一二《颜渊》

【注释】

[1]季康子：季孙肥，鲁哀公时的正卿，"康"为其谥号。　[2]子帅以

正：您带头端正。帅，引导，带头。

　　樊迟问仁[1]。子曰："爱人。"问知。子曰："知人。"樊迟未达[2]。子曰："举直错诸枉[3]，能使枉者直[4]。"

　　樊迟退，见子夏曰："乡也吾见于夫子而问知[5]，子曰：'举直错诸枉，能使枉者直。'何谓也？"子夏曰："富哉言乎[6]！舜有天下，选于众[7]，举皋陶[8]，不仁者远矣[9]。汤有天下，选于众，举伊尹[10]，不仁者远矣。"

《论语注疏》卷一二《颜渊》

【注释】

　　[1]樊迟：孔子弟子樊须，字子迟。　　[2]达：明白。　　[3]举直错诸枉：选拔正直的人，把他们放在邪曲之人上面进行统治。错，通"措"，置。枉，邪曲，不正直。　　[4]使枉者直：使邪曲之人正直起来。　　[5]乡（xiàng 象）：同"向"，刚才。　　[6]富：充裕，丰厚。　　[7]选于众：在众人中选拔人才。　　[8]皋陶（gāoyáo 高摇）：传说中的东夷族首领，舜时掌刑法，后被禹选为继承人，因早死，未继位。　　[9]不仁者远：不仁的人远离而去。　　[10]伊尹：商朝贤臣，助汤灭

夏建立商朝。

子曰："其身正[1]，不令而行；其身不正，虽令不从。"

《论语注疏》卷一三《子路》

【注释】

[1]"其身正"二句：在位者自身端正，即使不下命令，事情也能行得通。

子夏为莒父宰[1]，问政。子曰："无欲速[2]，无见小利[3]。欲速则不达；见小利，则大事不成。"

《论语注疏》卷一三《子路》

【注释】

[1]子夏：孔子弟子卜商，字子夏。莒（jǔ 举）父：鲁国邑名，其地约在今山东莒县西。宰：邑的长官。 [2]无欲速：不要贪图快速。 [3]无见小利：不要只看小利。

子曰："君子和而不同[1]，小人同而不和。"

《论语注疏》卷一三《子路》

【注释】

[1]和：调和。同：等同。

子曰："君子道者三[1]，我无能焉：仁者不忧[2]，知者不惑，勇者不惧。"子贡曰："夫子自道也。"

《论语注疏》卷一四《宪问》

【注释】

[1]君子道：君子之道。者：指代君子之道的内涵。　　[2]"仁者不忧"二句：有仁德的人不忧愁，有智慧的人不迷惑。

子曰："志士仁人，无求生以害仁[1]，有杀身以成仁[2]。"

《论语注疏》卷一五《卫灵公》

【注释】

[1]求生以害仁：贪求生存而损害仁道。　　[2]杀身以成仁：牺牲自身来成全仁道。

子贡问曰："有一言而可以终身行之者乎[1]？"子

曰："其恕乎？己所不欲[2]，勿施于人。"

《论语注疏》卷一五《卫灵公》

【注释】

[1]一言：一个字。　　[2]"己所不欲"二句：自己不愿意做的事情，不要强加给别人。

季氏将伐颛臾[1]。冉有、季路见于孔子[2]，曰："季氏将有事于颛臾[3]。"

孔子曰："求！无乃尔是过与[4]？夫颛臾，昔者先王以为东蒙主[5]，且在邦域之中矣，是社稷之臣也。何以伐为[6]？"

冉有曰："夫子欲之[7]，吾二臣者皆不欲也。"

孔子曰："求！周任有言曰[8]：'陈力就列[9]，不能者止。'危而不持，颠而不扶，则将焉用彼相矣[10]？且尔言过矣，虎兕出于柙[11]，龟玉毁于椟中[12]，是谁之过与？"

冉有曰："今夫颛臾固而近于费[13]。今不取，后世必为子孙忧。"

孔子曰："求！君子疾夫舍曰欲之而必为之辞[14]。丘也闻有国有家者，不患寡而患不均[15]，不患贫而患不安。盖均无贫，和无寡，安无倾[16]。夫如是，故远人不服，则修文德以来之[17]。既来之，则安之。今由与求也，相夫子，远人不服，而不能来也；邦分崩离析，而不能守也；而谋动干戈于邦内。吾恐季孙之忧，不在颛臾，而在萧墙之内也[18]。"

《论语注疏》卷一六《季氏》

【注释】

[1]季氏：指季康子。颛臾（zhuānyú　专于）：春秋时鲁国的附庸国，在今山东费县西北。　　[2]季路：子路又字季路。　　[3]有事：指用兵。　　[4]无乃尔是过与：难道不应该责备你们吗？[5]东蒙主：主持东蒙的祭祀。东蒙即蒙山，在今山东蒙阴南。　　[6]何以伐为：为什么要讨伐？　　[7]夫子：指季康子。　　[8]周任：古代一位史官。　　[9]陈力就列：贡献力量，就任职位。　　[10]相：辅佐。时冉有、子路皆为季氏家宰。　　[11]兕（sì　四）：兽名。柙（xiá　匣）：关野兽的笼子。　　[12]椟（dú　独）：匣子。　　[13]固：指国势强固。费（bì　必）：鲁国季氏的采邑。　　[14]君子疾夫舍曰欲之而必为之辞：君子憎恨那种不直说想要什么，而一定要编些托辞的做法。　　[15]"不患寡而患不均"二句：当作"不患贫而患不均，不患寡而患不安"（下文"均无贫"、"和无寡"可证），是说

拥有国家的人，不担忧贫困而担忧财富不均，不担忧人口少而担忧人民不安定。　　[16]安无倾：安定就不会倾覆。　　[17]文德：指礼乐仁义的教化。来：招来。　　[18]萧墙：宫室的门屏。本句是说季孙的忧患不在颛臾，而在内部朝政的混乱。

　　子张问仁于孔子。孔子曰："能行五者于天下为仁矣。""请问之。"曰："恭，宽，信，敏，惠。恭则不侮[1]，宽则得众，信则人任焉[2]，敏则有功[3]，惠则足以使人。"

《论语注疏》卷一七《阳货》

【注释】

　　[1]恭则不侮：恭敬就不会受到侮辱。　　[2]信则人任焉：有信用则别人会为其效力。　　[3]敏则有功：勤敏就会有成就。

【解析】

　　孔子思想体系的核心是"仁"。据杨伯峻《论语译注》统计，《论语》中讲到"仁"共109次，孔子在多种场合对不同的人讲到"仁"，其内容并不一致，后人也有不同的解说。总体来看，孔子认为"仁"首先是"爱人"（《颜渊》），是一种普遍的仁爱，其中最基本的当然是家族亲情之爱。要做到仁爱，就要求能够体恤他人，推己及人，"己欲立而立人，己欲达而达人"（《雍也》），"己所不欲，勿施于人"（《卫灵公》）。自己想要成就的，也要成就别人；自己不愿意做的事情，也不要施加给别人，这就是"忠恕"（《里仁》）。比"仁"更高的目标是广济博施，泛爱大众，"博施于民而能济众"（《雍也》），这就达到了更高层次的"圣"。

孔子的政治主张和治国理想也与仁德密切相关，主张以德治国。他认为"政者，正也"（《颜渊》），为政者应当首先修养仁德，端正自身，百姓才会归心，远方的人才会归附。"其身正，不令而行；其身不正，虽令不从。"（《子路》）应该选拔那些正直有德的人才来管理国家，"举直错诸枉，能使枉者直"（《颜渊》）。治理国家不能仅靠政令刑罚，而要以德治、礼治为主导："道之以政，齐之以刑，民免而无耻；道之以德，齐之以礼，有耻且格。"（《为政》）一个国家最重要的是人民对政府的信任，粮食和军备都在其次："民无信不立。"（《颜渊》）社会贫富均平，人民和睦安定，国家就不会倾覆："均无贫，和无寡，安无倾。"（《季氏》）

孔子的仁学还强调人格的修养和道德的完善。他认为人可以通过学习来修养自身，达到完善的人格境界，成为"君子"。君子的德行最重要的就是仁："君子去仁，恶乎成名？君子无终食之间违仁。"（《里仁》）具体来说，又可以表现为仁爱、智慧、勇敢，表现为恭敬、宽厚、守信、勤敏、恩惠，表现为言行一致、谦逊有礼、勇于担当等等。君子以仁为己任，为了仁道可以牺牲自己的生命："无求生以害仁，有杀身以成仁。"（《卫灵公》）君子不会以衣服不好、饮食不好为耻，而只会担心自己没有修养德行、改过迁善。若不按仁义之道而得富贵,君子决不会居有;若行仁义之道而致贫贱,君子也决不逃避。

孔子的仁学实际是人学。他重视人,强调人要自重自律,修养完美的人格;强调推己及人,实现和谐的人际关系;强调德泽于民,为政者应端正自身获得人民的信任。这种积极的人道主义、人本思想,是孔子思想中最具有价值的内容。

《孙子》二篇

《孙子兵法》

【题解】

孙武（前545?—前470?），齐国乐安（今山东惠民）人。由齐至吴，向吴王阖闾进呈所著兵法十三篇，受到重用，被任命为吴国将领，帮助吴国取得了一系列重大的军事胜利。其《孙子兵法》一书，成为后世军事著作的经典，孙子因此被誉为"兵圣"。《史记》卷六五有传。《计篇》是《孙子兵法》的第一篇，论述了用兵之前的整体准备，包括内外两方面，内指对自身情况的把握，外指克敌策略的选择。孙武用兵有整体性思维，注意到一些基础性因素对战争的决定性作用（如道、天、地、将、法等），也强调正确的战略决策是胜利的必要前提。该篇论述的正是这些基础与前提。《势篇》是《孙子兵法》一书的第五篇。"势"是先秦时期的一个重要概念，兵书中对"势"的最初探讨应溯源到孙武。上面所选的《计篇》曾说"势者，因利而制权也"，而《势篇》则是对其论说的进一步发挥，讨论的问题涉及势与奇正、任势与战人等各个方面。

计 篇

孙子曰：兵者，国之大事，死生之地[1]，存亡之道，不可不察也。故经之以五事[2]，校之以计[3]，而索其情[4]：一曰道，二曰天，三曰地，四曰将，五曰法。道者，令民与上同意也，故可以与之死，可以与之生，而不畏危[5]。天者，阴阳、寒暑、时制也[6]。地者，远近、险易、广狭、死生也[7]。将者，智、信、仁、勇、严也。法者，曲制、官道、主用也[8]。凡此五者，将莫不闻，知之者胜，不知者不胜。故校之以计，而索其情，曰：主孰有道？将孰有能？天地孰得？法令孰行？兵众孰强？士卒孰练？赏罚孰明？吾以此知胜负矣。将听吾计，用之必胜[9]，留之；将不听吾计，用之必败，去之。

计利以听，乃为之势[10]，以佐其外[11]。势者，因利而制权也[12]。兵者，诡道也[13]。故能而示之不能，用而示之不用，近而示之远，远而示之近。利而诱之，乱而取之[14]，实而备之，强而避之，怒而挠之[15]，卑而骄之，佚而劳之[16]，亲而离之。攻其无备，出其不意。此兵家之胜，不可先传也。

夫未战而庙算胜者[17]，得算多也；未战而庙算不胜者，得算少也。多算胜，少算不胜，而况于无算乎！吾以此观之，胜负见矣。

《十一家注孙子校理》卷上

【注释】

[1]死生之地：指决定生死之所在。 [2]五事：谓后文道、天、地、将、法五种事项。 [3]校（jiào 较）：比较，衡量。计：此处指综合测评，并非现在意义上的计谋、计策。 [4]情：真实情况。 [5]而不畏危：不畏惧于危疑。 [6]阴阳：原指日照的情况，此处指天地阴阳之气。寒暑：指气候。时制：指时令。 [7]死生：指死地、生地，所谓"死地"指进难攻退难守之地，"生地"义相反，故有"置之死地而后生"之说。 [8]曲制：军队编制。官道：指设官分职、明权任责的原则。主用：指军费、军粮等问题。 [9]用之必胜：用兵一定胜利。 [10]乃为之势：创造取胜的潜在可能性。势，取胜的态势。 [11]外：境外，指战争发生的地方，攻伐多在自己国境之外。或指常规以外的情况。曹操注："常法之外也。" [12]利：指有利的因素。权：权变，灵活处置。 [13]诡道：欺诈之道。 [14]乱而取之：敌贪利必乱，趁敌军混乱而攻取之。 [15]挠：骚扰。 [16]佚：安逸。 [17]庙：庙堂，指国君议政之所。算：算筹，喻指计算策划。

势 篇

孙子曰：凡治众如治寡，分数是也[1]；斗众如斗寡[2]，形名是也[3]；三军之众，可使毕受敌而无败者[4]，奇正是也；兵之所加，如以碫投卵者[5]，虚实是也[6]。

凡战者，以正合[7]，以奇胜。故善出奇者，无穷如天地，不竭如江河。终而复始，日月是也；死而复生，四时是也。声不过五[8]，五声之变，不可胜听也。色不过五[9]，五色之变，不可胜观也。味不过五，五味之变，不可胜尝也。战势不过奇正[10]，奇正之变，不可胜穷也。奇正相生，如循环之无端，孰能穷之？

激水之疾，至于漂石者[11]，势也；鸷鸟之疾[12]，至于毁折者，节也。是故善战者，其势险，其节短。势如彍弩[13]，节如发机[14]。

纷纷纭纭，斗乱而不可乱也[15]；浑浑沌沌，形圆而不可败也[16]。乱生于治[17]，怯生于勇，弱生于强。治乱[18]，数也；勇怯，势也；强弱，形也。

故善动敌者[19]，形之[20]，敌必从之；予之[21]，敌必取之。以利动之，以卒待之[22]。

故善战者，求之于势，不责于人，故能择人而任势[23]。任势者，其战人也[24]，如转木石。木石之性，安则静，危则动，方则止，圆则行。故善战人之势，如转圆石于千仞之山者，势也。

《十一家注孙子校理》卷中

【注释】

[1]分数：划分组织，指军队的组织编制。　　[2]斗众：使很多人斗，即指挥很多人的意思。斗寡义同。　　[3]形名：曹操注："旌旗曰形，金鼓曰名。"　　[4]"可使毕受敌而无败者"二句：毕，原作"必"，王晳注："'必'当作'毕'，字误也。奇正还相生，故毕受敌而无败也。"尽、处处的意思。奇（jī　基）正，曹操注："先出合战为正，后出为奇。""奇"指留下的机动部队。　　[5]碫（duàn　段）：原作"碬"，孙星衍校曰："按'碬'当为'碫'，从段。唐以后多逷音者，以字之讹而作音也。"今从其说。碫石，此处泛指石头。　　[6]虚实：指兵力集中或分散。　　[7]"以正合"二句：摆开阵势交战，靠灵活变化取胜。　　[8]声不过五：五声谓宫、商、角、徵、羽。　　[9]色不过五：五色谓青、赤、黄、白、黑。　　[10]战势：指作战的态势。　　[11]漂石：把石头冲起。　　[12]鸷（zhì　至）鸟：猛禽。　　[13]彍（kuò　扩）：弩拉满之状。弩：是一种装有臂的弓，威力比弓更大。　　[14]发机：弩的发射装置，类似扳机，扣下它，箭即发射。　　[15]斗乱而不可乱也：指战斗场面虽然混乱，但仍在掌控之中，有条不紊。　　[16]形圆而不可败也：指阵容严整周全难以突破。　　[17]"乱生于治"三句：这是说战

斗时，军队本来是整齐、勇猛、强大的，混乱、胆怯、虚弱等情况只是其临时的表象。　　[18]"治乱"六句：意为治乱取决于军队编制，勇怯源于力量对比，强弱决定于指挥号令。　　[19]动敌：指诱导牵制敌人。　　[20]形之：指作出样子。　　[21]"予之"二句：意指留给敌人"小利"，敌人必然去抢夺它。　　[22]卒：兵卒。　　[23]择：通"释"，此处指不依赖。任势：依赖"势"，依靠力量对比。　　[24]战：使……战，此处是指挥人战斗的意思。

【解析】

《计篇》是《孙子兵法》的首篇，在孙武的观念中，战争不是单纯的攻城略地，而是综合国力的比拼与智谋胆识的较量。基于对战争如此深刻的认识，孙武强调在开战之前，首先要对敌我双方整体的情况进行精确的衡量测评，只有在条件允许开战的情况下，才能做下一步战略谋划的工作（即"计利以听，乃为之势"）。可以看出，孙武反对"为战争而战争"、"穷兵黩武"的愚蠢做法，他将战争纳入国家发展的统摄之下，"兵者，国之大事也，生死存亡之道，不可不察也"。钱基博《孙子章句训义》讲论此句时强调"'国'字须着眼，此为十三篇命脉所寄"。孙武强调战争是维护国家的一种手段，国家的安危才是用兵者所要考虑的首要因素。所以在该文上半部分很明显地体现了孙武"慎用兵"的思想，他建议用兵之前要"经之以五事"，"校之以计"，以此来论证本次战争的可行性。可见孙武对待战争慎重的态度，一本言兵的书在开头先言不能用兵的情况，这很能代表中国"武以止戈"的武德传统。这种对战争深入客观的认识也成了贯穿本书的一个主旨。

在《势篇》中，孙武对势有很多直接的阐发，如"激水之疾，至于漂石者，势也"，"故善战者，其势险"。这里用高处的流水来比喻兵家"势"的道理，以此推之，军事意义上的"势"应该是指在战斗时令自己处于对自身有利的力量对比状态，即上文所谓不断扩大自身优势，拉开与敌人的差距，形成一种居高临下、必将取胜的态势，所以文中说："勇怯，势也。"

至于如何"任势"，孙武强调了"制权"的思想，他在第二段中阐明："战势不过奇正，奇正之变，不可胜穷也。"在孙武的观念中，战场是纷繁复杂的，将帅的作战计划也应该灵活多变、不拘一格，一切都可以权变，只有力争取胜之势才是不变的。孙武还强调"奇正之变"是不会穷尽的，这意味着战争的形势及相应的计策、手段也是有无数种可能性的，所以在他的兵法中，很少看到条条框框，大多是深邃精辟的道理。后人读之，唯有深悟巧用，方能得其精髓。由此来看，《孙子兵法》在西方被译为"战争的艺术"（*The Art of War*），绝对是名副其实的。

兼　爱

《墨子》

【题解】

墨子（前468？—前376）姓墨名翟，鲁国人。春秋战国之际的思想家、政治家，墨家学派的创始人。墨子思想在先秦时代与儒家并称为显学。春秋战国之际，战争频仍，墨子思想在此种特殊的历史背景中产生，带有明显的底层苦行色彩。

《墨子》一书大部分是墨子及其后学的著述。现存《墨子》十五卷。"兼爱"、"非攻"、"尚贤"、"节用"等是其个性鲜明的思想主张。先秦之后，墨学渐渐凋落，至于清代，随着考据、经世之学的兴起，毕沅、王念孙、王引之、俞樾、孙诒让等人先后奉献出整理解读成果，为二十世纪墨学研究奠定了重要的基础。

"兼爱"是说天下必须"兼相爱，交相利"，这是墨子思想的核心，一切主张皆以此为出发点。《墨子》一书中，《兼爱》分上、中、下三篇，内容大抵相同，论述各有偏重详略之不同。这里选的是中篇。

子墨子言曰[1]：仁人之所以为事者，必兴天下之利，除去天下之害，以此为事者也。然则天下之利何也？天下之害何也？子墨子言曰：今若国之与国之相攻，家之与家之相篡[2]，人之与人之相贼[3]，君臣不惠忠，父子不慈孝，兄弟不和调，此则天下之害也。然则崇此害亦何用生哉[4]？以不相爱生邪？子墨子言：以不相爱生。今诸侯独知爱其国，不爱人之国，是以不惮举其国以攻人之国。今家主独知爱其家[5]，而不爱人之家，是以不惮举其家以篡人之家。今人独知爱其身，不爱人之身，是以不惮举其身以贼人之身。是故诸侯不相爱，则必野战，家主不相爱，则必相篡，人与人不相爱，则必相贼，君臣不相爱，则不惠忠，父子不相爱，则不慈孝，兄弟不相爱，则不和调。天下之人皆不相爱，强必执弱，富必侮贫，贵必敖贱[6]，诈必欺愚。凡天下祸篡怨恨，其所以起者，以不相爱生也，是以仁者非之。

既以非之，何以易之？子墨子言曰：以兼相爱，交相利之法易之。然则兼相爱，交相利之法，将奈何哉？子墨子言：视人之国，若视其国，视人之家，若视其家，视人之身，若视其身。是故诸侯相爱，则不野战，家主相爱，则不相篡，人与人相爱，则不相贼，君臣相爱，则惠忠，父子相爱，则慈孝，兄弟相爱，则和调。天下之人皆相爱，强不执弱，众不劫寡，富不侮贫，贵不敖贱，诈不欺愚。凡天下祸篡怨恨，可使毋起者，以相爱生也，是以仁者誉之。

　　然而今天下之士君子曰："然，乃若兼则善矣。虽然，天下之难物于故也[7]。"子墨子言曰：天下之士君子，特不识其利、辩其故也。今若夫攻城野战，杀身为名，此天下百姓之所皆难也[8]。苟君说之[9]，则士众能为之。况于兼相爱、交相利则与此异。夫爱人者，人必从而爱之；利人者，人必从而利之；恶人者，人必从而恶之；害人者，人必从而害之。此何难之有？特上弗以为政[10]，士不以为行故也。昔者晋文公好士之恶衣[11]，故文公之臣，皆牂羊之裘[12]，韦以带剑[13]，练帛之冠[14]，入以见于君，出以践于朝。是其故何也？君说之，故臣为之也。昔者楚灵王好士细要[15]，故灵王之臣皆以一饭为节[16]，胁息然后带[17]，扶墙然后起，比期年[18]，朝有黧黑之色。是其故何也？君说之，故臣能之也。昔越王句践，好士之勇，教驯其臣，和合之，焚舟失火，试其士曰："越国之宝尽在此！"越王亲自鼓其士而进之。士闻鼓音[19]，破碎乱行，蹈火而死者左右百人有馀，越王击金而退之。是故子墨子言曰：乃若夫少食恶衣[20]，杀身而为名，此天下百姓之所皆难也。若苟君说之，则众能为之。况兼相爱、交相利与此异矣。夫爱人者，人亦从而爱之；利人者，人亦从而利之；恶人者，人亦从而恶之；害人者，人亦从而害之。此何难之有焉？特上不以为政，而士不以为行故也。

然而今天下之士君子曰："然，乃若兼则善矣。虽然，不可行之物也，譬若挈太山越河、济也[21]。"子墨子言：是非其譬也。夫挈太山而越河、济，可谓毕劫有力矣[22]，自古及今，未有能行之者也。况乎兼相爱、交相利则与此异，古者圣王行之。何以知其然？古者禹治天下，西为西河、渔窦[23]，以泄渠孙皇之水。北为防、原、泒[24]，注后之邸、嘑池之窦[25]，洒为底柱[26]，凿为龙门，以利燕、代、胡、貉与西河之民[27]；东方漏之陆，防孟诸之泽，洒为九浍[28]，以楗东土之水，以利冀州之民。南为江、汉、淮、汝，东流之，注五湖之处，以利荆、楚、干、越与南夷之民[29]。此言禹之事，吾今行兼矣。昔者文王之治西土，若日若月，乍光于四方，于西土，不为大国侮小国，不为众庶侮鳏寡，不为暴势夺穑人黍稷狗彘。天屑临文王慈[30]，是以老而无子者，有所得终其寿；连独无兄弟者[31]，有所杂于生人之间；少失其父母者，有所放依而长。此文王之事，则吾今行兼矣。昔者武王将事泰山隧[32]，《传》曰：“泰山！有道曾孙周王有事[33]，大事既获，仁人尚作，以祗商夏[34]，蛮夷丑貉[35]。虽有周亲，不若仁人。万方有罪，维予一人。”此言武王之事，吾今行兼矣。

是故子墨子言曰：今天下之君子，忠实欲天下之富而恶其贫，欲天下之治而恶其乱，当兼相爱，交相利。此圣王之法，天下之治道也，不可不务为也。

《墨子閒（jiàn 间）诂》卷四

【注释】

[1]子墨子言：第一个“子”是称老师，此为弟子所记，故称“老师墨子说”。　　[2]家：指大夫之采邑。篡：用强力夺取。　　[3]贼：害良为贼。　　[4]崇：俞樾《诸子平议》：“崇字无意义，乃察字之误。”何用

生：何以生。　　[5]家主：卿大夫。　　[6]敖：同"傲"。　　[7]天下之难物于故也：这句话的意思是说，能够兼爱于天下固然是大好事，但是真正施行起来还是很困难的。《墨子闲诂》云"于"同"迂"，迂远难行之事。难物于故，指（兼爱之事）迂远难行的缘故。　　[8]难：谴责，质问。　　[9]说：通"悦"，高兴，喜欢。　　[10]特：只不过。政：政策，政事。　　[11]恶衣：粗陋的衣服。　　[12]牂（zāng 赃）羊：母羊。　　[13]韦以带剑：用没有装饰的熟牛皮来佩带剑器。　　[14]练帛之冠：素色的布做成的帽子。　　[15]要：同"腰"。　　[16]一饭：一顿饭。　　[17]胁息然后带：深吸一口气才系上腰带。胁息，吸气。　　[18]比期（jī 基）年：等过了一年。　　[19]"士闻鼓音"二句：这里指士兵听到鼓声一拥而上，破坏了阵行。《墨子闲诂》云"碎"当作"阵"。一说"碎"是"萃"的假借字，有聚集义。　　[20]乃若：就像。　　[21]挈（qiè 切）太山越河、济：举起泰山越过黄河、济水。挈，举起。济，这里指山西垣曲县王屋山之沇（yǎn 衍）水。　　[22]毕劫：疾劲。毕，疾，快。劫，与"劼"当形近而讹。劼（jié 节），有力。　　[23]西河：指黄河在山西、陕西两省交界的一段，因南北流向与东相对而称西河。渔窦：一说"渔"为"漻（hēi 黑）"之误。"漻"，即黑水。黑水，一说即龙门（今山西河津）。窦，沟渠，这里指河。　　[24]防、原、泒（gū 估）：防，防水，《水经注·圣水》郦道元注云："防水出良乡县西北大防山南。"原，水名，无考。泒，毕沅云雁门泒水。这里指三条水均是嘑池的源头。　　[25]后之邸：当即昭馀祁，古大泽之名，在今山西祁县。嘑池之窦：即滹沱河。嘑（hū 乎），同"呼"。　　[26]洒为底柱：在砥柱山被分流。洒，分流之意。底柱，即砥柱山，也称门山。　　[27]胡、貉（mò 墨）：指当时居住于北方与东北地区的少数民族。　　[28]洒：分作。九浍（huì 绘）：九河。　　[29]干：《墨子闲诂》云"干"即吴国，古代干国被吴国吞并，故亦用"干"称吴国。　　[30]屑临：莅临，青睐。　　[31]连：《墨子闲诂》引王引之说云"连"疑当作"逴"（chuō 戳），逴犹独也。连独，即逴独，这里指孤独无兄弟。　　[32]隧：地道，这里作动词用，掘地通路。　　[33]曾孙：古代诸侯祭天时自称。　　[34]祗：《墨子閒诂》云"祗"应读为"振"，即拯救。　　[35]丑貉：即九貉，指四裔。丑，众多。

【解析】

墨子认为，国家治乱的根本原因，在于是否"相爱"。父子、兄弟、君臣自利不相爱，则一国必乱；国与国之间自利，相互为"盗贼"，则天下必乱。所以，他主张应该"视人家若其家，视人国若其国"，"天下兼相爱则治"。墨子的这一思想是他对所生活的内忧外困的国家环境的真实反映。他这种推己及人的相爱互利的思想，还推广到社会关系及国家与国家之间，显示了墨子在战乱年代期望人们通过兼相爱来实现美好与和平的善良愿望。

本篇中，墨子指出，国家社会混乱的根本原因是"不相爱"，如果要想长治久安，就得"兼相爱，交相利"。而"兼爱"思想又面临对复杂人性的考验，因而在方法论上，墨子指出，"苟君悦之，则士众能为之"。紧接着，他回溯了上古时期大禹、周文王、周武王的胸怀天下治理国家的丰功伟业，历史地论证了"兼爱"乃"圣王之道而万民之大利也"。

"兼爱"思想在现代仍然具有一定的启发意义，它有利于家庭、社会的道德伦理建设，同时，也有利于国家与国家之间建立和平共处、互惠共赢的外交关系。

非 攻

《墨子》

【题解】

"春秋无义战",诸侯国之间动辄兵戎相见。处于春秋战国之交的墨子对此深恶痛绝,因而《墨子》一书中有《非攻》三篇专议此事。"非"就是"讥",墨子毫不讳言自己对不义战争的讥讽和反对。这里所选的是《非攻》三篇的第一篇。

今有一人,入人园圃[1],窃其桃李,众闻则非之,上为政者,得则罚之。此何也?以亏人自利也。至攘人犬豕鸡豚者[2],其不义又甚入人园圃窃桃李。是何故也?以亏人愈多,其不仁兹甚[3],罪益厚。至入人栏厩[4],取人马牛者,其不仁义又甚攘人犬豕鸡豚。此何故也?以其亏人愈多。苟亏人愈多,其不仁兹甚,罪益厚。至杀不辜人也,拖其衣裘[5],取戈剑者,其不义又甚入人栏厩、取人马牛。此何故也?以其亏人愈多。苟亏人愈多，其不仁兹甚矣，罪益厚。当此，天下之君子皆知而非之，谓之不义。今至大为攻国，则弗知非，从而誉之，谓之义。此可谓知义与不义之别乎？

杀一人，谓之不义，必有一死罪矣。若以此说往，杀十人，十重不义，必有十死罪矣；杀百人，百重不义，必有百死罪矣。当此，天下之君子皆知而非之，谓之不义。今至大为不义攻国，则弗知非，从而誉之，谓之义，情不知其不义也[6]，故书其言以遗后世。若知其不义也，夫奚说书其不义以遗后世哉[7]？今有人于此，少见黑曰黑，多见黑曰白，则以此人不知白黑之辩矣[8]。少尝苦曰苦，多尝苦曰甘，则必以此人为不知甘苦之辩矣。今小为非，则知而非之；大为非攻国，则不知非，从而誉之，谓之义。此可谓知义与不义之辩乎？是以知天下之君子也，辩义与不义之乱也。

《墨子閒诂》卷五

【注释】

[1]园圃：园，指果园。圃，指菜地。此处偏指果园。　[2]攘：偷盗。豕

(shǐ 史)、豚(tún 屯)：指大猪小猪。　　[3]兹：同"滋"，增加。　　[4]栏
厩(jiù 旧)：栏，通"阑"，围栏。厩，马棚。这里泛指牲畜棚。　　[5]扡
(tuō 拖)：抢夺。　　[6]情：通"诚"。　　[7]奚(xī 希)说：用什么说辞来
书写历史传给后世呢。奚，何，什么。　　[8]辩：通"辨"，分别，分辨。

【解析】

　　本文上承墨子"兼爱"思想，认为国家与国家之间也应该兼相
爱护，交相互利，不应彼此攻伐侵犯。本篇告诫人们在辨别是非善
恶上要有开阔的眼光，要审慎地分辨战争"义"与"不义"的性质。

　　"非攻"体现了墨子思想中对于战争、和平、天意、民生的重要
思考，也体现了先秦墨家对于以往历史的认知方法。本文先说"亏
人愈多，其不仁兹甚"，人们容易分辨小的是非善恶，而往往会在
国家政治方面尤其是战争性质上失去分辨力，从而引出"至大为攻
国"，即是"大不义"。

　　为充分了解墨子的"非攻"思想，这里顺便提及《非攻》的另
外两篇。《非攻中》说，百姓生活四时、制度一丝一毫不可荒废，而
战争给人民带来的恰恰是无限的"夺民之用，废民之利"的伤害，
甚至是为一己一国之利，而杀民数万数千。并且，以"攻占"而亡的
国家也不可胜数。故以"攻占"为利的国家显然是不明智的。《非攻
下》则论证"义战"的必要性，从上古一直到夏商周三代来看"攻"
与"诛"的重要差异。墨子的这一论证有一个重要的基础，就是对
于天命的顺应，当然，这里的"天命"很大程度上是鉴于一个国家

独立自主生存下去而采取的必要行动。

　　清人俞樾在《墨子閒诂序》中说："窃尝推而论之，墨子惟兼爱是以尚同，惟尚同是以非攻，惟非攻是以讲求备御之法……嗟乎！今天下一大战国也，以孟子反本一言为主，而以墨子之书辅之，倘足以安内而攘外乎？"此番议论或有助于我们对战争与和平问题的思考。

《孟子》三章

《孟子》

【题解】

孟子名轲,战国时邹国(在今山东邹城一带)人。生卒年缺乏明确记载,前人考证有公元前约385至304年,及公元前约372至289年等不同说法。孟子为孔子之后儒家学派的主要代表,曾受业于子思之门人。早年在邹鲁一带讲学授徒,齐威王时游齐国,又先后游历宋国、滕国、梁国等,宣讲仁政主张,齐宣王时再至齐。因不为诸侯所重,晚年归乡,与弟子整理典籍,作《孟子》七篇。《孟子》全面反映了孟轲的思想主张,是儒家经典"十三经"之一。历代重要注本有东汉赵岐《孟子章句》、宋题名孙奭的《孟子注疏》、宋朱熹《孟子集注》、清焦循《孟子正义》等。《孟子》文章长于辩论,富有文采,善用比喻,是先秦散文代表作。全书包括《梁惠王》、《公孙丑》、《滕文公》等七篇,每篇又分上下。今节选《梁惠王上》"齐桓晋文之事"、《公孙丑下》"天时不如地利"、《尽心下》"民为贵"。

齐桓晋文之事

齐宣王问曰[1]："齐桓、晋文之事可得闻乎[2]？"

孟子对曰："仲尼之徒无道桓、文之事者[3]，是以后世无传焉，臣未之闻也。无以[4]，则王乎？"

曰："德何如，则可以王矣？"

曰："保民而王[5]，莫之能御也[6]。"

曰："若寡人者，可以保民乎哉？"

曰："可。"

曰："何由知吾可也？"

曰："臣闻之胡龁曰[7]，王坐于堂上，有牵牛而过堂下者，王见之，曰：'牛何之[8]？'对曰：'将以衅钟[9]。'王曰：'舍之。吾不忍其觳觫[10]，若无罪而就死地。'对曰：'然则废衅钟与？'曰：'何可废也？以羊易之。'不识有诸[11]？"

曰："有之。"

曰："是心足以王矣。百姓皆以王为爱也[12]，臣固知王之不忍也。"

王曰："然，诚有百姓者[13]。齐国虽褊小[14]，吾何爱一牛？即不忍其觳觫，若无罪而就死地，故以羊易之也。"

曰："王无异于百姓之以王为爱也[15]。以小易大，彼恶知之？王若隐其无罪而就死地[16]，则牛羊何择焉[17]？"

王笑曰："是诚何心哉[18]？我非爱其财，而易之以羊也。宜乎百姓之谓我爱也。"

曰："无伤也，是乃仁术也，见牛未见羊也。君子之于禽兽也，见其生，不忍见其死；闻其声，不忍食其肉。是以君子远庖厨也[19]。"

王说[20]，曰："《诗》云：'他人有心[21]，予忖度之。'夫子之谓也。夫我乃行之[22]，反而求之，不得吾心。夫子言之，于我心有戚戚焉[23]。此心之所以合于王者，何也？"

曰："有复于王者曰：'吾力足以举百钧[24]，而不足以举一羽；明足以察秋毫之末[25]，而不见舆薪[26]。'则王许之乎[27]？"

曰："否。"

"今恩足以及禽兽，而功不至于百姓者，独何与？然则一羽之不举[28]，为不用力焉；舆薪之不见，为不用明焉；百姓之不见保[29]，为不用恩焉。故王之不王，不为也，非不能也。"

曰："不为者与不能者之形[30]，何以异？"

曰："挟太山以超北海[31]，语人曰：'我不能。'是诚不能也。为长者折枝[32]，语人曰：'我不能。'是不为也，非不能也。故王之不王，非挟太山以超北海之类也。王之不王，是折枝之类也。老吾老[33]，以及人之老；幼吾幼，以及人之幼。天下可运于掌[34]。《诗》云：'刑于寡妻[35]，至于兄弟，以御于家邦。'言举斯心加诸彼而已。故推恩足以保四海[36]，不推恩无以保妻子。古之人所以大过人者，无他焉，善推其所为而已矣。今恩足以及禽兽，而功不至于百姓者，独何与？权然后知轻重[37]，度然后知长短[38]，物皆然，心为甚。王请度之！抑王兴甲兵[39]，危士臣[40]，构怨于诸侯[41]，然后快于心与？"

王曰："否，吾何快于是？将以求吾所大欲也[42]。"

曰："王之所大欲，可得闻与？"

王笑而不言。

曰："为肥甘不足于口与[43]？轻暖不足于体与[44]？抑为采色不足视于目与[45]？声音不足听于耳与？便嬖不足使令于前与[46]？王之诸臣皆足以供之，而王岂为是哉？"

曰："否，吾不为是也。"

曰："然则王之所大欲可知已。欲辟土地，朝秦楚[47]，莅中国而抚四夷也[48]。以若所为[49]，求若所欲，犹缘木而求鱼也[50]。"

王曰："若是其甚与[51]？"

曰："殆有甚焉[52]。缘木求鱼，虽不得鱼，无后灾。以若所为，求若所欲，尽心力而为之，后必有灾。"

曰："可得闻与？"

曰："邹人与楚人战[53]，则王以为孰胜？"

曰："楚人胜。"

曰："然则小固不可以敌大，寡固不可以敌众，弱固不可以敌强。海内之地，方千里者九[54]，齐集有其一[55]。以一服八，何以异于邹敌楚哉？盖亦反其本矣[56]。今王发政施仁[57]，使天下仕者皆欲立于王之朝[58]，耕者皆欲耕于王之野，商贾皆欲藏于王之市[59]，行旅皆欲出于王之途[60]，天下之欲疾其君者皆欲赴诉于王[61]。其若是，孰能御之？"

王曰："吾惛[62]，不能进于是矣[63]。愿夫子辅吾志，明以教我。我虽不敏[64]，请尝试之。"

曰："无恒产而有恒心者[65]，惟士为能。若民，则无恒产，因无恒心。苟无恒心，放辟邪侈[66]，无不为已。及陷于罪，然后从而刑之，是罔民也[67]。焉有仁人在位，罔民而可为也？是故明君制民之产[68]，必使仰足以事父母[69]，俯足以畜妻子[70]，乐岁终身饱，凶年免于死亡。然后驱而之善，故民之从之也轻[71]。今也制民之产，仰不足以事父母，俯不足以畜妻子，乐岁终身苦，凶年不免于死亡。此惟救死而恐不赡[72]，奚暇治礼义哉[73]？王欲行之，则盍反其本矣。五亩之宅，树之以桑，五十者可以衣帛矣[74]。鸡豚狗彘之畜[75]，无失其时，七十者可以食肉矣。百亩之田，勿夺其时，八口之家可以无饥矣。谨庠序之教[76]，申之以孝悌之义[77]，颁白者不负戴于道路矣[78]。老者衣帛食肉，黎民不饥不寒，然而不王者，未之有也。"

《孟子注疏》卷一下

【注释】

[1]齐宣王：战国时齐国国君，姓田，名辟疆，谥宣。　[2]齐桓、晋文：春秋时齐国、晋国国君，先后称霸。齐桓即齐桓公，姓姜，名小白。晋文即晋文公，姓姬，名重耳。齐宣王询问齐桓、晋文称霸之事，意欲效仿。　[3]仲尼之徒：指儒家学派。儒家学派主张王道，反对霸道，故不称说齐桓、晋文之事。　[4]"无以"二句：不得已一定要说的话，就说说王天下吧。无以，无已，不停止。王（wàng 忘），统治，称王。　[5]保：安。　[6]御：阻挡。　[7]胡龁（hé 核）：齐宣王近臣。　[8]之：往。　[9]衅钟：指以牲畜血涂抹于钟上举行祭祀。　[10]觳觫（húsù 壶速）：恐惧战栗的样子。　[11]不识有诸：不知道有没有这事？诸，"之乎"的合音。　[12]爱：吝惜，吝啬。　[13]诚有百姓者：的确有这样的百姓。　[14]褊（biǎn 贬）小：狭小。　[15]无异：不要觉得奇怪。　[16]隐：哀怜，痛惜。　[17]牛羊何择焉：牛和羊有什么区别呢？择，区别。　[18]是诚何心哉：这究竟是什么想法呢？是，指以羊易牛之事。齐宣王自己也说不清楚为何如此。　[19]庖（páo 袍）厨：厨房。　[20]说：同"悦"，高兴。　[21]"他人有心"二句：出自《诗·小雅·巧言》。别人有什么心思，我能够推测出来。忖度，揣想。　[22]"夫我乃行之"三句：我只是如此做了，反过来探究为何如此，我也不知道自己

当时的想法。乃，如此。　　[23]戚戚：心动的样子。　　[24]百钧：三千斤。古代三十斤为一钧。　　[25]明：视力。秋毫：鸟兽在秋天新长出的细毛。末：末端。　　[26]舆薪：整车柴。舆，车箱，泛指车。　　[27]许：相信。　　[28]一羽之不举：一根羽毛都举不起来。　　[29]见保：被安抚。　　[30]"不为者与不能者之形"二句：不做和不能做的情形，有什么不同？形，情况。　　[31]挟：夹在腋下。太山：即泰山。超：越过。北海：指渤海。　　[32]折枝：折取树枝，言不难。一说为折腰，或按摩，均是比喻其轻而易举。　　[33]"老吾老"二句：敬养自己的长辈，并推及别人家的长辈。第一个"老"字为动词。下句"幼吾幼"同。　　[34]天下可运于掌：天下可以在手掌中运转。比喻容易。　　[35]"刑于寡妻"三句：出自《诗·大雅·思齐》。先给自己的妻子做榜样，再及于兄弟，进而治理封邑和国家。刑，通"型"，典型，榜样。御，治理。　　[36]推恩：推广恩德。　　[37]权：称量。　　[38]度（duó夺）：丈量。　　[39]抑：难道。兴甲兵：指发起战争。　　[40]危士臣：使将士危险。　　[41]构怨：结怨，结仇。　　[42]求吾所大欲：追求我想要的最大欲望。　　[43]肥甘：指肥美的食物。　　[44]轻暖：指又轻又暖的衣服。　　[45]抑：还是。　　[46]便嬖（piánbì骈必）：近臣，君主左右受宠幸的人。　　[47]朝秦楚：使秦国和楚国来朝见，使其称臣。　　[48]莅中国而抚四夷：统治中原并安抚四方少数民族。莅，临，治理。　　[49]若：这样的。　　[50]缘木而求鱼：爬到树上去捉鱼。缘，攀援。　　[51]若是其甚与：有这样严重吗？　　[52]殆有甚焉：恐怕比这样更严重。　　[53]邹：即邾国，故地在今山东邹城一带。邹与楚大小实力悬殊。　　[54]方千里者九：面积纵横千里的地方有九个。　　[55]齐集有其一：齐国的土地汇集起来只占九分之一。　　[56]盖亦反其本矣：何不返回到根本上来呢。指推行仁政。盖（hé何），通"盍"，何不。　　[57]发政施仁：指采取措施，推行仁道。　　[58]仕者：做官的人。　　[59]商贾（gǔ 古）：商人。藏：指储藏货物。　　[60]途：道路。　　[61]疾：痛恨。　　[62]惛（hūn 昏）：糊涂。　　[63]不能进于是：是说对孟子所说不能完全理解。进于是，进到这一步。　　[64]敏：聪敏，有才能。　　[65]恒产：长久维持生活的财产。恒心：常存的善心。　　[66]放辟邪侈：放纵邪辟，不守法度。辟，邪僻。侈，过度，放纵。　　[67]罔民：对人民张罗网，陷害人民。罔，通“网”。　　[68]制民之产：规定人民的产业。　　[69]事：供奉。　　[70]畜（xù 蓄）妻子：养活妻子和孩子。　　[71]从之也轻：指很容易就可以服从君王。轻，轻易。　　[72]赡：足够。　　[73]奚暇：哪里有空暇。　　[74]衣帛：穿丝织的衣服。　　[75]豚（tún 屯）：小猪。彘（zhì 志）：猪。　　[76]庠（xiáng 祥）序：学校。　　[77]孝悌：孝顺父母，敬爱兄长。　　[78]颁白者：指头发斑白的老人。颁，通“斑”。负戴：背负或头顶重物。

天时不如地利

孟子曰：“天时不如地利[1]，地利不如人和[2]。三里之城[3]，七里之郭，环而攻之而不胜[4]。夫环而攻之，必有得天时者矣。然而不胜者，是天时不如地利也。城非不高也，池非不深也[5]，兵革非不坚利也[6]，米粟非不多也。委而去之[7]，是地利不如人和也。故曰域民不以封疆之界[8]，固国不以山溪之险，威天下不以兵革之利[9]。得道者多助，失道者寡助。寡助之至，亲戚畔之[10]；多助之至，天下顺之。以天下之所顺，攻亲戚之所畔，故君子有不战[11]，战必胜矣。"

《孟子注疏》卷四上

【注释】

[1]天时：指有利于战争的气候条件。地利：指有利于战争的地理条件。　[2]人和：指人事和谐，民心和乐。　[3]"三里之城"二句：古代都邑四周城垣一般有两重，内城为城，外城为郭。三里、七里皆指城郭边长，喻其小。　[4]环：指围城。　[5]池：护城河。　[6]兵革：兵器和甲胄，泛指武器装备。　[7]委：舍弃。　[8]域民：意为使人民居留在国界内。域，居。封疆之界：指国家的疆界。　[9]威：扬威。　[10]亲戚：指父母兄弟等。畔：通"叛"。　[11]有：或，要么。

民为贵

孟子曰："民为贵，社稷次之[1]，君为轻。是故得乎丘民而为天子[2]，得乎天子为诸侯，得乎诸侯为大夫。诸侯危社稷，则变置[3]。牺牲既成[4]，粢盛既洁[5]，祭祀以时，然而旱干水溢[6]，则变置社稷[7]。"

《孟子注疏》卷一四上

【注释】

[1]社稷：古代帝王、诸侯所祭的土神和谷神。后用"社稷"代表国家。 [2]得乎丘民而为天子：得到百姓的信任，就可以做天子。丘民，众民，百姓。 [3]变置：指改立诸侯。 [4]牺牲：祭祀用的牲畜。成：肥壮。 [5]粢盛（zīchéng 资成）：盛在祭器内供祭祀的谷物。洁：洁净。 [6]旱干水溢：指发生旱灾和水灾。 [7]变置社稷：改立土谷之神。

【解析】

孟子继承并发展了孔子的仁学思想，提出较为系统的"仁政"主张和民贵君轻理论，是儒家民本思想的代表人物。以上三章比较集中地反映了孟子的仁政学说及民本思想。

孟子认为人性本善，人皆有不忍人之心，将这种不忍人之心推广到治理国家，就是仁政。"齐桓晋文之事"记述孟子和齐宣王的问答，孟子避而不谈齐宣王关心的霸业，而是循循善诱，用各种比喻层层递进阐述自己的仁政主张。他从齐宣王不忍见牛被杀一事说起，指出这种不忍之心即是仁术。"举斯心加诸彼"，推此不忍之心于天下，既敬养爱护自己的老人和孩子，也能推己及人、敬养爱护别人的老人和孩子，这样天下人都愿意归服，如此就可成就王道，保有四海。孟子还提出了施行仁政的具体内容，这就是要使人民有固定的产业，百亩之田、五亩之宅，农桑畜养，依时而行，"仰足以事父母，俯足以畜妻子，乐岁终身饱，凶年免于死亡"。人民生活无忧，加以礼义教育，自然天下向善，远人归服。若不顾百姓疾苦，仅凭武力争霸，则不仅如缘木求鱼不可得，还会因失去民心而给统治者自己招来灾祸。

"天时不如地利"则从战争角度阐述仁政和民心的重要性。孟子认为决定战争胜负的最关键因素是"人和"，即人民的拥护。"得道者多助，失道者寡助"，若统治者暴虐无道失去民心，无论城池如何坚固，兵器如何锐利，也不可能获得最后的胜利。

"民为贵"更是将人民对于国家的重要性排在第一位，旗帜鲜明地提出了"民为贵，社稷次之，君为轻"的观点。君主若危害国家利益，可以变置；土谷之神若不能保佑风调雨顺，也可以变置。只有人民是无法更替的，是国家政权稳固的根本力量。得乎丘民而为天子，得民心者得天下。孟子在《梁惠王下》回答齐宣王对"汤放桀，武王伐纣"的质疑时曾说："贼仁者谓之贼，贼义者谓之残。残贼之人，谓之一夫。闻诛一夫纣矣，未闻弑君也。"《离娄上》也说："桀、纣之失天下也，失其民也。失其民者，失其心也。得天下有道，得其民，斯得天下矣。得其民有道，得其心斯得民矣。得其心有道，所欲与之聚之，所恶勿施尔也。"从正反两方面说明民心向背的重要性，可为民贵君轻论的最好注脚。这也是孟子思想中富有民本精神的内容，对后世产生了积极深刻的影响。

逍遥游

《庄子》

【题解】

庄周（前369?—前286），战国时宋国蒙（今河南商丘东北）人。曾为蒙漆园吏，与楚威王、齐宣王生活在同一时期。楚威王欲聘之为相，庄周笑言"不为有国者所羁"，终身不仕。《史记》卷六三有传。庄周之学，上承老子，著述十馀万言，后人结集为《庄子》一书。唐朝天宝元年（742），封庄周为南华真人，故《庄子》别称《南华真经》。今所传世的《庄子》是晋朝郭象的注本，现存三十三篇，分为《内篇》七，《外篇》十五，《杂篇》十一。这篇《逍遥游》见于《庄子·内篇》卷一，是全书的首篇，全文可分为三章，这里所选的只是第一章。"逍遥"是说"物任其性，事称其能，各当其分"（晋郭象语），也就是闲放不拘、恬适自得的意思。

北冥有鱼[1]，其名为鲲[2]。鲲之大，不知其几千里也。化而为鸟，其名为鹏[3]。鹏之背，不知其几千里也。怒而飞，其翼若垂天之云[4]。是鸟也，海运则将徙于南冥[5]。南冥者，天池也。

《齐谐》者[6]，志怪者也。《谐》之言曰："鹏之徙于南冥也，水击三千里[7]，抟扶摇而上者九万里[8]，去以六月息者也[9]。"野马也[10]，尘埃也，生物之以息相吹也[11]。天之苍苍[12]，其正色邪？其远而无所至极邪？其视下也[13]，亦若是则已矣。

且夫水之积也不厚，则其负大舟也无力。覆杯水于坳堂之上[14]，则芥为之舟[15]，置杯焉则胶，水浅而舟大也。风之积也不厚，则其负大翼也无力。故九万里，则风斯在下矣[16]，而后乃今培风[17]。背负青天而莫之夭阏者[18]，而后乃今将图南。

蜩与学鸠笑之曰[19]："我决起而飞[20]，抢榆枋[21]，时则不至[22]，而控于地而已矣[23]，奚以之九万里而南为[24]？"适莽苍者[25]，三飡而反[26]，腹犹果然[27]。适百里者，宿舂粮[28]。适千里者，三月聚粮。之二虫又何知[29]？

小知不及大知[30]，小年不及大年[31]。奚以知其然也？朝菌不知晦朔[32]，蟪蛄不知春秋[33]，此小年也。楚之南有冥灵者[34]，以五百岁为春，五百岁为秋。上古有大椿者，以八千岁为春，八千岁为秋。而彭祖乃今以久特闻[35]，众人匹之[36]，不亦悲乎！

汤之问棘也是已[37]："穷发之北[38]，有冥海者，天池也。有鱼焉，其广数千里，未有知其修者[39]，其名为鲲。有鸟焉，其名为鹏，背若太山，翼若垂天之云，抟扶摇羊角而上者九万里[40]，绝云气，负青天，然后图南，且适南冥也。斥鴳笑之曰[41]：'彼且奚适也？我腾跃而上，不过数仞而下[42]，翱翔蓬蒿之间，此亦飞之至也，而彼且奚适也？'"此小大之辩也[43]。

故夫知效一官[44]，行比一乡[45]，德合一君[46]，而徵一国者[47]，其自视也亦若此矣。而宋荣子犹然笑之[48]。且举世而誉之而不加劝[49]，举世而非之而不加沮[50]，定乎内外之分[51]，辩乎荣辱之境，斯已矣[52]。彼其于世，未数数然也[53]。虽然，犹有未树也[54]。夫列子御风而行[55]，泠然善也[56]，旬有五日而后反。彼于致福者[57]，未数数然也[58]。此虽免乎行[59]，犹有所待者也。若夫乘天地之正[60]，而御六气之辩[61]，以游无穷者[62]，彼且恶乎待哉[63]！故曰至人无己[64]，神人无功[65]，圣人无名[66]。

《庄子集释》卷一上

【注释】

[1]北冥：即北海。"冥"，这里指水深而暗，广漠无涯。下文"南冥"，义同。　　[2]鲲（kūn 昆）：一种绝大之鱼。　　[3]鹏：一种绝大之鸟。　　[4]垂天之云：形容两翼展开，如天空的云影遮天蔽日。　　[5]海运：海上飞行。　　[6]《齐谐》：齐谐为人名，他写的书，专记怪异之事，后人名之为《齐谐》。　　[7]水击三千里：鹏起飞时，两翼拍击水面，行三千里才渐次升入高空。一说鹏两翼激起的浪花高达三千里。　　[8]抟（tuán 团）：旋转上升。扶摇：盘旋的气流。　　[9]去以六月息：是说这鹏一举飞去，六个月后，抵达天池才歇息。一说"息"为呼吸，鹏飞行半年才呼吸一次。　　[10]野马：天地间的游走雾气，就像野马奔驰一样，蒸腾不已。　　[11]以息相吹：息，气息。以上三句是说，野马奔腾般的雾气和细微的尘埃，都因为受到生物气息的吹拂，动荡不停。这和鹏飞九万里相比，虽说大小悬殊，但就任乎自然而言，二者并无不同。　　[12]"天之苍苍"二句：天的蓝色，难道真是天的正色吗？其，同"岂"。　　[13]"其视下也"二句：是说鹏从高空向下看，也不过像人们仰望天空而已，意思是说都不一定能看透真相。"其"指鹏。　　[14]坳（ào 傲）堂：堂上低凹之处。　　[15]芥：草芥，小草。　　[16]风斯在下：鹏所以能飞高九万里，是因为有风在下面负托。　　[17]培风：培，通"凭"，凭风，乘风。　　[18]莫之夭阏（è 遏）：是说鹏背之上只有青天，再无其他东西遮拦阻挡。夭，即"閼"，遮拦。阏，阻

塞。　　[19]蜩（tiáo 条）与学鸠：蝉与斑鸠。　　[20]决：同"赽"，疾速。　　[21]抢榆枋：想高飞也不过落在榆树和枋树（檀）上。抢，同"集"，落在。　　[22]则：或者，可能。　　[23]控：投。　　[24]奚以之九万里而南为：哪里用得着爬升到九万里向南飞呢？　　[25]适：往。莽苍：近郊的林野处。　　[26]三飡而反：是说到近郊去，一天（三顿饭）工夫便可以打个来回。飡，同"餐"。反，同"返"。　　[27]果然：充实（饱）的样子。　　[28]宿春粮：出发前一天晚上必须捣米储备食粮。　　[29]之二虫：指蜩与学鸠。之，此。　　[30]知：同"智"。　　[31]小年：年，年龄。以上二句是说，见识浅、寿命短者，无法和见识多、寿命长者相比。　　[32]朝菌不知晦朔：朝菌，又名日及，即一种大芝，天阴生粪堆上，见日则死，所以不知一个月的始终。晦，阴历每月最后一天。朔，阴历每月的初一。一说"朝菌"当作"朝秀"，一种朝生暮死之虫。"晦"指黑夜，"朔"指平明。　　[33]蟪蛄（huìgū 绘姑）不知春秋：蟪蛄，一名寒蝉，春生夏死，夏生秋死，所以不知道整年的光景。　　[34]冥灵：传说中一种寿命很长的树。　　[35]彭祖：即篯（jiān 尖）铿，据说曾为尧臣，封于彭城，经过虞、夏，一直活到商代，年七百馀岁。　　[36]匹：比。是说世人的年寿与彭祖相比，正如同"朝菌"、"蟪蛄"一般，长短悬殊，所以可悲。　　[37]汤：又称武汤、成汤等，是商朝的创建者。棘：《列子》作夏革，汤时为大夫。　　[38]穷发：北方极远处的不毛之地。发（髪），毛，指草木。　　[39]修：长。　　[40]羊角：旋风（曲而上行如羊角）。　　[41]斥鴳（yàn 宴）：水泽中的小雀。　　[42]仞：八尺为仞。一说七尺。　　[43]辩：同"辨"，区别。　　[44]知效一官：是说其人的才智较低者只能胜任一官之职。　　[45]行比一乡：是说其人的才智只够庇护一乡之地。比，通"庇"。　　[46]德合一君：是说其人之才智只能投合一个国君的心意。　　[47]而徵一国：是说其人的才智只能取信于一国之人。而，能。徵，信。　　[48]宋荣子犹然笑之：是说宋荣子嗤笑上面说的四种人。宋荣子即先秦思想家宋钘（jiān 坚），战国时宋国人，其学说近于墨家。犹然，微笑自得的样子。　　[49]劝：鼓励，引申为得意。是说宋荣子不因为世人的毁誉而加重自己的得失之心。　　[50]沮：沮丧。　　[51]内外之分：是说自身与外部环境的关系，把握好分寸。内，自我。外，外物。　　[52]斯已矣：就是如此（指宋荣子的思想修养）。　　[53]未数（shuò 朔）数然：是说像宋荣子这样的人，世上并不多见。数数，屡屡，频繁出现。　　[54]犹有未树：是说宋荣子的修养虽然世所罕见，但他依然执着于"内外之分"、"荣辱之境"，还没能确立至德，走向逍遥之途。树，"竖"的假借字。　　[55]列子御风："列子"即列禦寇，春秋郑穆公时人，其学本于黄帝、老子。传说列子曾遇风仙，学得御风之术。御，驾，乘。　　[56]泠（líng 零）然：轻妙的样子。　　[57]致福：是说列子御风而往，无所不顺。致，得。福，无所不顺。　　[58]未数数然：是说列子这样的人，世上也不常见。　　[59]"此虽免乎行"二句：是说御风可以免去步行，但仍然要依仗风力，所以列子也不足羡慕。待，依凭。　　[60]乘天地之正：天地以万物为体，而万物以自然为正，自然就是去除人为的痕迹，所以"乘天地之正"就是顺应万物之性而行。乘，驾驭。　　[61]御六气之辩：顺应自然的意外变化。六气，阴阳、风雨、晦明等自然现象。辩，通"变"。　　[62]无穷：指时间的无始无终，空间的无边无际。　　[63]恶（wū 乌）乎待：何所待。是说既能顺乎万物之性，又能适应意外之变，便可以与天地同始终，自不必有待于外物相助。恶，何。　　[64]至人无己：是说至人顺天应物，可以达到忘其自我的境界。"至人"是庄子理想中修养最高的人。　　[65]神人无功："神人"是庄子理想中仅次于"至人"一等的人。无功，无意追求功名，只求为人们造福。　　[66]圣人无名："圣人"是儒家理想中修养最高的人，而在庄子理想中则居于"至人"、"神人"之下，为第三等。无名，不求名位。以上三句，"至"言其体，"神"言其用，"圣"言其名，其实是同一种表达，都是指上文所说的那种能够"乘天地之正,御六气之辩","游无穷","恶乎待"的人。

【解析】

这篇文章的大旨,是摆脱一切物累,求得精神上的解脱,以赢得最大的自由空间。这对人们摆脱名缰利锁有所启发。

文章借助夸饰的言辞,形象地说明一个深奥的道理。这个道理概括为一句话,便是"有待"与"恶乎待"的关系。像鹏这样庞然而充满生机的大物,似乎可以遨游四海,畅行无碍,但鹏的飞行也是有条件的,如果"风之积也不厚,则其负大翼也无力","而后乃今培风"。这个"培风"就是飞翔的凭借,也就是所谓"有待"。作者在这里十分强调"有待",其真实意图正是为了在后文提出自己的正面主张,那就是"恶乎待",亦即"无所待"。如何才能做到"无待"呢?文章的末段画龙点睛,回答了这个问题:"若夫乘天地之正,而御六气之辩,以游无穷者,彼且恶乎待哉?故曰至人无己,神人无功,圣人无名。"意思是说,如果一个人挣脱了自身对于功名利禄、金钱权位之类的贪欲,去除了精神层面的一己之私,才能在精神上无待而游于无穷。

秋　水

《庄子》

【题解】

本文出自《庄子》外篇。《庄子》外篇与杂篇多以各篇首句中二字为题。本文借"秋水"名篇，无意间营造了一个汪洋恣肆的意象，同时也辉映出文章汗漫无际的论辩气象。本文首先不吝笔墨，详尽地描绘了河伯与海神若的七次问答，将哲学问题进行层层深入的阐释。由此引出夔、蚿、蛇、风等各种异象都是发自天机的论述，然后假借孔子之口来说明天命自然，指出公孙龙子"小知不及大知"的局限。最后又回到庄子这里，通过庄子与惠子在濠梁之上展开的一场关于异物能否相知的辩论结束全文。文章所举的事例不只一个，抒发的议论也各有侧重，不过其重点表达的应该是"无以人灭天，无以故灭命，无以得殉名，谨守而勿失，是谓反其真"的"反真"思想。也就是唐朝成玄英所说的："夫愚智夭寿，穷通荣辱，禀之自然，各有其分。唯当谨固守持，不逐于物，得于分内而不丧于道者，谓反本还源、复于真性者也。"（《庄子注疏》卷六）

秋水时至[1]，百川灌河。泾流之大[2]，两涘渚崖之间[3]，不辩牛马[4]。于是焉河伯欣然自喜[5]，以天下之美为尽在己。顺流而东行，至于北海[6]，东面而视，不见水端。于是焉河伯始旋其面目[7]，望洋向若而叹曰[8]：“野语有之曰[9]：‘闻道百，以为莫己若者。’我之谓也。且夫我尝闻少仲尼之闻而轻伯夷之义者[10]，始吾弗信；今我睹子之难穷也，吾非至于子之门则殆矣，吾长见笑于大方之家[11]。”

北海若曰：“井蛙不可以语于海者[12]，拘于虚也[13]；夏虫不可以语于冰者，笃于时也[14]；曲士不可以语于道者[15]，束于教也。今尔出于崖涘，观于大海，乃知尔丑[16]，尔将可与语大理矣。天下之水，莫大于海，万川归之，不知何时止而不盈；尾闾泄之[17]，不知何时已而不虚；春秋不变，水旱不知。此其过江河之流，不可为量数。而吾未尝以此自多者[18]，自以比形于天地而受气于阴阳[19]，吾在于天地之间，犹小石小木之在大山也[20]。方存乎见少，又奚以自多[21]！计四海之在天地之间也，不似礨空之在大泽乎[22]？计中国之在海内[23]，不似稊米之在大仓乎[24]？号物之数谓之万，人处一焉。人卒九州[25]，谷食之所生，舟车之所通，人处一焉。此其比万物也，不似豪末之在于马体乎[26]？五帝之所连，三王之所争，仁人之所忧，任士之所劳[27]，尽此矣。伯夷辞之以为名，仲尼语之以为博，此其自多也，不似尔向之自多于水乎？"

　　河伯曰："然则吾大天地而小豪末，可乎？"北海若曰："否。夫物，量无穷，时无止，分无常，终始无故[28]。是故大知观于远近[29]，故小而不寡，大而不多，知量无穷[30]。证曏今故[31]，故遥而不闷[32]，掇而不跂，知时无止。察乎盈虚，故得而不喜，失而不忧，知分之无常也。明乎坦途，故生而不说[33]，死而不祸，知终始之不可故也。计人之所知，不若其所不知；其生之时，不若未生之时；以其至小求穷其至大之域[34]，是故迷乱而不能自得也。由此观之，又何以知豪末之足以定至细之倪[35]，又何以知天地之足以穷至大之域！"

　　河伯曰："世之议者皆曰：'至精无形[36]，至大不可围。'是信情乎[37]？"北海若曰："夫自细视大者不尽，自大视细者不明。夫精，小之微也；垺[38]，大之殷也[39]，故异便[40]。此势之有也。夫精粗者，期于有形者也；无形者，数之所不能分也；不可围者，数之所不能穷也。可以言论者，物之粗也；可以意致者，物之精也；言之所不能论[41]，意之所不能察致者，不期精粗焉。是故大人之行[42]，不出乎害人，不多仁恩[43]；动不为利，不贱门隶[44]；货财弗争[45]，不多辞让；事焉不借人[46]，不多食乎力，不贱贪污；行殊乎俗，不多辟异[47]；为在从众，不贱佞谄[48]；世之爵禄不足以为劝[49]，戮耻不足以为辱[50]；知是非之不可为分，细大之不可为倪。闻曰：'道人不闻[51]，至德不得，大人无己。'约分之至也[52]。"

河伯曰："若物之外，若物之内，恶至而倪贵贱[53]？恶至而倪小大？"北海若曰："以道观之，物无贵贱。以物观之，自贵而相贱；以俗观之，贵贱不在己[54]。以差观之，因其所大而大之，则万物莫不大。因其所小而小之，则万物莫不小。知天地之为稊米也，知豪末之为丘山也，则差数睹矣[55]。以功观之，因其所有而有之，则万物莫不有；因其所无而无之，则万物莫不无。知东西之相反而不可以相无，则功分定矣[56]。以趣观之，因其所然而然之，则万物莫不然；因其所非而非之，则万物莫不非。知尧、桀之自然而相非，则趣操睹矣[57]。昔者尧、舜让而帝[58]，之、哙让而绝[59]；汤、武争而王[60]，白公争而灭[61]。由此观之，争让之礼，尧、桀之行，贵贱有时，未可以为常也。梁丽可以冲城[62]，而不可以窒穴，言殊器也。骐骥骅骝[63]，一日而驰千里，捕鼠不如狸狌[64]，言殊技也。鸱鸺夜撮蚤[65]，察毫末，昼出瞋目而不见丘山，言殊性也。故曰盖师是而无非[66]，师治而无乱乎？是未明天地之理，万物之情者也。是犹师天而无地，师阴而无阳，其不可行明矣。然且语而不舍，非愚则诬也。帝王殊禅[67]，三代殊继[68]。差其时，逆其俗者，谓之篡夫；当其时，顺其俗者，谓之义之徒。默默乎河伯[69]，女恶知贵贱之门[70]，小大之家！"

河伯曰："然则我何为乎？何不为乎？吾辞受趣舍[71]，吾终奈何？"北海若曰："以道观之，何贵何贱，是谓反衍[72]。无拘而志[73]，与道大蹇[74]。何少何多，是谓谢施[75]。无一而行，与道参差[76]。严乎若国之有君[77]，其无私德；繇繇乎若祭之有社[78]，其无私福；泛泛乎其若四方之无穷，其无所畛域[79]。兼怀万物，其孰承翼[80]？是谓无方[81]。万物一齐，孰短孰长？道无终始，物有死生，不恃其成。一虚一满，不位乎其形[82]。年不可举，时不可止。消息盈虚[83]，终则有始。是所以语大义之方，论万物之理也。物之生也，若骤若驰，无动而不变，无时而不移。何为乎？何不为乎？夫固将自化[84]。"

河伯曰："然则何贵于道邪[85]？"北海若曰："知道者必达于理，达于理者必明于权，明于权者不以物害己。至德者[86]，火弗能热，水弗能溺，寒暑弗能害，禽兽弗能贼。非谓其薄之也[87]，言察乎安危，宁于祸福，谨于去就，莫之能害也。故曰天在内，人在外，德在乎天[88]。知天人之行[89]，本乎天，位乎得；蹢躅而屈伸，反要而语极[90]。"曰："何谓天？何谓人？"北海若曰："牛马四足，是谓天；落马首，穿牛鼻，是谓人。故曰无以人灭天，无以故灭命[91]，无以得殉名[92]。谨守而勿失，是谓反其真。"

夔怜蚿[93]，蚿怜蛇，蛇怜风，风怜目，目怜心。夔谓蚿曰："吾以一足趻踔而行[94]，予无如矣。今子之使万足，独奈何？"蚿曰："不然。子不见夫唾者乎？喷则大者如珠，小者如雾，杂而下者不可胜数也。今予动吾天机[95]，而不知其所以然。"蚿谓蛇曰："吾以众足行，而不及子之无足，何也？"蛇曰："夫天机之所动，何可易邪？吾安用足哉！"蛇谓风曰："予动吾脊胁而行，则有似也[96]。今子蓬蓬然起于北海[97]，蓬蓬然入于南海，而似无有[98]，何也？"风曰："然。予蓬蓬然起于北海而入于南海也，然而指我则胜我，鳝我亦胜我[99]。虽然，夫折大木，蜚大屋者[100]，唯我能也，故以众小不胜为大胜也[101]。为大胜者，唯圣人能之。"

孔子游于匡[102]，宋人围之数匝[103]，而弦歌不惙[104]。子路入见，曰："何夫子之娱也？"孔子曰："来，吾语女[105]。我讳穷久矣[106]，而不免，命也；求通久矣，而不得，时也。当尧、舜而天下无穷人，非知得也[107]；当桀、纣而天下无通人，非知失也。时势适然。夫水行不避蛟龙者，渔父之勇也；陆行不避兕虎者[108]，猎夫之勇也；白刃交于前，视死若生者，烈士之勇也；知穷之有命，知通之有时，临大难而不惧者，圣人之勇也。由处矣[109]，吾命有所制矣[110]。"无几何，将甲者进[111]，辞曰[112]："以为阳虎也[113]，故围之。今非也，请辞而退。"

公孙龙问于魏牟曰[114]："龙少学先王之道[115]，长而明仁义之行。合同异[116]，离坚白；然不然，可不可；困百家之知，穷众口之辩，吾自以为至达已。今吾闻庄子之言，汒焉异之[117]。不知论之不及与？知之弗若与？今吾无所开吾喙[118]，敢问其方。"公子牟隐机大息[119]，仰天而笑曰："子独不闻夫埳井之蛙乎[120]？谓东海之鳖曰：'吾乐与！出跳梁乎井干之上[121]，入休乎缺甃之崖[122]；赴水则接腋持颐[123]，蹶泥则没足灭跗[124]；还虷、蟹与科斗[125]，莫吾能若也！且夫擅一壑之水[126]，而跨跱埳井之乐[127]，此亦至矣。夫子奚不时来入观乎？'东海之鳖左足未入，而右膝已絷矣[128]，于是逡巡而却[129]，告之海曰：'夫千里之远，不足以举其大；千仞之高[130]，不足以极其深。禹之时十年九潦[131]，而水弗为加益；汤之时八年七旱，而崖不为加损[132]。夫不为顷久推移[133]，不以多少进退者，此亦东海之大乐也。'于是埳井之蛙闻之，适适然惊[134]，规规然自失也[135]。且夫知不知是非之竟[136]，而犹欲观于庄子之言，是犹使蚊负山，商蚷驰河也[137]，必不胜任矣。且夫知不知论极妙之言而自适一时之利者，是非埳井之蛙与？且彼方跐黄泉而登大皇[138]，无南无北，奭然四解[139]，沦于不测；无东无西，始于玄冥，反于大通。子乃规规然而求之以察[140]，索之以辩，是直用管窥天，用锥指地也，不亦小乎！子往矣！且子独不闻夫寿陵馀子之学行于邯郸与[141]？未得国能，又失其故行矣，直匍匐而归耳。今子不去，将忘子之故，失子之业。"公孙龙口呿而不合[142]，舌举而不下，乃逸而走。

庄子钓于濮水[143]。楚王使大夫二人往先焉[144]，曰："愿以境内累矣[145]！"庄子持竿不顾，曰："吾闻楚有神龟，死已三千岁矣，王巾笥而藏之庙堂之上[146]。此龟者，宁其死为留骨而贵乎？宁其生而曳尾于涂中乎？"二大夫曰："宁生而曳尾涂中。"庄子曰："往矣，吾将曳尾于涂中。"

惠子相梁[147]，庄子往见之。或谓惠子曰："庄子来，欲代子相。"于是惠子恐，搜于国中三日三夜。庄子往见之，曰："南方有鸟，其名为鹓鶵[148]，子知之乎？夫鹓鶵，发于南海而飞于北海，非梧桐不止，非练实不食[149]，非醴泉不饮。于是鸱得腐鼠[150]，鹓鶵过之，仰而视之曰：'吓[151]！'今子欲以子之梁国而吓我邪？"

庄子与惠子游于濠梁之上[152]。庄子曰："儵鱼出游从容[153]，是鱼之乐也。"惠子曰："子非鱼，安知鱼之乐？"庄子曰："子非我，安知我不知鱼之乐？"惠子曰："我非子，固不知子矣；子固非鱼也，子之不知鱼之乐，全矣！"庄子曰："请循其本[154]。子曰'汝安知鱼乐'云者，既已知吾知之而问我。我知之濠上也。"

《庄子集释》卷六下

【注释】

[1]时至：按时而至。　　[2]泾（jīng 经）流：指直流的水波。　　[3]涘（sì 俟）：岸，水边。渚：水中陆地。　　[4]不辩牛马：以上三句的意思是水流甚大，两岸与洲渚之间隔水不能分辨牛马。辩，通"辨"，分辨，辨识。　　[5]河伯：河神，黄河之神。即《庄子·大宗师》"冯夷得之，以游大川"中的"冯夷"，一名冯迟。　　[6]北海：春秋战国时指今渤海。　　[7]旋：回转。　　[8]望洋：仰视或远视的样子。若：海神，即下文的"北海若"。　　[9]野语：俗语，俚语。　　[10]少（shǎo 烧，上声）仲尼之闻：看不起孔子的学问。伯夷：商朝末年诸侯孤竹君的长子，与弟叔齐互让国君之位，俱逃离故国。周武王灭商后，二人义不食周粟，饿死于首阳山。　　[11]大方之家：指见多识广、明晓大道之人。　　[12]蛙：虾蟆。一作"鱼"。　　[13]虚：一作"墟"，住所，处所。　　[14]笃：固，困。　　[15]曲士：乡曲之士，喻指孤陋寡闻之人。以上是说井中之蛙囿于所居之地而不知大海，夏生秋死之虫为时所蔽而不知冰霜，偏执固陋之人困于名教而不知大道。三者都因为自身的有限而不知有限之外的无限。　　[16]丑：惭愧，羞耻。　　[17]尾闾（lǘ 驴）：古代传说中的海底泄水之处。一名沃焦，位于东大海之中，海水从这里外泄。　　[18]自多：自满。多，赞美。　　[19]比（bì 庇）形于天地：寄形于天地之间。　　[20]大（tài 太）山：即太山，泰山。大，"太"的古字。　　[21]奚：何也。以上是说海若处于天地之间就好比小石小木在泰山之上，极言己之渺小，又怎会以此自大自多。　　[22]礨空（lěikǒng 垒孔）：蚁穴，一说小洞。　　[23]中国：即后文之所谓"九州"。　　[24]稊（tí 啼）：稗，果实像小米。大（tài 太）仓：设在京城的国家粮库。　　[25]人卒：当作"大率"，是总计之辞，意思是大致、大体。　　[26]豪末：指毫毛的末端。　　[27]任士：以天下为己

任的贤人。　　[28]终始无故：是说事物时刻处于变化之中，没有恒常不变的。　　[29]大知（zhì 智）：有大智慧的人。　　[30]知量无穷：是说物的品类无穷，但各称其情，故虽小而不以为少，虽大而不以为多。　　[31]曏（xiàng 象）：表明。今故：指今古。　　[32]"遥而不闷"二句：是说不因寿长而厌生悒闷，不因龄促而欣企长命。掇（zhuō 捉），短，与"遥而不闷"的"遥"相对。跂（qǐ 企），欣企，盼望。　　[33]说（yuè 悦）：通"悦"，喜悦。　　[34]"以其至小求穷其至大之域"二句：意思同于《庄子·养生主》："吾生也有涯，而知也无涯。以有涯随无涯，殆已！""至小"为"智"，"至大"为"境"。　　[35]倪（ní 霓）：分际。　　[36]精：精细，与"大"相对。与后文"夫精，小之微也"相应。　　[37]信：真实，果真无欺。　　[38]垺（póu 抔）：大，盛。　　[39]殷：盛，大。　　[40]故异便：是说大小虽异，各有便宜。　　[41]"言之所不能论"三句：是说精粗是对于人们可以识见的有形的东西所下的判断，而事物的妙理等孕于无形，是超越于言意之表的，这就不是精粗所能涵盖的范围了。　　[42]大人：得道而任自然之人。　　[43]不多仁恩：是说对于得道而任自然的人而言，行动不是为践行外界所推崇的仁恩，不害于人，纯然出自于天性，亦不以合乎仁恩而自得。　　[44]不贱门隶：自己行动不出于利益，却也不轻视以利益为追求的守门仆隶。《论语·述而》："子曰：'富而可求也，虽执鞭之士，吾亦为之。'"孔子认为在合乎道义的情况下追求富贵，就算是身执贱役，自己也愿意。而庄子却从根本上否定标准的存在。　　[45]"货财弗争"二句："大人"虽不争财货，亦不以"辞让"之举而自高。　　[46]"事焉不借人"三句：不假借人力而行事，不以"食乎力"即自食其力而自多，不轻贱贪利忘义之人。《庄子·天地》记载子贡见灌园老人抱瓮浇菜，"用力甚多而见功寡"，向他推荐省力的机械，老人以由机械生机事、由机事生机心而拒绝。这里的灌园老人即是所谓的"事焉不借人"、"食乎力"者，但灌园老人以此"自多"，对子贡说"吾非不知，羞而不为"，是没能做到"不多食乎力，不贱贪污"，并没真正达于道。　　[47]不多辟异：是说"大人"行事与众不同，却不是刻意为之、标新立异，不以自己乖僻怪异而自得自满。辟异，乖僻怪异。　　[48]不贱佞谄：是说"大人"行事从众，行为随俗，却不是专意迎合，乃是"和而不同"、"周而不比"，但并不轻贱谄媚奉承的人。　　[49]爵禄：官爵和俸禄。劝：勉励，鼓励。　　[50]戮耻：刑戮之耻。即《庄子·逍遥游》宋荣子"举世而誉之而不加劝，举世而非之而不加沮"。　　[51]"道人不闻"三句：同于《庄子·逍遥游》所说"至人无己，神人无功，圣人无名"。道人不闻，是说体道之人无功名闻世。至德不得，得，同"德"。用《老子》"上德不德，是以有德"之意，也与后文中"无以得殉名"的"得"同义。大人无己，是说顺天应物，纯任自然。即庄子理想中的最高境界"至人"。　　[52]约分：各依分限，适于天性。　　[53]恶（wū 屋）至而倪贵贱：即以物的性分内外如何判定事物的贵贱与大小。恶，何，哪里。倪，区分。一说通"睨"，看，看出。　　[54]贵贱不在己：是说因出发角度的不同而生出不同的评价。以上从"道"、"物"、"俗"三个角度简单说明，下文从"差"、"功"、"趣"三方面详细阐释。　　[55]则差数睹矣：这是说从物的分别、差别出发，若从大的标准来衡量，那么万物在某种程度上都是大的，反之亦然。天地对于比它更大的空间而言就如同稊米一样小，豪末较之于更小的存在就如同山丘一般大。　　[56]则功分定矣：是说物相反方能相成，彼此相济。譬如从方向上而言，有东才有西。即《老子》第二章所谓的"有无相生，难易相成，长短相较，高下相倾，音声相和，前后相随"。　　[57]趣操：趋向志操，情趣志操。　　[58]让：禅让。　　[59]之：战国时燕国国相子之，苏秦的女婿，受燕王哙禅位。哙（kuài 快）：战国时燕王姬哙，燕易王之子，听信苏秦的族弟苏代之言而禅位给子之。国人不服子之，后齐宣王用苏代的建议讨伐燕国，杀死了姬哙与子之，燕国几乎亡国。　　[60]王（wàng 望）：以仁义取得天下。商与周的开国君主都是以干戈革命而取得天下。　　[61]白公：即白公胜，因封于白邑而得名。楚平王之孙，太子建之子。平王娶秦女而疏远太子建，太子建逃到郑国生了白公胜，因楚国的政治内乱，白公胜与伍子胥逃到吴国，后被楚国令尹子西迎回，僭称公，犯上作乱而被叶公子高杀死。　　[62]梁丽：一说房屋的栋梁，一说小船，应是类似楼车一类的战车。冲：攻击。　　[63]骐（qí 其）骥（jì 冀）骅（huá 滑）骝（liú 留）：泛指良马。　　[64]狸狌（shēng 生）：野猫。　　[65]鸱鸺（chīxiū 痴休）夜撮蚤：猫头鹰一类的鸟晚上抓取蚤虱。　　[66]盖：不尽之辞。师：以……为师，一说是顺应的意思。　　[67]帝王：五帝与三王的并称。　　[68]三代：夏、商、周三个朝代。　　[69]默默：无知的样子。　　[70]女（rǔ 汝）：通"汝"，你。恶（wū 乌）：怎么。　　[71]辞受趣舍：辞让受纳，进趋退舍。趣（qū 趋），同"趋"，趋向，追逐。　　[72]反衍：也作"畔衍"或"叛衍"，漫衍合为一家的意思。　　[73]而：尔，汝。　　[74]蹇（jiǎn 检）：不顺遂，不顺服。　　[75]谢施：代谢施用。或积少成多，或散多为少，不断变化。　　[76]参差：不一致，是说不要执着于一，与道乖离。　　[77]严（yǎn 俨）：通"俨"，俨然、庄严的样子。国君端拱无为而天下大治。　　[78]繇（yōu 悠）繇：自得从容的样子。　　[79]畛（zhěn 枕）域：界限，范围。　　[80]承翼：接承羽翼，即扶持偏爱。　　[81]无方：无定一方。方指一边，无方即不偏爱任何一方。　　[82]不位乎其形：不以形为位，即不执守形骸、拘持名节。　　[83]消息：消长，增减，盛衰。　　[84]自化：自然变化不假人力。　　[85]然则何贵于道邪：承接上文而发问，既然为与不为混一，凡与圣一齐，任自然而变化，那么所谓的"道"又有什么可贵的呢？　　[86]至德者：这里的"至德者"正如《庄子·逍遥游》中居住在姑射山的神人，外物不能危害于他。　　[87]薄：轻视，鄙薄。　　[88]德在乎天：至德在乎天然，不在人为。　　[89]"知天人之行"三句：是说至人应物变化，顺化自然，进退屈伸没有定执。蹢躅（dízhú　迪竹），徘徊不进之貌，进退不定之貌。躅，同"躅"。　　[90]反要：即返本归源。要，枢要，事物的本源。　　[91]故：故意，刻意，人为也。命：天命，本性，自然。　　[92]得：即前文所言"本乎天，位乎得"的"得"，也是"至德不得"的"得"。　　[93]夔（kuí　葵）：传说中的一足兽，像牛。蚿（xián　贤）：百足虫，属于无脊椎动物。怜：爱尚，羡慕。夔美慕蚿的多足。一说作哀愍，夔以一足自得，同情百足之蚿的烦劳辛苦。　　[94]趻踔（chěnchuō　硡戳）：跳踯，跳跃。　　[95]天机：天性自然。　　[96]有似：是说蛇虽然无足，却像是有足的样子。　　[97]蓬蓬然：风吹动貌。一说是尘动貌。　　[98]似无有：即无形，而风动无形象却有力。一说是无肖，因为风无形所以无所像的意思。　　[99]鰌（qiú　求）：一作踏，用脚蹴踏。　　[100]蜚（fēi　飞）：通"飞"，大风将屋厦飘飞起来。　　[101]以众小不胜为大胜：是说人虽然可以用手指风，用脚踏风，风无能为力，此是小不胜也。但风却具有摧折树木、飘飞大屋的能力，此是大胜也。　　[102]匡：春秋时卫国之地，孔子从鲁国到卫国，途经匡这个地方。　　[103]宋：误字，当作"卫"。　　[104]惙（chuò　辍）：通"辍"，止。　　[105]女（rǔ　汝）：通"汝"，你。　　[106]讳穷：害怕不得志。　　[107]知（zhì　智）：智慧。　　[108]兕（sì　肆）：古代兽名，皮厚，可以制甲，一说是雌犀牛。　　[109]由：即子路。子路名仲由，字子路，又字季路，孔子弟子。　　[110]制：分限。　　[111]将甲者：带兵的将官。　　[112]辞：致歉。　　[113]阳虎：一名阳货，春秋后期鲁国人，季孙氏家臣，曾侵暴卫邑的人民。孔子长相与其相似，匡人误以为孔子是阳虎，所以才出现了围困孔子的事情。　　[114]公孙龙：即公孙龙子，字子秉，战国时期赵人，曾为平原君门客，名家代表人物。擅长诡辩之术，提出了"离坚白"、"白马非马"等命题。曾游魏，与公子牟论学。魏牟：战国时期魏国公子牟，因封于中山，也叫中山公子牟，曾与公孙龙交好，后改宗庄子。 [115]先王：指尧舜禹汤等。 [116]"合同异"二句：公孙龙子以博辩闻名，能离同为异，亦能合异为同，认为坚硬与白色不能同时求于白石，前者是触觉，后者是视觉。 [117]汒（máng 忙）：迷茫。 [118]喙（huì 卉）：鸟兽的嘴，借指人的嘴。指公孙龙子听闻庄子之言，茫然不知所措，三缄其口。 [119]隐机：即"隐几"，凭靠着几案。大（tài 太）息：深深地叹息。 [120]坎（kǎn 坎）井：浅井。一说坏井。 [121]跳梁：即"跳踉"，跳跃的意思。干（hán 韩）：井栏。 [122]甃（zhòu 皱）：用砖瓦等砌的井壁。 [123]接腋持颐：形容水浅。腋，臂下。颐，面颊。 [124]蹶（jué 掘）：踏，踩。趺（fū 夫）：脚背。 [125]还（xuán 旋）：顾视。虷（hán 寒）：井中赤虫。科斗：即今之蝌蚪。 [126]擅：专。 [127]跱（zhì 峙）：据有，占有。 [128]絷（zhí 值）：拘束，羁绊。 [129]逡巡：从容。 [130]仞：八尺为仞。一说为七尺。 [131]潦（lǎo 老）：积水。 [132]崖：涯际，边际。 [133]顷：少时。久：多时。这句是说大海不因时间的长短而改变。 [134]适适（tìtì 惕惕）然：惊恐失色貌。 [135]规规然：惊恐自失貌。 [136]知不知是非之竟：是说公孙龙子的聪明并不足以穷究是非之境，是俗知而非真知。 [137]商蚷（jù 距）：虫名，也作商距，即马蚿，陆地小虫，无法渡水。 [138]跐（cǐ 此）：踏，踩。大（tài 太）皇：亦作太皇，指天。 [139]奭（shì 释）然：消散、消释的样子。 [140]规规然：经营之貌，一说浅陋拘泥貌。察：观察。 [141]寿陵：燕邑。馀子：弱龄未壮的少年，一说尚未到服役年龄的少年。邯郸：赵都。 [142]呿（qù 去）：张口的样子。 [143]濮（pú 仆）水：战国时陈地河流，流经今河南濮阳。 [144]楚王：指战国时期楚威王熊商，楚宣王之子，致力于恢复楚庄王时代的霸业，在世期间积极扩张楚国领土，志在使楚国成为诸侯之首。 [145]愿以境内累矣：这是客气的说法，表示希望将国事托付于庄子。 [146]巾笥（sì 嗣）：藏之以筥，覆之以巾。 [147]惠子：即惠施，战国时期宋人，为梁惠王之相。名家学派的开山鼻祖和代表人物，与庄子相交甚深。 [148]鹓鶵（yuānchú 鸳雏）：鸾凤之类，一说是凤凰之子。 [149]练实：竹食，竹子所结的子实，形如小麦。 [150]鸱（chī 痴）：鹞鹰。 [151]吓（hè 贺）：怒斥声。 [152]濠梁：即下文之"濠上"。濠是水名，梁是桥梁。 [153]儵（tiáo 条）：通"鲦"，鲦鱼，又名白鲦、白鲦。 [154]请循其本：追溯其本源。郭象注："寻惠子之本言，云非鱼则无缘相知耳。今子非我也，而云'汝安知鱼乐'者，是知我之非鱼也。苟知我之非鱼，则凡相知者，果可以此知彼，不待是鱼然后知鱼也。故循子'安知'之云，已知吾之所知矣。而方复问我，我正知之于濠上耳，岂待入水哉！"

【解析】

《秋水》先以河伯与北海若的问答引出，凡七问七答。

第一层，河伯极言己之孤陋，不知有"更大"的存在，见海则明己之小。海神若从此意出发，言明在比"大"更大的存在面前，大亦小矣，就像河伯所认为"更大"的海在天地之间不过一稊米，所以诚在自满。

第二层，河伯问以大为大以小为小可乎，海神若更纠以无大无小。万事万物恒在变化，所以大亦可为小，小也可变大。故而以有限的智识追求无限的"道"，只能迷乱而不自得。

第三层，既然有形的大小在不断变化，那么河伯又从无形的大小来发问，改换为至精至大的概念。海神若答以其无形，不能言尽意致，所以无从言精粗，也无从分精粗也。并由"无分精粗"引出混一是非的"大人",不自是而非人。

第四层,既有混一是非,则河伯又添出贵贱来与小大同说。有形的大小不可确定,无形的精粗不可区分,是非在"大人"这里又相混一,那么从物性的内外又怎样区分贵贱与大小?海神若答以无一定的标准。因角度的不同,生出的评价各异,且同一种行为在不同的背景下成败互异,是以无统一的标准。

第五层,既无标准,河伯问自己当凭借什么来取舍。海神若答以齐万物,顺物自化,蹈无为之境。

第六层,河伯又以听任造化所为,则我亦何必学道来发问,海神若答:知"道"之人明达事物的"理",所以能够不以物害己,是以天为本。

第七层,河伯由此而问天与人将如何区别,海神若由"天"、"人"的解释进而引出本篇的主旨之所在——"无以人灭天,无以故灭命,无以得殉名,谨守而勿失,是谓反其真。"接下来的寓言正是对于"反真"思想的进一步论述。

夔、蚿、蛇、风四者的问答无不落脚于"天机"上,天机即秉分自然、不假人力。而文中更是只论到"风"便停止了进一步的阐释,省去"目"、"心"不论,引发了后人无限思量与猜测。意其因通过前四者已经引出了"天机",即上文的"无以人灭天",意思表达已经清楚了。再者风虽是无形之物,却并不是虚无不可见,尚可由言意而致。眼睛接物自然,究竟是凭借什么能够看到万物难以说明,而心又是通过什么来获得感知就更非语言可以表达,所以"目"与"心"就是言意之外了,正是无分"精粗",

照应上文，故阙而不论。庄子认为语言形诸文字，意思就已经缺了。轮扁斫轮，"得之于手而应于心"却是"口不能言"，故认为书籍更是古人思想的"糟粕"。这里不论"目"与"心"，正是言不尽意的意思。庄子哲学意识到了世间事物的相对性，这自有其合理性，但是由此走向了相对主义的方法论和不可知论，则是错误的。

孔子被围于匡地，与子路的问答无非传递这样一个观点：时命出于自然，不以人力为迁，所以安时处顺，和光同尘。在某种意义上就是践行"无以故灭命"的思想。

公孙龙子被魏牟批评为浅井之蛙，其诡辩虽一时独步，却是"小知不及大知"，受限于自己的智识，如同夏虫不可语于冰，难以与论庄子的至道。

庄子钓于濮水，楚威王派人表示将以国事交付于他，但庄子"持竿不顾"，表示自己宁愿像龟一样曳尾泥泞中全其天性，而不愿"以得殉名"。紧接着惠子的故事，庄子与惠子可谓知己，虽二人执见不同，惠施死后庄子却叹息自己无可为质。但《庄子》一书中却从不乏庄子对惠子无情的嘲讽，颇令人不解，宋代林希逸认为此乃朋友之间的诙谐，算不得真。惠子为梁惠王的国相，听说庄子要取代自己，在国内搜捕庄子。庄子将自己比作鹓鶵，嘲笑惠子国相之位不过是丑腐的死鼠，非心之所向，性命所安，不以外物为累。

濠梁之乐是《庄子》最著名的寓言之一。庄子与惠子游于桥上，庄子感慨鱼在水中从容游乐，惠子驳以异物而不得相知，故庄子不可能知道鱼之乐。惠子的立论颇像前文所说的"夔怜蚿，蚿怜蛇，蛇怜风，风怜目，目怜心"，因其异于己而生"怜"，是不知对方；而庄子反驳立论于"道"，虽是异物，但道则一也，正如夔、蚿、蛇、风皆发于"天机"，鱼性在水，人则陆居，其发自天性却是一样的，所以可知鱼之乐。惠子立足于有限的智识，而庄子则立足于天地之至道，是庄子高妙之处。

更 法

《商君书》

【题解】

《商君书》，又作《商子》，原二十九篇，现存二十四篇。旧题"商鞅撰"。关于《商君书》的作者，一说是伪书，一说是商鞅，一说是商鞅遗著和其他法家遗著的合编。由于《商君书》所反映的是商鞅的思想，故认为是商鞅后学所编较为合理。商鞅（前390？—前338），战国时期政治思想家。卫国国君后裔，故也称卫鞅。又因他是姬姓公孙氏，也称公孙鞅。商鞅曾在魏国做过小官，后在秦孝公的支持下进行变法，对秦国户籍、军功爵制度、土地制度、行政区划、度量衡等方面进行改革。他在经济上主张重农抑商。秦孝公曾封他商於十五邑，故号为商君，又称商鞅。秦孝公去世后，公子虔等诬陷商鞅谋反，不久商鞅被杀。《更法》是《商君书》的第一篇，记商鞅和甘龙、杜挚在秦孝公面前讨论变法事宜，阐明了商鞅变法的理论基础。

孝公平画[1]，公孙鞅、甘龙、杜挚三大夫御于君[2]。虑世事之变[3]，讨正法之本，求使民之道。

君曰："代立不忘社稷[4]，君之道也；错法务明主长[5]，臣之行也。今吾欲变法以治，更礼以教百姓，恐天下之议我也。"

公孙鞅曰："臣闻之：'疑行无成[6]，疑事无功。'君亟定变法之虑[7]，殆无顾天下之议之也[8]。且夫有高人之行者，固见负于世[9]；有独知之虑者，必见骜于民[10]。语曰：'愚者暗于成事[11]，知者见于未萌。民不可与虑始，而可与乐成。'郭偃之法曰[12]：'论至德者，不和于俗；成大功者，不谋于众。'法者，所以爱民也；礼者，所以便事也。是以圣人苟可以强国，不法其故；苟可以利民，不循其礼。"

孝公曰："善！"

甘龙曰："不然。臣闻之：'圣人不易民而教[13]，知者不变法而治。'因民而教者，不劳而功成；据法而治者，吏习而民安。今若变法，不循秦国之故，更礼以教民，臣恐天下之议君，愿孰察之[14]。"

公孙鞅曰："子之所言，世俗之言也。夫常人安于故习，学者溺于所闻[15]。此两者，所以居官而守法，非所与论于法之外也。三代不同礼而王[16]，五霸不同法而霸[17]。故知者作法[18]，而愚者制焉；贤者更礼，而不肖者拘焉。拘礼之人不足与言事，制法之人不足与论变[19]。君无疑矣。"

杜挚曰："臣闻之：'利不百，不变法；功不十，不易器。'臣闻：'法古无过[20]，循礼无邪。'君其图之[21]！"

公孙鞅曰："前世不同教，何古之法？帝王不相复[22]，何礼之循？伏羲、神农，教而不诛[23]；黄帝、尧、舜，诛而不怒[24]；及至文、武[25]，各当时而立法，因事而制礼。礼、法以时而定；制、令各顺其宜；兵甲器备，各便其用。臣故曰：治世不一道[26]，便国不必法古。汤、武之王也[27]，不修古而兴；殷、夏之灭也[28]，不易礼而亡。然则反古者未必可非，循礼者未足多是也[29]。君无疑矣。"

孝公曰："善！吾闻穷巷多怪[30]，曲学多辨[31]。愚者之笑[32]，智者哀焉；狂夫之乐，贤者丧焉[33]。拘世以议，寡人不之疑矣。"于是遂出《垦草令》[34]。

《商君书·更法》

159

【注释】

[1]孝公：此处指秦孝公（前381—前338），公元前361年即位。平画：评议筹画。　[2]甘龙：秦孝公时名臣，时任大夫，后为太师，反对商鞅变法。杜挚（zhì 质）：秦孝公时名臣，破魏有功，官至左司空，是商鞅变法的反对派人物。御：侍奉。　[3]"虑世事之变"三句：是说秦孝公和商鞅、甘龙、杜挚等人思考时事的变化，讨论政治法度的根本，探求役使百姓的方法。正（zhèng 政）法，政治法度。使，役使。　[4]"代立不忘社稷"二句：是说接替先人作了国君，不忘国家，是作国君的正道。代，接替。社稷，土神和谷神，代指国家。　[5]"错法务明主长"二句："错法务明主长"原作"错法务民主张"。孙诒让曰："'错法务民主张'句义殊不可通。《新序·善谋篇》作'错法务明主长'，是也，当据校正。"今从其说。此句是说措置法度，使君主光明，是人臣要做的事情。错，通"措"，措置，建立。主长，君主。　[6]"疑行无成"二句：是说行动时犹豫，就难成功；做事犹豫，就不会有成就。　[7]亟（jí 急）：急切，迫切。　[8]殆（dài 代）：大概，恐怕。　[9]固见负于世：是说高人的行为一般被世人反对。固，本来，原来。负，《史记》卷六八《商君列传》作"非"，非议。　[10]必见鳌（áo 敖）于民：是说有独到见解的人，必然被百姓所轻视。见鳌，被轻视，"鳌"通"傲"。　[11]"愚者暗于成事"四句：是说愚昧之人在事情完成后还看不明白，智慧之人在事情未发生之前就观察到了。百姓不能与他们共同考虑事业的开端，只能和他们欢庆成功。暗，愚昧，昏乱。知（zhì 智），通"智"。　[12]郭偃：春秋时晋国大夫，曾辅佐晋文公变法。　[13]"圣人不易民而教"二句：是说圣贤不会改变百姓的生活习惯来教化百姓，智者不会改变法度来治理国家。　[14]孰（shú 熟）：通"熟"，缜密，周详。　[15]学者溺于所闻：学者局限于自己的见闻。溺，沉湎，陷于困

境。　　[16]三代不同礼而王：夏、商、周三代礼制虽有不同，但都成就了王业。　　[17]五霸不同法而霸：五霸法度不同，却都成就了霸业。五霸，指春秋时的齐桓公、晋文公、秦穆公、宋襄公、楚庄王。一说指春秋时的齐桓公、晋文公、楚庄王、吴王阖闾和越王勾践。　　[18]"故知者作法"四句：是说所以智慧之人制定法令，愚昧之人受法令的制裁，贤达者改革礼制，庸人受到礼制约束。不肖（xiào 孝）者，不贤者。拘，约束，限制。　　[19]制法之人：拘泥于旧法之人。　　[20]"法古无过"二句：效法古制不会有过错，遵守旧礼不会有偏差。法，效法。循，遵守。无邪，没有偏差。　　[21]图：考虑，谋划。　　[22]帝王不相复：帝王不互相因袭。　　[23]"伏羲、神农"二句：伏羲、神农教导百姓而不滥杀无辜。伏羲，又称太昊（hào 浩），古代传说中的三皇之首，中华文明的始祖，曾作八卦，结绳纪事，教民渔猎等。神农，即炎帝，古代传说中的五帝之一，中华文明的祖先，曾教民种植五谷，豢养牲畜，尝百草以辨药物。　　[24]"黄帝、尧、舜"二句：黄帝、尧、舜惩罚有罪之人而不过度。黄帝，古代五帝之首，姬姓，轩辕氏，曾统一华夏部落，推算历法，教民播种五谷，作干支和乐器，以及创立医学等。尧，陶唐氏，五帝之一，曾设官掌管时令，制定历法，用鲧治水，征伐苗民。舜，有虞氏，五帝之一，史称虞舜，曾派禹治水，并禅位于禹。怒，超越，过度。　　[25]文、武：周文王、周武王。　　[26]"治世不一道"二句：是说治理国家不只有一种方法，对国家有利不必效法古人。便国，对国家有利。　　[27]"汤、武之王也"二句：是说商汤、周武不拘泥于古法而兴起。汤，成汤（？—约前1588），名履，夏朝末年征讨夏桀，建立了商朝。武，周武王姬发（约前1087—前1034），商朝末年征伐商纣，灭掉商朝，创建西周。　　[28]"殷、夏之灭也"二句：是说殷商、夏朝不改革礼制而灭亡。殷（约前1600—前1046），即商朝。我国历史上第二个朝代。由商汤在亳建立，历十七代三十一王，商纣王时被周武王所灭。夏（约前2070—前1600），我国历史上的第一个朝代。禹死后，其子启称王；改变了原有的禅让制，历十四代十七王，夏桀时被商汤所灭。　　[29]多：称赞。　　[30]穷巷多怪（lìn 吝）：贫穷的巷子出来的人都很吝啬。怪，同"吝"，吝啬。　　[31]曲学多辩：孤陋寡闻的人多喜欢诡辩。曲学，偏颇狭隘的学问，也指学识浅陋的人。辩，通"辩"，诡辩。　　[32]愚者之笑：原作"愚者笑之"。孙诒让曰："'笑之'《新序》作'之笑'，与下文'狂夫之乐'正相对，是也。当据乙正。"今从其说。　　[33]丧：原作"器"，今据蒋礼鸿《商君书锥指》改。一说"丧"当作"哭"。　　[34]《垦草令》：见《商君书·垦令》，是督促农民开垦荒地的命令。

【解析】

秦孝公即位后，深感国势积弱，乃广纳贤才以图强。公元前361年，商鞅入秦，得到秦孝公的重用。秦孝公六年（前356），商鞅主持变法，编造户籍，实行连坐，废除特权，奖励军功，定秦爵二十级，重农抑商，奖励耕织，收到一定的效果。孝公十二年（前350），又开阡陌，推行县制，迁都咸阳，统一度量衡，革除陋习。两次变法使秦国趋于强大，为秦统一六国奠定了基础。《商君书》记商鞅变法的理论基础和具体措施以及秦国的一些政治与军事制度，描绘了商鞅等变法派与守旧派之间的冲突和斗争，是战国中期重要的法家代表论著。商鞅强调变法，主张农战结合，重刑厚赏，重本抑末，其思想就反映在《商君书》中。

《更法》主要阐述了商鞅变法的理论基础，为全书之纲。针对秦孝公既想变法求存，又担心遭致非议的两难心理，商鞅试图劝说秦孝公打消顾虑，不必在意民众的非议。商鞅认为圣人只要能使国家强盛，不需沿袭旧的法度；只要有利于民，不需遵循旧的礼法。针对甘龙因袭旧俗教化民众，可以使官吏熟悉法令，而百姓得以安定的言论，他以三代王业和春秋五霸为例，指出智者创行法度，贤者改革礼制；针对杜挚效法古人没有过错的言论，他以伏羲、神农、黄帝、尧、舜、周文王、周武王为例，指出他们"当时而立法，因事而制礼"的变革理念，又以夏、商亡于守旧来劝说秦孝公积极变法，最终打消了秦孝公的疑虑，从而使孝公支持变法，一系列改革措施得以顺利推行。

商鞅是战国时期法家的代表。他强调礼制和法治，认为"法者，所以爱民；礼者，所以便事也"，反映出他强烈的依法治国、强国利民的思想。他强调礼制和法度要因时而定，制度和法令要顺应当时社会的需要。这一因时事而变革的理念是与时俱进的。

劝　学

《荀子》

【题解】

荀子（前298？—前238？），名况，字卿，赵国猗氏（今山西安泽）人。西汉时为避宣帝刘询讳，曾一度改称"孙卿"（"荀"、"孙"二字古音相通）。年十五，游学于齐稷下学宫。齐襄王初年，为列大夫，并任稷下祭酒。后去齐适楚，楚相春申君用为兰陵（今山东苍山）令。春申君死，荀子废，定居兰陵。《史记》卷七四有传。

《荀子》一书由荀子与其弟子合力撰写而成，首篇即《劝学》。所谓"劝学"，就是鼓励学习之意。本篇针对学习的宗旨、意义、态度、内容、步骤、方法、途径等一系列根本问题展开详细论述，堪称我国古代教育理论的典范之作。

君子曰：学不可以已[1]。青[2]，取之于蓝[3]，而青于蓝；冰，水为之，而寒于水。木直中绳[4]，鞣以为轮[5]，其曲中规[6]，虽有槁暴[7]，不复挺者[8]，鞣使之然也。故木受绳则直[9]，金就砺则利[10]，君子博学而日参省乎已[11]，则知明而行无过矣[12]。

故不登高山，不知天之高也；不临深溪[13]，不知地之厚也；不闻先王之遗言，不知学问之大也。干、越、夷、貉之子[14]，生而同声，长而异俗，教使之然也。《诗》曰[15]："嗟尔君子，无恒安息。靖共尔位，好是正直。神之听之，介尔景福。"神莫大于化道[16]，福莫长于无祸。

吾尝终日而思矣[17]，不如须臾之所学也；吾尝跂而望矣[18]，不如登高之博见也[19]。登高而招，臂非加长也，而见者远；顺风而呼，声非加疾也[20]，而闻者彰[21]。假舆马者[22]，非利足也[23]，而致千里；假舟檝者[24]，非能水也[25]，而绝江河[26]。君子生非异也[27]，善假于物也。

南方有鸟焉，名曰蒙鸠[28]，以羽为巢，而编之以发[29]，系之苇苕[30]。风至苕折，卵破子死。巢非不完也，所系者然也。西方有木焉，名曰射干[31]，茎长四寸，生于高山之上，而临百仞之渊[32]。木茎非能长也，所立者然也。蓬生麻中[33]，不扶而直。白沙在涅[34]，与之俱黑。兰槐之根是为芷[35]，其渐之滫，君子不近，庶人不服。其质非不美也，所渐者然也[36]。故君子居必择乡[37]，游必就士，所以防邪僻而近中正也。

物类之起[38]，必有所始；荣辱之来，必象其德[39]。肉腐出虫，鱼枯生蠹[40]。怠慢忘身[41]，祸灾乃作。强自取柱[42]，柔自取束。邪秽在身[43]，怨之所构。施薪若一[44]，火就燥也。平地若一，水就湿也[45]。草木畴生[46]，禽兽群焉，物各从其类也。是故质的张而弓矢至焉[47]，林木茂而斧斤至焉[48]，树成荫而众鸟息焉，醯酸而蜹聚焉[49]。故言有召祸也[50]，行有招辱也，君子慎其所立乎！

积土成山[51]，风雨兴焉；积水成渊，蛟龙生焉；积善成德[52]，而神明自得，圣心备焉。故不积跬步[53]，无以至千里；不积小流，无以成江海。骐骥一跃[54]，不能十步；驽马十驾[55]，功在不舍[56]。锲而舍之[57]，朽木不折；锲而不舍[58]，金石可镂。蚓无爪牙之利[59]，筋骨之强，上食埃土[60]，下饮黄泉[61]，用心一也。蟹六跪而二螯[62]，非蛇蟺之穴无可寄托者[63]，用心躁也[64]。是故无冥冥之志者[65]，无昭昭之明；无惛惛之事者，无赫赫之功。行衢道者不至[66]，事两君者不容。目不能两视而明，耳不能两听而聪。螣蛇无足而飞[67]，梧鼠五技而穷。《诗》曰："尸鸠在桑[68]，其子七兮；淑人君子，其仪一兮；其仪一兮，心如结兮。"故君子结于一也。

昔者瓠巴鼓瑟而流鱼出听[69]，伯牙鼓琴而六马仰秣。故声无小而不闻[70]，行无隐而不形。玉在山而草木润[71]，渊生珠而崖不枯。为善不积邪[72]，安有不闻者乎？

学恶乎始[73]？恶乎终？曰：其数则始乎诵经[74]，终乎读礼；其义则始乎为士[75]，终乎为圣人。真积力久则入[76]，学至乎没而后止也。故学数有终，若其义则不可须臾舍也[77]。为之[78]，人也；舍之，禽兽也。故《书》者[79]，政事之纪也；《诗》者[80]，中声之所止也；《礼》者[81]，法之大分，类之纲纪也，故学至乎《礼》而止矣。夫是之谓道德之极。《礼》之敬文也[82]，《乐》之中和也，《诗》、《书》之博也，《春秋》之微也，在天地之间者毕矣。

君子之学也[83]，入乎耳，著乎心，布乎四体，形乎动静。端而言[84]，蝡而动，一可以为法则。小人之学也[85]，入乎耳，出乎口。口、耳之间则四寸耳，曷足以美七尺之躯哉？古之学者为己[86]，今之学者为人。君子之学也，以美其身；小人之学也，以为禽犊[87]。故不问而告谓之傲[88]，问一而告二谓之囋。傲，非也；囋，非也；君子如向矣[89]。

学莫便乎近其人[90]。《礼》、《乐》法而不说[91]，《诗》、《书》故而不切[92]，《春秋》约而不速。方其人之习君子之说[93]，则尊以遍矣，周于世矣。故曰学莫便乎近其人。

学之经莫速乎好其人[94]，隆礼次之。上不能好其人，下不能隆礼，安特将学杂识志[95]，顺《诗》、《书》而已耳，则末世穷年，不免为陋儒而已。将原先王[96]，本仁义，则礼正其经纬蹊径也。若挈裘领[97]，诎五指而顿之，顺者不可胜数也。不道礼宪[98]，以《诗》、《书》为之，譬之犹以指测河也，以戈春黍也，以锥飡壶也，不可以得之矣。故隆礼，虽未明，法士也[99]；不隆礼[100]，虽察辩，散儒也。

问楛者[101]，勿告也；告楛者，勿问也；说楛者，勿听也；有争气者[102]，勿与辩也。故必由其道至[103]，然后接之，非其道则避之。故礼恭[104]，而后可与言道之方；辞顺，而后可与言道之理；色从，而后可与言道之致。故未可与言而言谓之傲[105]，可与言而不言谓之隐，不观气色而言谓之瞽。故君子不傲，不隐，不瞽，谨顺其身[106]。《诗》曰："匪交匪舒[107]，天子所予。"此之谓也。

百发失一[108]，不足谓善射；千里蹞步不至[109]，不足谓善御。伦类不通[110]，仁义不一，不足谓善学。学也者[111]，固学一之也。一出焉[112]，一入焉，涂巷之人也。其善者少，不善者多，桀、纣、盗跖也[113]。全之尽之[114]，然后学者也。

君子知夫不全不粹之不足以为美也[115]，故诵数以贯之，思索以通之，为其人以处之，除其害者以持养之，使目非是无欲见也[116]，使耳非是无欲闻也，使口非是无欲言也，使心非是无欲虑也。及至其致好之也[117]，目好之五色，耳好之五声，口好之五味，心利之有天下。

是故权利不能倾也[118]，群众不能移也，天下不能荡也。生乎由是[119]，死乎由是，夫是之谓德操。德操然后能定[120]，能定然后能应，能定能应[121]，夫是之谓成人。天见其明[122]，地见其光，君子贵其全也。

《荀子集解》卷一

【注释】

[1]已：终止，停止。　　[2]青：靛（diàn 电）青。　　[3]取：提取，提炼。蓝：蓼（liǎo 辽，上声）蓝草，叶可做蓝色染料。　　[4]中（zhòng 仲）：符合。绳：木工用的墨线，用来衡量木材的曲直。　　[5]輮（róu 柔）：通"揉"，使直的东西弯曲。　　[6]规：圆规，量圆的工具。　　[7]有：通"又"。槁暴（gǎopù 搞瀑）：晒干。槁，枯干。暴，晒。　　[8]挺：直。　　[9]受绳：经过墨绳校正。　　[10]金：金属制成的刀剑。砺：磨刀石。　　[11]参：检验。省（xǐng 醒）：反省，考察。一说"参"通"叁（三）"。《论语·学而》："曾子曰：'吾日三省吾身。'"　　[12]知：同"智"。　　[13]溪：山涧。　　[14]"干、越、夷、貉之子"四句：意为干国、越国、夷族、貉族的人，刚生下时啼哭的声音都是一样的，而长大后风俗习惯却不相同，这是由于后天所受教育不同的结果。干、越，春秋时国名，在今江苏、浙江一带。干，本一小国，被吴所灭，故又称吴为干。夷、

貉（mò 莫。通"貊"），古代对东方和北方少数民族的蔑称。子，这里指人。　[15]"《诗》曰"七句：《诗经》中说："你这个君子啊，不要老是想着安逸，安于你的职位吧，爱好正直的德行。这样，神就会了解你，给你极大的幸福。"（见《诗·小雅·小明》）靖，安。共，通"恭"，看重。好，爱好。介，助。景，大。　[16]神：此处指最高的精神境界。《诗》中所谓神，指神灵，荀子引《诗》对于神作了新的解释。化道：受道的教化，指思想行动符合道。道，指社会、政治、思想的总原则。　[17]"吾尝终日而思矣"二句：大意是我曾经整天苦思冥想，但是不如学习一会儿收获大。尝，曾经。须臾（yú 鱼），一会儿。　[18]跂（qǐ 企）：踮起脚后跟。　[19]博见：看得宽广。　[20]疾：壮，这里指声音宏亮。　[21]彰：清楚。　[22]假：凭借，利用。　[23]利足：指跑得很快。　[24]楫：同"楫"，船桨。　[25]能水：指水性好。能，善。　[26]绝：动词，指渡过。　[27]"君子生非异也"二句：君子的本性和别人并没有什么不同，只不过是善于借助和利用客观事物罢了。善，擅长。　[28]蒙鸠：即"鹪鹩"（jiāoliáo 骄燎），一种羽毛赤褐色的小鸟，体长约三寸。　[29]编之以发：用毛发编结起来。　[30]系：联结。苇苕（tiáo 条）：芦苇的嫩条。苇，芦苇。　[31]射干：一种草药名，又称"乌扇"。　[32]仞（rèn 认）：长度单位。古时八尺或七尺为一仞。　[33]蓬：草名，又称"飞蓬"。　[34]"白沙在涅（niè 聂）"二句：原无，今据《尚书正义·洪范》篇引文补。涅，黑土。　[35]"兰槐之根是为芷（zhǐ 止）"四句：大意是兰槐的根叫作芷，如果把它浸到臭水里，君子就不去接近它，普通人也不会佩戴它。兰槐，即"白芷"，香草名，开白花，气味香，古人把它的苗称为"兰"，根称为"芷"。其，若，如果。渐，浸泡。滫（xiǔ 朽），酸臭的淘米水，这里指污水。庶人，众人，普通人。服，佩戴。　[36]所渐者然也：是由于把它浸入了臭水的缘故。　[37]"故君子居必择乡"三句：因此君子定居时一定要谨慎地选择好地方，外出必须和有学问有道德的人交往，这是为了防止受邪恶人的影响，而使自己接近于正道。游，外出交往。中正，恰当正确的东西，指上文"神莫大于化道"的"道"。　　[38]起：发生。　　[39]必象其德：一定和他自己的品德优劣相应。象，相似，相应。　　[40]蠹（dù杜）：蛀虫。　　[41]"怠慢忘身"二句：懒散到了不顾自己的一切行为，灾祸就要降临了。　　[42]"强自取柱"二句：质地坚硬的东西自然会被人们用作支柱，质地柔软的材料自然会被人们用来捆东西。　　[43]"邪秽在身"二句：自己行为邪恶肮脏，那就必然造成人们对你的怨恨。秽（huì绘），污秽，肮脏。构，结，造成。　　[44]"施薪若一"二句：堆放的柴草看起来一样，火总是先从干燥的柴草烧起。　　[45]湿：潮湿，这里指低洼的地方。　　[46]畴：通"俦"，同类，同处。　　[47]质的（dì第）：指箭靶。质，古时一种箭靶。的，箭靶中心的目标。　　[48]斤：与斧相似，比斧小而刃横，一般用以砍木。　　[49]醯（xī西）：醋。蜹（ruì瑞）：类似蚊子的昆虫。　　[50]"故言有召祸也"三句：所以说话有时会招来祸害，做事情有时会引来耻辱，君子谨慎地对待自己言论和行动的立脚点。立，立脚点，这里指学什么，以什么为指导。　　[51]"积土成山"二句：土堆积起来成了山，风雨就从这里形成了。古代有山吐云纳雾的说法，并认为风雨是从山中形成的。荀子借此说明只要坚持不懈，专心一意，就能有所作为。　　[52]"积善成德"三句：不断地做好事而养成高尚的品德，那么自然就会达到最高的智慧，也就具备了圣人的精神境界。神明，最高的智慧。自得，自然达到。　　[53]跬（kuǐ葵，上声）步：半步。跬，同"跬"。　　[54]骐骥（qíjì棋寄）：千里马，传说能日行千里。　　[55]驽（nú奴）马：劣马。十驾：十天的路程。驾，一天的行程。　　[56]舍：放弃。　　[57]锲（qiè窃）：用刀子刻。　　[58]"锲而不舍"二句：如果坚持雕刻而不停止，那么金石也可以雕出花纹。镂（lòu漏），雕刻。　　[59]螾（yǐn蚓）：同"蚓"，即"蚯蚓”。　　[60]埃土：尘土。　　[61]黄泉：地下的泉水。　　[62]六跪：六足。蟹实有八足。螯（áo 熬）：螃蟹如钳形的脚。　　[63]蟺（shàn 善）：同"鳝"，即"鳝鱼"。　　[64]躁：浮躁，不专心。　　[65]"是故无冥冥之志者"四句：所以没有刻苦钻研精神的人，在学习上就不会有显著的成绩；不能埋头苦干的人，在事业上就不能取得巨大的成就。冥冥，幽暗，这里比喻专心致志、埋头苦干。昭昭，显著。惛惛，意思与"冥冥"同。赫赫，巨大。　　[66]"行衢道者不至"二句：在歧途上徘徊不定的人是达不到目的地的，同时事奉两个君主的人，任何一方都不会容纳他。衢（qú 渠），十字路，这里指歧路。　　[67]"螣（téng 腾）蛇无足而飞"二句：螣蛇虽然没有脚，但是能飞；鼫（shí 时）鼠虽然有五种技能，但仍然没有办法。螣蛇，古时传说一种能飞的蛇。梧鼠，鼫鼠（据《大戴礼记》），一种形状像兔的鼠类。据说它有多种技能，但都不能专心一意做到底。所以，它能飞，却不能上屋；能爬树，却不能爬到树顶；能游泳，却不能渡过山涧；能打洞，却不能掩身；善行走，却不能走在别的动物前头。穷，没有办法。　　[68]"尸鸠在桑"六句：见《诗·曹风·鸤鸠》。大意为：布谷鸟居住在桑树上，专心一意将七只小鸟哺育；那善良的君子，行动要专一不邪；行动专一不邪啊，意志才能坚定不变。尸鸠，布谷鸟。据说这种鸟在桑树上哺育七只小鸟，早晨从上而下喂它们，傍晚又从下而上喂它们，天天如此，从不间断。鸤鸠，即尸鸠，布谷鸟。淑人，善人。仪，仪表，举止，这里指行动。一，专一。结，凝结，这里是坚定的意思。　　[69]"昔者瓠（hù 户）巴鼓瑟而流鱼出听"二句：古代瓠巴弹瑟，瑟声悠扬，连河底的鱼都游出来听；伯牙弹琴，琴声悦耳，连马也仰头停食而听。瓠巴，传说古代擅长弹瑟的人。流，《大戴礼记》引文为"沉"。伯牙，传说古代善弹琴的人。六马，古代天子用六匹马驾车。秣（mò 末），饲料。　　[70]"故声无小而不闻"二句：所以声音不管多么小，总会被人听见；行动不管多么隐蔽，也总会显露出来。　　[71]"玉在山而草木润"二句：山上如果有了宝玉，草木都会滋润；深渊里如果有了珍珠，渊边山崖都会增添光彩。不枯，不枯燥，这里指有色彩。　　[72]"为善不积邪"二句：为善只怕不积累吧？若积善，哪有不为人知的道理呢？邪，疑问词，"吧"的意思。　　[73]"学恶（wū 乌）乎始"二句：学习从哪里开始？在哪里结束？恶，疑问词，哪里。　　[74]数：数术，即方法、办法。经：指儒家经典。　　[75]"其义则始乎为士"二句：学习的原则，就是从作士开始，最后成为圣人。义，原则。荀子在《儒效》篇中说："彼学者：行之，曰士也；敦慕焉，君子也；知之，圣人也。"　　[76]"真积力久则入"二句：学习如果能踏实持久，就深入了；学习要到死，然后才停止。没（mò 末），通"殁"，死。　　[77]须臾：一会儿。舍：离开。　　[78]"为之"四句：努力学习的，这是人；放弃学习的，就如同禽兽了。　　[79]"故《书》者"二句：所以《尚书》这本书，是记载政事的。《书》，即《尚书》、《书经》。纪，通"记"，记载。　　[80]"《诗》者"二句：《诗》把符合乐章标准的诗歌都收集下来了。中声，符合标准的乐章。止，存。　　[81]"《礼》者"四句：《礼》，讲的是确定法律的总纲，是以法类推的各种条例的纲要，所以说学习一定要到《礼》才算完成。《礼》，据《大略》"亡于《礼经》而顺人心者，皆礼也"，这里的《礼》可能即指《礼经》。大分，总纲。类，类比，指以法类推的条例。纲纪，纲要。荀子在《王制》篇中说："有法者以法行，无法者以类举。"是说有法律条文规定的，按照规定办；没有法律条文规定的，要以法类推。　　[82]"《礼》之敬文也"五句：《礼》所规定的敬重礼节仪式的准则，《乐》所培养的和谐一致的感情，《诗》、《书》所记载的广博的知识，《春秋》所包含的隐微道理，这些把天地间的事情都完备地包括了。敬，敬重。文，指礼节、仪式。《乐》，即《乐经》，现已失传。中和，和谐。微，隐微，隐含褒贬劝诫之意。毕，完全，完备。　　[83]"君子之学也"五句：君子为学，听在耳里，记在心上，外散于身体仪态之中，而表现于一举一动之间。著，通"贮"，积贮。布，分布，指体现。四体，四肢，这里指仪表举止。形，表现。　　[84]"端而言"三句：即使是极细小的言行，都可以作为别人学习的榜样。端，通"喘"，小声说话的样子。蝡（rú 如），同"蠕"，慢慢行动的样子。一，都。　　[85]"小人之学也"五句：小人为学，从耳朵里进，从嘴巴里出，口耳之间不过才四寸，怎么能够对七尺之躯有所补益呢？则，通"财"，"才"的意思。曷（hé 河），何，怎么。躯，身体。　　[86]"古之学者为己"二句：古代的人，学习是为了提高自己；现在有的人，学习是为了给别人看。　　[87]禽犊：家禽、小牛，古时常常用它们作为礼物互相赠送。这里用来比喻那些小人学了一点东西就到处卖弄，讨人喜欢。　　[88]"故不问而告谓之傲"二句：所以别人不问，你告诉了他，这是急躁；问一而告二，这是啰嗦。傲，通"躁"，急躁。嘺（zàn 赞），唠叨。　　[89]君子如向矣：君子当如钟的回响一样，问什么答什么。如向，好像回响那样。向，同"响"。这里指君子回答问题要适度。　　[90]学莫便乎近其人：学习的途径没有比接近良师益友更省事的了。便，简便，省事。其人，指良师益友。　　[91]《礼》、《乐》法而不说：《礼》、《乐》规定了一定的法度，但没有详细说明道理。法，法度。说，说明道理。　　[92]"《诗》、《书》故而不切"二句：《诗》、《书》记载的都是过去的东西，而不切合当前的实际。《春秋》讲的道理隐晦不明，使人不能很快理解。故，过去，旧。切，切合实际。约，隐晦，不明。速，迅速，这里指很快理解。　　[93]"方其人之习君子之说"三句：效仿贤师而聆听学习君子的学说，就能养成崇高的品格，得到诸经之传，而合于世用。方，通"仿"，仿效。说，学说。尊，崇高。以，而。遍，全面。周，周到，这里有通达的意思。　　[94]"学之经莫速乎好其人"二句：学习的途径没有比诚心请教良师益友收效更快的了，其次是尊崇礼义。经，通"径"，道路，途径。隆礼，尊崇礼义。　　[95]"安特将学杂识志"四句：安，这里解作"则"。特，只，仅仅。杂，指杂记之书、百家之说。识、志，都是记的意思。顺，通"训"，解释。末世穷年，一生一世，一辈子。陋儒，学识浅陋的儒生。　　　[96]"将原先王"三句：要考察先王的旨意，寻求礼义的根本，那么学习礼义是正确的途径。经纬，南北为经，东西为纬，这里指四通八达。蹊径，小路，这里指道路。　　　[97]"若挈（qiè 切）裘领"三句：这就好像用手握住皮衣的领子，用力抖动，皮衣的毛自然就顺了。挈，用手提起。裘，皮袍。诎，同"屈"。顿，抖搂，整顿。　　　[98]"不道礼宪"六句：不实行礼法，而用《诗》、《书》去办事，就好像用手指去测量河水的深度，用戈舂米，用锥子当筷子吃饭一样，是达不到预期目的的。道，实行。宪，法令。飡（cān 餐），同"餐"，吃。壶，古代盛食品的器皿，这里指食品。　　　[99]法士：指遵守礼法的人。　　　[100]"不隆礼"三句：不尊崇礼法，即使聪明善辩，终究也是不守礼法的儒生。察辩，明察善辩。散儒，指不遵守礼法的儒生。　　　[101]"问楛（kǔ 苦）者"二句：有人问不符合礼法的事，不要告诉他。楛，恶劣，这里指不合礼法。　　　[102]有争气者：态度蛮横、不讲道理的人。　　　[103]"故必由其道至"三句：所以必须是按照道的标准来请教的人，才接待他；不按照道的标准来请教的人，就回避他。　　　[104]"故礼恭"六句：所以见来的人恭敬有礼，然后才可以和他谈论"道"的方向；见他言词谦逊，然后才可以给他讲解"道"的内容；见他表现得乐意听从，然后才可以进一步和他谈论"道"的深刻含义。理，条理，指道的内容。致，极点。　　　[105]"故未可与言而言谓之傲"三句：所以对那些不可以交谈的人偏要交谈，叫作急躁；对那些可以交谈的人却不交谈，叫作隐瞒；不看对方的表情就去交谈，叫作盲目。隐，隐瞒。瞽（gǔ 古），盲。　　　[106]谨顺其身：谨慎地对待那些来请教的人。　　　[107]"匪交匪舒"二句：见《诗·小雅·采菽》。不急迫，不缓慢，就会受到天子的赏赐。交，通"绞"，急迫。舒，缓慢。予，赐予。　　　[108]"百发失一"二句：射一百次箭，有一次没射中，也不能叫作善于射箭。　　　[109]"千里蹞步不至"二句：一千里的路程，只差半步没有达到，也不能叫作善于驾车。　　　[110]"伦类不通"三句：对各类事物不能融会贯通，触类旁通，对仁义不能做到完全彻底，就不能够叫作善于学习。伦类，泛指各类事物。一，指下文的"全之尽之"，这里有完全彻底的意思。　　　[111]"学也者"二句：学习，本来就应该一心一意，要学到完全彻底。　　　[112]"一出焉"三句：一会儿这样去学，一会儿又不这样去学了，这是普通的人。涂巷之人，这里指普通的人。涂，指道路。巷，小巷，胡同。　　　[113]桀：夏朝最后一个君主。纣：商朝最后一个君主。他们都是荒淫无道之主。盗跖（zhí 直）：传说春秋末年的一个大盗。　　　[114]"全之尽之"二句：学习要达到完全彻底，才称得上是一个好的学者。　　　[115]"君子知夫不全不粹之不足以为美也"五句：君子知道学识不全面、不纯粹是不足以称为完美的，所以他反复学习以达到前后联系，用心思考以达到融会贯通，效法良师益友努力地去实行，除掉有害的东西，培养有益的学识。夫，指示代词，指学习。粹，纯粹。诵数，即上文讲的"其数则始乎诵经，终乎读礼"，指按照由经到礼的次序去学习。贯，联系。处，居，这里是实行的意思。　　　[116]"使目非是无欲见"四句：使眼睛非所学不去看，耳朵非所学不去听，嘴巴非所学不去说，心非所学不愿去想。　　　[117]"及至其致好之也"五句：到了极其喜好学习的时候，就像目好看五色，耳好听五声，口好食五味，心中所好，则远甚于拥有天下。五色，即青、黄、赤、白、黑。五声，即宫、商、角、徵、羽。五味，即酸、辛、苦、甜、咸。　　　[118]"是故权利不能倾也"三句：因此权力和利益不能打动他，众人不能改变他，天下之大也不足以动摇他的心志。　　　[119]"生乎由是"三句：活着坚持这样去做，到死也不改变它，这就叫道德操守。　　　[120]"德操然后能定"二句：有德操就有定力，有定力才能应对外来事物。定，坚定。应，应对，即能应付各种事变。　　　[121]"能定能应"二句：内有定，外有应，才可称为全人。成人，即前文所言"全之尽之"的学者。　　　[122]"天见其明"三句：天显现出它的光明，地显现出它的广大，君子所贵就在其全啊。见，同"现"，显现。光，通"广"。贵，重视。

【解析】

荀子认为，学习的根本目的在于培养道德操守，涵育君子人格。故而在为学之初，就必须首先树立起"精诚专一"、"持之以恒"的人格取向，才能够善始善终，升堂入室，最终达到"积善成德"、完全纯粹的精神境界。

《劝学》首先从"内外因关系"的角度论证了学习的重要性，指出作为"外因"的学习是升华个人内在品性、才能的必由之路。如："木直中绳，𫐐以为轮，其曲中规，虽有槁暴，不复挺者，𫐐使之然也。"即是以"中绳"的"直木"比喻人内在的才能、品性，而以"𫐐"喻外在的学习，以"轮"喻有用之材。只有借助与"𫐐"相似的学习这一外在历程，如"直木"一般的内在才能、品性才得以定型并获得发展，晋级为如"轮"一般"虽有槁暴，不复挺者"的成器之才。

然而，教育和学习又是一种独特的外因。它能够超越外在的自然环境而对个人的才能、品性发挥直接的升华与促进作用。比如，文中的"干、越、夷、貉之子，生而同声，长而异俗，教使之然也"即就此而言，从侧面指出了教育和学习对涵育个体人格乃至社会习俗的决定性意义。

在从外因角度阐明学习和教育的重要性之后，《劝学》将论述的重点转移到了发挥学习者内在主观能动性方面，着重论述为学的态度、内容、方法和技巧。首先，该篇创造性地提出了"君子善假于物"的观点。此观点的内涵较为丰富：其一，教育和学习本身就是君子赖以提升自我、不断成长的一种可"假"之"物",故而"须臾之所学",也会收获比"终日而思"更为显著的效果。其二,要提高学习的效率,还必须善于借鉴前人、他人先进、有效的学习方法和成功经验,以便像借"登高"达到"见者远"、借"顺风"达到"闻者彰"、借"舆马"达到"致千里"、借"舟楫"达到"绝江河"一般,收到事半功倍的良好效果。

在从方法论的角度树立起"善假于物"的学习观之后,《劝学》进一步点明学习者应秉持的态度,即从细微处着眼,如"积土成山"、"积水成渊"一样,精诚专一、持之以恒、锲而不舍地积累品德、修养、学识与才能,在"积跬步"的悠悠历程中让自己的生命持续得到成长,通过不懈地提升自己的精神层次来升华到"得神明"、"备圣心"的超远、纯粹之境界。

找到了科学的方法,具备了坚定的态度,下一步就要指明学习的范围与途径了。即"始乎诵经,终乎读礼"。如此则既可仰闻先王之教化,又可备晓礼法而在当今之世灵活运用,以收获实绩。

最后,该篇对论述的内容进行了归纳,点出学习的宗旨和方向,即从"为士"开始,达到"为圣人"而结束。故而学习之目的在于培养人格、生命而令其日趋完美,而学习之终极目的则是成为"圣人"。此"圣人"也可称之为"成人",即"天见其明,地见其光,君子贵其全"的集大成之人。

天 论

《荀子》

【题解】

《荀子》经西汉刘向校录整理，定为十二卷三十二篇，取名《孙卿新书》。唐代中叶杨倞为之作注，重新编次，分为二十卷，称《荀卿子》。宋以后则通称为《荀子》。清代王先谦采集各家之说，撰有《荀子集解》，是现在通行的注本。《荀子》现存三十二篇，多为荀子本人所著，也有部分篇章是其弟子整理的。本篇《天论》集中体现了荀子的天人观，这里所选的是前半部分。

天行有常[1]，不为尧存[2]，不为桀亡[3]。应之以治则吉[4]，应之以乱则凶。强本而节用[5]，则天不能贫；养备而动时[6]，则天不能病；循道而不忒[7]，则天不能祸。故水旱不能使之饥[8]，寒暑不能使之疾，祆怪不能使之凶[9]。本荒而用侈，则天不能使之富；养略而动罕[10]，则天不能使之全；倍道而妄行[11]，则天不能使之吉。故水旱未至而饥，寒暑未薄而疾[12]，祆怪未至而凶。受时与治世同[13]，而殃祸与治世异，不可以怨天，其道然也。故明于天人之分[14]，则可谓至人矣[15]。

不为而成，不求而得，夫是之谓天职[16]。如是者，虽深，其人不加虑焉[17]；虽大，不加能焉[18]；虽精，不加察焉。夫是之谓不与天争职。天有其时，地有其财，人有其治，夫是之谓能参[19]。舍其所以参而愿其所参[20]，则惑矣。

列星随旋[21]，日月递照[22]，四时代御[23]，阴阳大化[24]，风雨博施，万物各得其和以生[25]，各得其养以成[26]，不见其事而见其功，夫是之谓神。皆知其所以成，莫知其无形，夫是之谓天。唯圣人为不求知天。

天职既立，天功既成，形具而神生[27]，好恶、喜怒、哀乐臧焉[28]，夫是之谓天情[29]。耳目鼻口形[30]，能各有接而不相能也，夫是之谓天官。心居中虚[31]，以治五官，夫是之谓天君[32]。财非其类[33]，以养其类，夫是之谓天养。顺其类者谓之福，逆其类者谓之祸，夫是之谓天政[34]。暗其天君[35]，乱其天官[36]，弃其天养[37]，逆其天政，背其天情[38]，以丧天功，夫是之谓大凶。圣人清其天君，正其天官，备其天养，顺其天政，养其天情，以全其天功。如是，则知其所为，知其所不为矣，则天地官而万物役矣[39]。其行曲治[40]，其养曲适，其生不伤，夫是之谓知天。

故大巧在所不为[41]，大智在所不虑[42]。所志于天者[43]，已其见象之可以期者矣[44]。所志于地者，已其见宜之可以息者矣[45]。所志于四时者，已其见数之可以事者矣[46]。所志于阴阳者，已其见和之可以治者矣[47]。官人守天[48]，而自为守道也。

治乱，天邪？曰日月、星辰、瑞历[49]，是禹、桀之所同也。禹以治，桀以乱，治乱非天也。时邪？曰繁启蕃长于春夏[50]，畜积收藏于秋冬，是又禹、桀之所同也。禹以治，桀以乱，治乱非时也。地邪？曰得地则生，失地则死，是又禹、桀之所同也。禹以治，桀以乱，治乱非地也。《诗》曰："天作高山[51]，大王荒之。彼作矣，文王康之。"此之谓也。

天不为人之恶寒也辍冬[52]，地不为人之恶辽远也辍广，君子不为小人之匈匈也辍行[53]。天有常道矣，地有常数矣，君子有常体矣。君子道其常[54]，而小人计其功。《诗》曰："礼义之不愆[55]，何恤人之言兮！"此之谓也。

楚王后车千乘[56]，非知也[57]；君子啜菽饮水[58]，非愚也；是节然也[59]。若夫志意修[60]，德行厚，知虑明，生于今而志乎古，则是其在我者也。故君子敬其在己者[61]，而不慕其在天者；小人错其在己者[62]，而慕其在天者。君子敬其在己者，而不慕其在天者，是以日进也；小人错其在己者，而慕其在天者，是以日退也。故君子之所以日进[63]，与小人之所以日退，一也。君子小人之所以相县者[64]，在此耳。

《荀子集解》卷一一

【注释】

[1]天行有常：自然界的运行经久不变。　[2]尧：上古五帝之一，传说中的贤君。　[3]桀：夏朝末代君主，荒淫残暴，常被用来指代暴君。　[4]应：应对。治：按道理、规律做事。　[5]本：这里指农业，古代以农业为本业。　[6]养备而动时：衣食给养充备并按时令行事。　[7]循：遵循，顺从。忒（tè　特）：差错。此句原作"修道而不贰"，现依王念孙说改。　[8]故水旱不能使之饥："饥"下原有"渴"字，现依王

念孙说删。　　[9]祅（yāo 妖）怪：自然界的反常变异。祅，通"妖"。下文皆同。　　[10]略：粗略，不足。罕：稀少。　　[11]倍：通"背"，违背。　　[12]薄：迫近。　　[13]"受时与治世同"二句：（乱世之人）所遇到的天时与社会安定时期（的人）相同，但遭受的灾祸却与安定时期（的人）不同。时，天时。　　[14]天人之分：自然规律与人事各有不同，所谓天行有常，不为尧存，不为桀亡。　　[15]至人：明白至理的人。　　[16]天职：自然的职能。　　[17]其人：指上文所说的至人。　　[18]能：力，这里指用力加以干预。　　[19]参：参与配合。"天"、"地"、"人"三者各有其道，相互参配。　　[20]舍其所以参而愿其所参：舍弃自身用以与天、地相参配的职能，而向往所参配的天、地的职能。意指舍弃人的治理，而指望天地的恩赐。　　[21]列星：有固定排列位置的星，如二十八宿等。随旋：相随旋转。　　[22]递：更替。　　[23]四时代御：四季交替着发挥作用。代，交替。御，控制。　　[24]阴阳：古人认为宇宙万物由阴、阳二气组成，两者不断运动、相互作用而生成万事万物。化：变化生成。　　[25]和：指阴阳二气的调和。　　[26]养：指风雨对万物的滋养。　　[27]形具而神生：人的形体具备，精神也随之产生。　　[28]臧：同"藏"，蕴藏。下文同。　　[29]天情：天生的情感。　　[30]"耳目鼻口形"三句：耳、目、鼻、口及四肢百骸各自与外物接触但不能相互代用，这叫作天然的感官。　　[31]中虚：中部空虚的地方，指胸腔。　　[32]天君：天然的主宰。　　[33]"财非其类"三句：人类能够利用不是自身同类的万物来奉养人类，这就叫作天然的给养。财，通"裁"，裁夺，利用。　　[34]天政：天然赏罚的政令。　　[35]暗其天君：使心昏暗，神志糊涂。　　[36]乱其天官：指感官享受过度，纵情声色饮食，不得其宜。　　[37]弃其天养：指暴殄天物，不能务本节用。　　[38]背其天情：指喜怒哀乐没有节制。　　[39]天地官：天地能行使自己的职能为人所用。万物役：万物为人类所使用。　　[40]曲：周，遍。　　[41]所不为：即"有所不为"，指圣人只发挥人的职能，不与天争职。　　[42]所不虑：即"有所不虑"，指不求知天。　　[43]志：认识，了解。　　[44]已其见象之可以期者矣：止于天所表现出的那些征象，从而可据以预期的（那部分）。已，止，停止。　　[45]宜：适宜，这里指适宜万物生长的条件。息：蕃息，指作物生长。　　[46]数：历数，四时变化的次序规律。事：指从事农业生产。　　[47]和：原作"知"，现依王念孙说改。意为调和，这里指阴阳二气所显现的调和状态。　　[48]"官人守天"二句：大意是只掌握人为之事，不与天争职，这就是遵守了根本的道理和法则。守天，指遵守自然规律。道，指前文所提出的"明于天人之分"。　　[49]瑞历：即历象。　　[50]繁启蕃长于春夏：（百物）在春夏繁密地萌芽，茂盛地成长。繁，多。启，发。蕃，茂盛。　　[51]"天作高山"四句：语出《诗·周颂·天作》。高山，指岐山。大王，太王，即古公亶父，周文王的祖父。荒，治，垦荒。康，使之安定。　　[52]恶（wù　务）：厌恶。辍：废止。　　[53]君子不为小人之匈匈也辍行：原作"君子不为小人匈匈也辍行"，现依王先谦说改。匈匈，通"讻（xiōng　凶）讻"，喧哗吵闹的样子。　　[54]"君子道其常"二句：君子遵循常规，而小人计较一时的功利。道，行，经由。　　[55]"礼义之不愆（qiān　千）"二句：此处所引是没有收入《诗经》中的逸诗。愆，过错，过失。恤，忧虑。原无"礼义之不愆"五字，现依《文选》卷四五东方朔《答客难》篇补。　　[56]后车：侍从之车。乘（shèng　剩）：古代四马驾一车为一乘。　　[57]知：同"智"，与下文"知虑明"的"知"相同。　　[58]啜（chuò　绰）：吃。菽（shū　书）：豆类的总称，泛指粗粮。　　[59]节然：偶然。　　[60]志意修：原作"心意修"，现依王念孙说改。　　[61]敬：重视，谨慎对待。　　[62]错：通"措"，搁置，舍弃。　　[63]"君子之所以日进"三句：意为君子日进和小人日退的道理是相同的，二者都有所慕，所慕的对象不同，导致结果不同。一，同。　　[64]县：同"悬"，悬殊。

【解析】

在荀子的时代，人们往往将一些难以解释的现象看作是天降的吉凶，由此导致了人们畏惧于天，遇事便求神问鬼，而忽视了人自身的作为。针对这种现象，荀子深刻探讨了天与人、自然与社会之间的关系，强调人对于社会发展的重要作用。

荀子在开篇便一针见血地提出"天行有常"，自然的运行有其自身的规律，不以朝代的治乱和人的贤愚为转移。荀子进一步提出要"明于天人之分"，将自然界和人类社会区分开来，反对用自然的现象来说明社会的治乱。在明确了天与人各自特点的基础上，荀子对天人关系作了辩证的探讨：一方面正是自然界的演化才形成了人类，所以人类必然要受自然界的约束。因此，荀子提出要顺应自然规律，按规律办事。另一方面，他又强调发挥人的主观能动性，认为人在自然面前不是无所作为的，主张"制天命而用之"。

荀子在《天论》中所描述的"天"具有物质性、规律性、客观性等特点，这种对自然界本质属性的认识，达到前所未有的水平。而"明于天人之分"和"制天命而用之"的提出，有别于一切天人感应说，标志着人类在对自身伟大力量的认识方面，前进了一大步。

五　蠹

《韩非子》

【题解】

　　韩非（前280? —前233），战国末期韩国公子，喜刑名法术之学，与李斯俱师荀子。韩非口吃而善著述，有《孤愤》、《五蠹》等十馀万言，受到秦国重视。后因不为韩国国君所用，到了秦国，遭李斯等人谗言，被迫自杀。《史记》卷六三有传。

　　《汉书·艺文志》著录《韩子》五十五篇，今存《韩非子》一书，具有代表性的作品有《显学》、《五蠹》、《定法》、《难势》、《诡使》、《六反》、《问辩》诸篇。韩非思想历来被认为是中国法家思想的重要成果，其中也能够找到儒家、道家、墨家、名家，甚至兵家学说的影子。因此，不少研究者认为韩非思想是集先秦各家思想之大成者。

　　蠹（dù　杜），本义为蛀虫，喻有害于国的事或人。《五蠹》篇，是说治理国家的过程中要批判的五种人群或思想。他们分别是，儒者（战国末期儒家）、言说者（纵横家）、患御者（逃避战争者）、带剑者（游侠）、工商之徒。韩非主张养耕战之士（农民、军队），这种议论正是所谓"论世之事，因为之备"（《五蠹》）。据《史记》记载，秦王（即后来的秦始皇嬴政）见《孤愤》、《五蠹》，叹曰："寡人得见此人与之游，死不恨矣！"可见此文在当时影响之大。本文所选的是《五蠹》篇的后半部分。

鄙谚曰："长袖善舞，多钱善贾[1]。"此言多资之易为工也。故治强易为谋，弱乱难为计。故用于秦者，十变而谋希失[2]；用于燕者，一变而计希得。非用于秦者必智，用于燕者必愚也，盖治乱之资异也。故周去秦为从，期年而举[3]；卫离魏为衡，半岁而亡。是周灭于从，卫亡于衡也。使周、卫缓其从衡之计，而严其境内之治，明其法禁，必其赏罚，尽其地力，以多其积；致其民死以坚其城守，天下得其地则其利少，攻其国则其伤大；万乘之国莫敢自顿于坚城之下，而使强敌裁其弊也，此必不亡之术也。舍必不亡之术而道必灭之事，治国者之过也。智困于内而政乱于外，则亡不可振也。

民之政计，皆就安利如辟危穷[4]。今为之攻战，进则死于敌，退则死于诛，则危矣。弃私家之事而必汗马之劳[5]，家困而上弗论[6]，则穷矣。穷危之所在也，民安得勿避？故事私门而完解舍[7]，解舍完则远战，远战则安。行货赂而袭当途者则求得[8]，求得则私安，私安则利之所在,安得勿就? 是以公民少而私人众矣。

夫明王治国之政,使其商工游食之民少而名卑,以寡趣本务而趋末作[9]。今世近习之请行[10],则官爵可买,官爵可买,则商工不卑也矣。奸财货贾得用于市,则商人不少矣。聚敛倍农,而致尊过耕战之士,则耿介之士寡,而高价之民多矣。

是故乱国之俗,其学者,则称先王之道以籍仁义[11],盛容服而饰辩说,以疑当世之法[12],而贰人主之心。其言古者[13],为设诈称[14],借于外力,以成其私,而遗社稷之利。其带剑者,聚徒属,立节操,以显其名,而犯五官之禁[15]。其患御者[16],积于私门,尽货赂,而用重人之谒,退汗马之劳。其商工之民,修治苦窳之器[17],聚弗靡之财[18],蓄积待时,而侔农夫之利[19]。此五者,邦之蠹也。人主不除此五蠹之民,不养耿介之士,则海内虽有破亡之国,削灭之朝,亦勿怪矣。

《韩非子集解》卷一九

【注释】

[1]贾（gǔ 古）：做买卖。　　[2]希：同"稀"，稀少。这里指计谋用于强秦，大体不会发生过失，因为"多资之易为工"，即内部强大。　　[3]期（jī 基）年：满一年。　　[4]辟：通"避"，避开。　　[5]汗马之劳：指战争的劳苦。　　[6]上弗论：君主不加过问。　　[7]事：侍奉。解：通"廨"，官府，官舍。　　[8]货赂：用宝货进行贿赂。袭：因袭，追随。当途者：指有权势的当政者。　　[9]以寡趣本务而趋末作：意思是百姓不务本分而求那些商工游食之事。趣，同"趋"。　　[10]近习：亲近熟悉的人。　　[11]籍：通"藉"，凭借。　　[12]疑：通"拟"，匹敌，抗衡。　　[13]言古者：推崇古法的人。一说"言谈者"，指好口辩言谈之人。　　[14]为：通"伪"。　　[15]五官：古代指司徒、司空、司马、司士、司寇五种官职。　　[16]患御者：害怕或逃避战争的人。　　[17]苦窳（gǔyǔ 古宇）之器：指粗劣、不坚实的商品。　　[18]弗：一说通"费"。　　[19]侔：通"牟"，牟取。

【解析】

本文开篇先说时移世易，人口增多，资源变少，"事力劳而供养薄"，所以难免"争"。这种情况下，上古的秩序和仁爱思想也就渐渐不适应新的时代。所以作者说："仁义辩智非所以持国也。"这种态度与当时战乱时期各诸侯国亟需强大实力从而稳固国家地位有密切的关系，正所谓"古今异俗，新故异备"，这体现了作者进化的历史观。在韩非看来，当时很多国君都是"举浮淫之蠹，而加之于功实之上"（《史记·老子韩非列传》）。他对儒家思想中"圣人"的道德理想如何普及于民提出了质疑，他说，要求千千万万老百姓也成为孔子这样的人是不可能的，真正能够让大多数老百姓有所理解和信服，还是应依据适当的权势和法律。所以，他说："故明主之道，一法而不求智，固术而不慕信，故法不败而群官无奸诈矣。"

接着，他根据实际情形，提出在建设国家的进程中五种带来危害的人群或思想。他认为"儒以文乱法"。儒家思想中血亲伦理的爱和社会性的大法则必然发生矛盾，这和墨家"兼爱"之说有所重合。他还认为，"侠以武犯禁"。当时社会混乱，游侠甚众，他们凭借武力，严重扰乱了社会治安。他批判了那些主张"纵横"、以辩说为长的策士们，"谈言者务为辨而不周于用"，这些看似能够运筹帷幄的国家外交策略，并不能从根本上让一个国家强大。而后，他批判当时社会上存在的因为害怕或逃避战争以充私门的混乱现象，那些为了逃避战争不惜"行货赂而袭当途者"以求得安稳的人，败坏了社会风气，使国力减弱。在他看来，农业才是根本，而那些工商游食之民，并不能给社会带来益处，他们只会通过聚敛财富，卖官鬻爵，扰乱社会风气，以致削弱耕战的力量。

正如韩非在本篇文章中提到的那样，法家思想产生于特殊的"争"的历史时期，这种看似严酷的学说，是为应付混乱和激变时局的。在这种情形下，如果想要迅速成为一个强大的国家，应该采用更为严苛的政策以树立权威，同时通过发展耕战来增强自己的实力。韩非的主张中有些可供我们参考。

《孝经》四章

《孝经》

【题解】

《孝经》记孔子向曾参讲述孝道的言论。其成书约在战国时期，至于作者则历来众说纷纭，有孔子说、曾子说、曾子门人说、子思说、孔子门人说、齐鲁间儒者说、孟子门人说和汉儒说等各种说法。大多认为此书是子思所作。子思（前483—前402），姓孔，名伋，字子思，是孔子的嫡孙，曾子的学生。孔子的学说由曾子传子思，然后由子思再传孟子。《孝经》有今文经和古文经之别，在历史上曾引起今古文之争。两者的章节和文字有所不同。古文《孝经》二十二章。今文《孝经》十八章，经西汉刘向校定而定型。今文《孝经》版本众多，通用版本有清阮元校刻《十三经注疏》本。本文选取《孝经》之《开宗明义章》、《纪孝行章》、《广要道章》、《谏诤章》四章，以见《孝经》之宗旨大要，其中包括推行孝道之理由及其事亲、谏诤等思想。

开宗明义章

仲尼居[1]，曾子侍[2]。子曰："先王有至德要道[3]，以顺天下，民用和睦[4]，上下无怨。汝知之乎？"曾子避席曰[5]："参不敏[6]，何足以知之。"子曰："夫孝，德之本也，教之所由生也。复坐[7]，吾语汝。身体发肤，受之父母，不敢毁伤，孝之始也[8]。立身行道[9]，扬名于后世，以显父母[10]，孝之终也。夫孝，始于事亲，中于事君，终于立身。《大雅》云[11]：'无念尔祖[12]，聿修厥德。'"

《孝经注疏》卷一

【注释】

[1]仲尼：即孔子（前551—前479），名丘，字仲尼。鲁国陬（zōu 邹）邑（今山东曲阜东南）人，春秋时期著名思想家和教育家，儒家学说的创始人。后世多尊其为孔圣人。居：平素家居。　　[2]曾子：曾参（前505—前435），字子舆，鲁国南武城（今山东费县西南）人，孔子七十二弟子之一。孔子以他能通孝道而向其传授孝的道理。他是孔子儒家学说的主要传承人。侍：陪侍。　　[3]先王：前代的圣贤帝王，指尧、舜、禹、汤、周文王、周武王等。至德要道：最高的、完美的道德，至关重要的道理、方法。　　[4]用：因此。　　[5]避席：起身离开席位。表示敬意。　　[6]不敏：谦词，犹不才，不

聪明。　　[7]复坐：回到席位上。　　[8]始：开端。　　[9]立身行道：修养自身，奉行道义。　　[10]显：使显耀。　　[11]《大雅》：《诗》之一部分，凡三十一篇，为西周王室贵族的作品，主要歌颂周祖先及武王、宣王的事迹。　　[12]"无念尔祖"二句：是说你怎么能不追念你的先祖呢，要努力发扬他的美德啊。见《诗·大雅·文王》。聿（yù　玉），句首语气词。厥，其，他的。

纪孝行章

子曰："孝子之事亲也[1]，居则致其敬，养则致其乐，病则致其忧，丧则致其哀，祭则致其严。五者备矣，然后能事亲。事亲者[2]，居上不骄，为下不乱，在丑不争。居上而骄则亡，为下而乱则刑，在丑而争则兵。三者不除，虽日用三牲之养[3]，犹为不孝也。"

《孝经注疏》卷六

【注释】

[1]"孝子之事亲也"六句：是说孝子侍奉双亲，日常起居要做到恭敬；进奉膳食时要和颜悦色；父母有疾病，要感到忧虑；父母去世，要表现出悲痛；祭祀父母，要庄严肃穆。致，通"至"，尽，极。　　[2]"事亲者"四句：是说侍奉双亲，要身居高位但不傲慢，在下层能恭谨奉上，与众人相处能和顺不争斗。丑，众，卑贱之人。　　[3]"虽日用三牲之养"二句：即使每日用三牲奉

养双亲，也属不孝。三牲，古代祭祀所用。有大小三牲之分，大三牲指羊、豕、牛，谓之太牢，是郊祀中最高等级的祭祀标准，用于大祀；小三牲指鸡、鸭、兔，缺少牛。此处当指大三牲，泛指美味佳肴。

广要道章

子曰："教民亲爱，莫善于孝。教民礼顺[1]，莫善于悌。移风易俗，莫善于乐[2]。安上治民，莫善于礼。礼者，敬而已矣。故敬其父，则子悦；敬其兄，则弟悦；敬其君，则臣悦；敬一人，而千万人悦。所敬者寡，而悦者众。此之谓要道也。"

《孝经注疏》卷六

【注释】

[1] "教民礼顺"二句：是说教育人民讲礼仪，知顺从，再没有比尊重兄长更好的方式了。悌（tì 替），敬重兄长。　　[2]乐：音乐。《礼记·乐记》："乐也者，圣人之所乐也，而可以善民心，其感人深，其移风易俗，故先王著其教焉。"

谏诤章

曾子曰："若夫慈爱、恭敬、安亲、扬名[1]，则闻命矣[2]。敢问子从父之令，可谓孝乎？"子曰："是何言与[3]？是何言与？昔者，天子有争臣七人[4]，虽无道[5]，不失其天下；诸侯有争臣五人[6]，虽无道，不失其国；大夫有争臣三人[7]，虽无道，不失其家；士有争友，则身不离于令名[8]；父有争子，则身不陷于不义。故当不义，则子不可以不争于父，臣不可以不争于君。故当不义，则争之。从父之令，又焉得为孝乎！"

《孝经注疏》卷七

【注释】

[1]扬名：即《孝经·开宗明义章》所指"立身行道，扬名于后世"，也即《广扬名章》所指"是以行成于内，而名立于后世矣"。　[2]闻命：接受教导。　[3]与：通"欤"，句末语气词，表示疑问或感叹。　[4]争臣七人：天子有三公四辅，"三公"即太师、太傅、太保，"四辅"即疑、承、辅、弼。争臣，谏臣。　[5]无道：不遵守王道。　[6]争臣五人：是天子派去辅佐诸侯的人。一说为三卿和内史、外史。"三卿"指司马、司徒、司空。　[7]争臣三人：大夫的家臣。《孔传》说三人是家相、室老、侧室。　[8]令名：美名，好名声。

【解析】

《孝经》十八章大体可以分为三个部分。第一部分，开宗明义，讲述了《孝经》的理论基础，即"孝"是"德之本"，"教之所由生"。孝可分为事亲、事君和立身三个阶段（《开宗明义章》），进而分析了天子、诸侯、卿大夫、士和庶人等五种不同层次的人所行"孝道"的不同内涵（《天子章》、《诸侯章》、《卿大夫章》、《士章》、《庶人章》）。第二部分，将孝道与政治结合起来，明确了以孝治天下的要求和方法。孔子强调"夫孝，天之经也，地之义也，民之行也"（《三才章》），而圣人之道德皆源自于孝，而以孝治天下也基本取得了良好的效果（《孝治章》、《圣治章》）。孝道乃"德之本"，君主施政而推广孝道，是至关重要的道理和最高的美德（《广要道章》、《广至德章》）。孝道通行，上下一心，则可使统治更加顺畅（《感应章》）。不孝者则要施以五刑（《五刑章》）。第三部分讲述了行孝的礼仪。孝子行孝道要在双亲家居、赡养、生病、去世和祭祀时有相应的表现（《纪孝行章》、《丧亲章》）。当然行孝也不是一味顺从，必要时需要对长辈进行规劝（《谏诤章》）。

　　本文所选《开宗明义章》是本书之纲，阐述了《孝经》的宗旨和义理，指出孝乃一切道德的根本，孝可以分为事亲、事君和立身三个阶段。《纪孝行章》指明孝子侍奉双亲时在居、养、病、丧、祭等五方面应有的行为。《广要道章》阐释了推广孝道作为至关重要道理的理由。《谏诤章》则指出尊者、长者有不义行为时，晚辈要对其进行规劝。

　　孝是中华民族的优良传统。尊老、敬老、养老是现今我国公民的法定义务和责任。《孝经》倡导孝行，强调了尊老、敬老、养老的原则和方法，在今天仍有其重要意义。

邲之战

《公羊传》

【题解】

《春秋公羊传》简称《公羊传》，是儒家经典《春秋》三传之一，相传为战国齐人公羊高所传，但今本《公羊传》则出于西汉公羊寿、胡毋生之手。《公羊传》作为解释《春秋》之书，起止时间与《春秋》相同。与《左传》重在叙事讲史不同，《公羊传》通过"设问"的方式，挖掘《春秋》经的微言大义，阐述了儒家"大一统"、"尊王攘夷"、"张三世"等思想。《公羊传》有强烈的政治伦理色彩，后世往往借其议政，内中深邃的历史哲学也值得我们重视。本文选自《公羊传》宣公十二年（前597），篇题为后人所加。

【经】夏六月乙卯[1]，晋荀林父帅师及楚子战于邲[2]，晋师败绩[3]。

【传】大夫不敌君，此其称名氏以敌楚子何[4]？不与晋而与楚子为礼也[5]。曷为不与晋而与楚子为礼也[6]？庄王伐郑，胜乎皇门[7]，放乎路衢[8]。郑伯肉袒[9]，左执茅旌[10]，右执鸾刀[11]，以逆庄王曰[12]："寡人无良[13]，边垂之臣[14]，以干天祸[15]。是以使君王沛焉[16]，辱到敝邑[17]。君如矜此丧人[18]，锡之不毛之地[19]，使帅一二耋老而绥焉[20]，请唯君王之命[21]。"庄王曰："君之不令臣交易为言[22]，是以使寡人得见君之玉面[23]，而微至乎此[24]。"庄王亲自手旌，左右㧑军退舍七里[25]。将军子重谏曰[26]："南郢之与郑[27]，相去数千里[28]，诸大夫死者数人，厮役扈养[29]，死者数百人，今君胜郑而不有[30]，无乃失民臣之力乎？"庄王曰："古者杅不穿[31]，皮不蠹，则不出于四方。是以君子笃于礼而薄于利，要其人而不要其土，告从[32]，不赦，不详[33]，吾以不详道民[34]，灾及吾身，何日之有[35]？"既则晋师之救郑者至，曰："请战。"庄王许诺[36]。将军子重谏曰："晋，大国也，王师淹病矣[37]，君请勿许也。"庄王曰："弱者吾威之[38]，强者吾辟之[39]，是以使寡人无以立乎天下。"令之还师而逆晋寇。庄王鼓之，晋师大败，晋众之走者[40]，舟中之指可掬矣[41]。庄王曰："嘻！吾两君不相好，百姓何罪？"令之还师而佚晋寇[42]。

《春秋公羊传注疏》卷一六

【注释】

[1]夏六月乙卯:清包慎言认为,宣公十二年(前597)六月无乙卯,当是五月十四日。　　[2]晋荀林父帅师及楚子战于邲(bì 必):晋国中军主将荀林父率军与楚庄王在郑国邲地大战。荀林父,晋国大夫,姓荀,名林父。因任中行之将,以官为氏,别为中行氏。荀林父为晋军中军主将,即晋军最高将领。楚子,指楚庄王,姓芈(mǐ 米),熊氏,名侣。鲁文公十四年(前613)至鲁宣公十八年(前591)在位,春秋五霸之一。邲,郑地,在今河南荥阳东北。　　[3]败绩:此指军队溃败。　　[4]此其称名氏以敌楚子何:据《公羊传》之义,大夫与国君名位不对等,故大夫帅师常称"某人",而此处"荀林父"称其名氏与楚子对等,含有对晋贬斥之义。敌,对等。　　[5]与(yù 预):赞同。　　[6]曷:何,为什么。　　[7]皇门:郑国郭门名。　　[8]放:直至。路衢(qú 渠):四通八达的道路。　　[9]郑伯肉袒(tǎn 坦):指郑襄公脱去上衣袒露肌肤,表示向楚国投降谢罪。郑伯,姬姓,郑氏,名坚,春秋时期郑国第十一位国君。肉袒,脱去上衣袒露肌肤,古代在祭祀或谢罪时表示恭敬惶恐。　　[10]茅旌:一种旗帜,杆端以牦牛尾做装饰。"茅",通"旄"。"茅旌"与下句中的"鸾刀"皆为宗庙祭祀所用,郑襄公执此二器以示宗庙将不血食,愿归顺楚庄王。　　[11]鸾刀:环上有铃的刀,古代祭祀时用于割牲。鸾,铃。　　[12]逆:迎接。　　[13]寡人:言己为寡德之人,古代君主用作谦称。无良:没有良好的德行。　　[14]边垂:边境。垂,通"陲"。　　[15]干:冒犯,触犯。　　[16]是以使君王沛焉:因此引发了您的盛怒。是以,因此。沛,水盛貌,这里引申为盛怒的样子。　　[17]辱到敝邑:承蒙您来到我们国家。辱,谦辞,相当于"承蒙"、"蒙辱"之意。敝邑,谦称自己的国家。　　[18]矜:怜悯,同情。丧人:丧国之人,郑伯自称。　　[19]锡:通"赐",赐予。　　[20]耋(dié 叠)老:老

年人，这里指老臣。绥：安定。　　[21]请唯君王之命：唯君主之命是听，表示臣服。　　[22]令：善。交易：往来。　　[23]见君之玉面：尊称与对方见面。　　[24]而微至乎此：如果不是因为这个缘故，我怎么能至于此呢？微，若没有。　　[25]撝（huī 挥）：指挥。退舍：退却，退避。　　[26]子重：楚庄王之弟，名婴齐，字子重，任楚令尹。　　[27]郢（yǐng 影）：春秋时楚国都城，在今湖北江陵的纪南城。　　[28]相去：相距。　　[29]厮役扈（hù 护）养：指各类隶役。艾草为防者曰厮，汲水浆者曰役，养马者曰扈，炊享者曰养。　　[30]胜郑而不有：战胜了郑国却不能实际拥有郑国。　　[31]杅（yú 余）不穿，皮不蠹（dù 杜）：器皿磨穿，皮革损坏，这里指物资出现匮乏。杅，盛汤浆的器皿。穿、蠹，这里皆指损坏。　　[32]告从：请求归顺。　　[33]不详：不吉利。详，通"祥"，吉利。　　[34]道（dǎo 导）：引导。　　[35]何日之有：还能有多少时日。　　[36]许诺：同意。　　[37]淹病：长时间的困顿疲惫。淹，长久，长期。病，疲惫困乏。　　[38]弱者吾威之：弱国我欺凌威慑他们。威，威慑。　　[39]强者吾辟之：强国我躲避他们。辟，通"避"，躲避。　　[40]走：逃跑。　　[41]舟中之指可掬：船里被砍掉的手指都可以捧起来了，极言其多。指，手指。掬，捧。　　[42]令之还师而佚晋寇：楚庄王命令将军子重班师回国，让溃败的晋师可以逃归。佚，通"逸"，使逃走，放走。

【解析】

　　邲之战是春秋时期晋楚争霸中的重要战役。楚国在此战后，势力达到顶峰，楚庄王成为春秋五霸之一。《公羊传》认为，邲之战中楚庄王有礼，《春秋》是赞许楚庄王的。在伐郑中，楚庄王不灭其国，笃于礼而薄于利，此霸者之智；遇强晋不避而战胜之，此霸者之勇；悯晋军伤残而留其生路，此霸者之仁。显然，邲之战中的楚庄王符合儒家理想中的贤君，故《春秋》予以褒奖。

礼 运

《礼记》

【题解】

《礼记》，又名《小戴礼记》，是战国到秦汉时期礼学资料的汇编，相传为孔子七十子后学和汉代学者所作，与《周礼》、《仪礼》合称"三礼"。《礼记》有《大戴礼记》和《小戴礼记》两种。《大戴礼记》由汉代戴德所传，共八十五篇，今存三十九篇；《小戴礼记》由汉代戴圣所传，共四十九篇，后收入"十三经"，由东汉郑玄作注，唐代孔颖达正义，这就是《礼记正义》，是目前比较通行的注本。《礼记》内容广博，是研究先秦时期社会情况、典章制度和儒家思想的重要资料，其中有记载婚丧祭礼和日常生活的各项礼节条文，如《曲礼》、《檀弓》、《丧服小记》、《少仪》等；有专门解释《仪礼》的，如《冠义》、《昏义》等；有托名孔子言论的，如《仲尼燕居》、《儒行》等；还有反映儒家思想的论述，如《礼运》、《大学》等。《礼记·礼运》篇在《十三经注疏》本《礼记注疏》中分卷二一、卷二二两篇，这里所选的是卷二一的开头部分、卷二二的中间一段。礼运，即礼的运行。关于《礼运》的作者和成书年代，历代众说纷纭。目前一般认为其主体部分由子游记录，大概写于战国初期，又经后人整理成为目前所看到的《礼运》篇。

昔者仲尼与于蜡宾[1]，事毕，出游于观之上[2]，喟然而叹。仲尼之叹，盖叹鲁也。言偃在侧[3]，曰："君子何叹？"孔子曰："大道之行也[4]，与三代之英，丘未之逮也，而有志焉。大道之行也，天下为公，选贤与能[5]，讲信修睦[6]。故人不独亲其亲[7]，不独子其子，使老有所终[8]，壮有所用，幼有所长[9]，矜寡孤独废疾者[10]，皆有所养，男有分[11]，女有归。货恶其弃于地也[12]，不必藏于己；力恶其不出于身也，不必为己。是故谋闭而不兴[13]，盗窃乱贼而不作，故外户而不闭[14]，是谓大同[15]。今大道既隐，天下为家[16]。各亲其亲，各子其子，货力为己，大人世及以为礼[17]，城郭沟池以为固[18]，礼义以为纪[19]。以正君臣，以笃父子，以睦兄弟，以和夫妇，以设制度，以立田里[20]，以贤勇知[21]，以功为己。故谋用是作[22]，而兵由此起。禹、汤、文、武、成王、周公[23]，由此其选也。此六君子者，未有不谨于礼者也，以著其义[24]，以考其信，著有过，刑仁讲让[25]，示民有常[26]。如有不由此者[27]，在埶者去，众以为殃。是谓小康[28]。”

《礼记注疏》卷二一

【注释】

[1]昔者仲尼与（yù 预）于蜡（zhà 乍）宾：从前孔子以陪祭者的身份参加蜡祭。与，参加。蜡，古代天子或诸侯年终举行的一种祭祀。宾，陪祭的人。　　[2]观（guàn 贯）：宗庙或宫廷门外两旁的高建筑物。　　[3]言偃：孔子弟子，姓言，名偃，字子游，吴人。　　[4]“大道之行也”四句：意思是大道实行的时代和夏、商、周三代英明之主当政的时代，我都没有赶上，但有书籍记载那时的情况。大道，指五帝时期的治国之道。英，杰出人物。丘，孔子自称。逮，及，赶上。志，记载。一说有志于此，表示心里向往。　　[5]与（jǔ 举）：通“举”，推举。　　[6]讲信修睦：讲求诚信，相处和睦。　　[7]“故人不独亲其亲”二句：所以人们不只是孝敬自己的双亲，不只是抚爱自己的子女。第一个“亲”字，把……当作双亲。第一个“子”字，把……当作子女。　　[8]终：终其天年。　　[9]长（zhǎng 掌）：成长。　　[10]矜（guān 官）：通“鳏”，老而无妻的人。寡：年老无夫的人。孤：年幼丧父的人。独：年老无子女的人。　　[11]“男有分（fèn 份）”二句：男子都有自己的职务，女子到了适婚年龄都能出嫁。分，职分。归，出嫁。　　[12]“货恶（wù 务）其弃于地也”四句：意思是说对于财货，唯恐它丢弃在地上不被利用，倒不一定自己占有收藏。对于能力，唯恐自己有却没有发挥出来，倒不一定是为自己出力。恶，讨厌，憎恶。　　[13]是故谋闭而不兴：因此为非作歹的念头被闭塞而不会发生。闭，杜绝。兴，起。　　[14]外

户而不闭：从外面把门关上但不用插门闩，意指不用防范别人。　[15]大同：高度的和平。　[16]天下为家：天下是私家的，指把天子之位传给自己的子孙。　[17]大人世及以为礼：天子诸侯世袭相承成为礼制。大人，天子诸侯。世，父子相传。及，兄弟相传。　[18]沟池：指护城河。　[19]纪：纲纪，准则。　[20]立田里：划分田地和住宅。这里指有关田里的制度。　[21]贤勇知（zhì　智）：尊崇勇猛之人和才智之士。贤，尊重，重视。知，同"智"，智慧。　[22]谋用是作：谋乱由此而兴起。用，由。是，这。　[23]"禹、汤、文、武、成王、周公"二句：因此大禹、商汤、文王、武王、成王、周公，就是在这样的时代背景下产生的杰出人物。选，选拔出来的，这里指在这样的环境中产生的杰出人物。　[24]"以著其义"二句：用礼来彰显道义，成就诚信。著，显露。　[25]刑仁讲让：把合于仁的行为定为法则，提倡不争。刑，通"型"，把……当作法则。　[26]常：常法，常规。　[27]"如有不由此者"三句：如果有不遵守礼义的，即使有权势也会被罢免职务，百姓视之为祸害。埶（shì　是），同"势"，权势。　[28]小康：小安，相对于"大同"而言。

（孔子曰）故圣人耐以天下为一家[1]，以中国为一人者，非意之也[2]，必知其情，辟于其义[3]，明于其利，达于其患[4]，然后能为之。何谓人情？喜、怒、哀、惧、爱、恶、欲，七者弗学而能。何谓人义？父慈、子孝、兄良、弟弟[5]、夫义、妇听、长惠[6]、幼顺、君仁、臣忠十者，谓之人义。讲信修睦，谓之人利。争夺相杀，谓之人患。故圣人之所以治人七情，修十义，讲信修睦，尚辞让，去争夺，舍礼何以治之？饮食男女，人之大欲存焉。死亡贫苦，人之大恶存焉。故欲恶者，心之大端也[7]。人藏其心，不可测度也。美恶皆在其心，不见其色也[8]。欲一以穷之[9]，舍礼何以哉？

《礼记注疏》卷二二

【注释】

[1]耐（néng 能）：同"能"，能够。　[2]非意之也：并不是主观臆想。意，揣度，臆想。　[3]辟：通晓。　[4]达：通晓，明白。　[5]第二个"弟（tì 替）"字：同"悌"，敬爱兄长。　[6]长（zhǎng 掌）惠：年长者关爱年幼者。惠，关爱。与下文"幼顺"相对。　[7]端：头绪，源头。这里指欲望和憎恶是引发人之七情的根源。　[8]不见（xiàn 现）其色也：不表现在脸色上。色，脸上的神情、气色。　[9]欲一以穷之：想用一种方法尽知人心的美恶。穷，穷尽。

【解析】

礼乐文化是儒家思想体系的核心，儒家经典的主要内容之一就是倡导以礼治国。那么，"礼"是什么，如何运用到社会治理中？《礼运》篇对此作了一个总结性的回答。本篇节选的内容主要阐释了"礼"的作用及重要性，文章借孔子对子游"喟然而叹"，提出了著名的"大同"、"小康"概念，描绘了两幅美好的社会理想图景。在"天下为公"的"大同"社会，社会秩序主要靠内部的自觉意识维系，但进入到"天下为家"的"小康"社会中，"大道既隐"，社会秩序需要外在的力量来规范，而最根本的约束力量便是"礼"。古代贤明之君以礼为纲纪，知人情，知人义，以此来保持社会的安定、有序。

尽管孔子向往远古公有制的大同社会，但他明白实现大同社会相当困难，只能作为一种理想，"小康"才是他实际追求的目标，这也是孔子一生致力于宣扬礼义的重要原因。

《礼运》中所描绘的"大同"社会，是一个儒家的理想社会，社会治理秩序的最根本特征就是"天下为公"。"天下为公"的字面意义指天下是天下人共有之天下，其思想意义则在后世的理解中不断得到丰富。古代儒家认为大同社会是公天下而不是家天下，政治制度和伦理观念一切为公而不为己；政权传贤不传子，用人选能不任亲，孝慈既行于家，亦推广于社会。这种古代的天下观和大同社会理想，以及公而无私的价值观，为后世儒家所传承，在中国历史上发挥了重要影响，并成为近代中国人推翻君主制、追求共和、向往理想社会的重要理念基础。

《礼运》描述了小康之世的图景，鲜明地提出礼治在实现社会和谐中所起的重要作用。尽管这种和谐是一种等级化的和谐，与当今的人人平等观念有所区别，但它所呈现的儒家的社会政治理想——倡导社会各阶层的人们按照"礼"的规范和谐相处，对当今中国社会的和谐建设具有重要的参照意义。

中　庸

《礼记》

【题解】

　　关于《中庸》的作者和产生年代，众说纷纭，一般认为是孔子之孙子思所作，成书约在战国初期。《中庸》最初并非独立成篇，原是《礼记》中的第三十一篇。自汉代起，不断有人为它作注解。从唐代开始受到重视，韩愈、李翱为维护道统而推崇《中庸》与《大学》，认为是与《孟子》同样重要的经书。北宋程颢、程颐大力推崇《中庸》，将其视为"孔门传授心法"。南宋朱熹继承二程思想，将《中庸》从《礼记》中抽出来，重新校对章句并作注，将它与《大学》、《论语》、《孟子》并列为"四书"，著成《四书章句集注》，与"五经"处于同等重要的地位。《中庸》比较通行的注本有收入《十三经注疏》的《礼记注疏》和朱熹的《中庸章句》。

　　何谓"中庸"？代表性的有两种观点，一是认为庸即"用"，中庸就是以中为用，在承认事物两面性的前提下，取其中端，力戒偏颇。如郑玄《三礼目录》："名曰'中庸'者，以其记中和之为用也。庸，用也。"二是认为庸即"常"，如朱熹《中庸章句》："中者，不偏不倚，无过不及之名。庸，平常也。"是讲"中"如何运用在普通的日常生活中。

本文是《中庸》的节选。

天命之谓性[1]，率性之谓道，修道之谓教。道也者，不可须臾离也，可离非道也。是故君子戒慎乎其所不睹[2]，恐惧乎其所不闻。莫见乎隐[3]，莫显乎微，故君子慎其独也[4]。喜怒哀乐之未发谓之中[5]，发而皆中节谓之和[6]。中也者，天下之大本也；和也者，天下之达道也[7]。致中和[8]，天地位焉，万物育焉。

仲尼曰："君子中庸[9]，小人反中庸。君子之中庸也[10]，君子而时中。小人之中庸也[11]，小人而无忌惮也[12]。"

子曰："中庸其至矣乎[13]！民鲜能久矣。"

子曰："道之不行也[14]，我知之矣。知者过之[15]，愚者不及也。道之不明也，我知之矣。贤者过之，不肖者不及也。人莫不饮食也[16]，鲜能知味也。"

子曰："道其不行矣夫。"

子曰："舜其大知也与！舜好问而好察迩言[17]，隐恶而扬善，执其两端[18]，用其中于民，其斯以为舜乎！"

子曰："人皆曰'予知'[19]，驱而纳诸罟擭陷阱之中，而莫之知辟也。人皆曰'予知'，择乎中庸而不能期月守也[20]。"

子曰："回之为人也[21]，择乎中庸，得一善，则拳拳服膺而弗失之矣[22]。"

子曰："天下国家可均也[23]，爵禄可辞也，白刃可蹈也，中庸不可能也。"（以下有省略）

哀公问政。子曰："文、武之政，布在方策[24]，其人存则其政举，其人亡则其政息。人道敏政[25]，地道敏树。夫政也者，蒲卢也[26]。故为政在人，取人以身[27]，修身以道，修道以仁。仁者，人也，亲亲为大；义者，宜也，尊贤为大。亲亲之杀[28]，尊贤之等，礼所生也。在下位不获乎上[29]，民不可得而治矣。故君子不可以不修身，思修身不可以不事亲，思事亲不可以不知人，思知人不可以不知天。天下之达道五，所以行之者三，曰：君臣也，父子也，夫妇也，昆弟也[30]，朋友之交也。五者，天下之达道也。知、仁、勇三者，天下之达德也，所以行之者一也[31]。或生而知之[32]，或学而知之，或困而知之，及其知之一也[33]。或安而行之[34]，或利而行之，或勉强而行之，及其成功一也。"

子曰："好学近乎知，力行近乎仁，知耻近乎勇。知斯三者，则知所以修身；知所以修身，则知所以治人；知所以治人，则知所以治天下国家矣。"凡为天下国家有九经，曰：修身也，尊贤也，亲亲也，敬大臣也，体群臣也[35]，子庶民也[36]，来百工也[37]，柔远人也[38]，怀诸侯也[39]。修身则道立，尊贤则不惑，亲亲则诸父昆弟不怨，敬大臣则不眩[40]，体群臣则士之报礼重[41]，子庶民则百姓劝[42]，来百工则财用足，柔远人则四方归之，怀诸侯则天下畏之。

齐明盛服[43]，非礼不动，所以修身也。去谗远色，贱货而贵德，所以劝贤也[44]。尊其位，重其禄，同其好恶[45]，所以劝亲亲也。官盛任使[46]，所以劝大臣也。忠信重禄，所以劝士也。时使薄敛[47]，所以劝百姓也。日省月试[48]，既廪称事[49]，所以劝百工也。送往迎来，嘉善而矜不能[50]，所以柔远人也。继绝世[51]，举废国[52]，治乱持危[53]，朝聘以时，厚往而薄来，所以怀诸侯也。

凡为天下国家有九经，所以行之者一也。凡事豫则立[54]，不豫则废。言前定则不跲[55]，事前定则不困，行前定则不疚[56]，道前定则不穷。

《礼记注疏》卷五二

【注释】

[1]"天命之谓性"三句：天所赋予人的叫作性，遵循天性而行叫作道，使人修养道叫作教。率，依循。　　[2]"是故君子戒慎乎其所不睹"二句：因此君子在没有人看见的时候也警戒谨慎，在没有人听到的时候也小心畏惧。指时刻谨慎守道。乎，相当于介词"于"，在。　　[3]"莫见（xiàn现）乎隐"二句：没有比在幽暗处更容易显现的了，没有比在细微的事情上更容易显露的了。指在幽暗之处、细微之事上，都没有离道的表现。莫，没有。见，同"现"。　　[4]慎其独：在独处时也谨慎守道。　　[5]发：产生，生发。　　[6]中（zhòng　仲）节：符合节度。　　[7]达道：通达的道理，公认的准则。　　[8]"致中和"三句：到达中和的境界，天地各安其所，万物生育繁衍。位，得其正位。　　[9]"君子中庸"二句：君子的言行符合中庸之道，小人的言行违反中庸之道。君子，道德品质高尚的人。小人，道德品质低下的人。　　[10]"君子之中庸也"二句：君子之所以能够达到中庸，是

因为他们的言行时刻合宜适中。 [11]小人之中庸也：依陆德明《经典释文》引王肃本，此处应作"小人之反中庸也"。 [12]无忌惮：无所顾忌和畏惧。 [13]"中庸其至矣乎"二句：中庸作为一种道德真是至高无上的了，很少有人能长时间地做到这一点。鲜（xiǎn 显），少。一说很少有人能够做到，已经很久了。 [14]道：指中庸之道。 [15]知（zhì 智）：同"智"，智慧。 [16]"人莫不饮食也"二句：人们没有不吃不喝的，但很少有人能够真正品尝辨知滋味。这两句用来比喻中庸之道很难做到。 [17]好察迩言：喜欢仔细辨别浅近的话。迩，近。 [18]"执其两端"三句：大意是说舜能够掌握过和不及的两端，选取适中点，然后施行到民众中，这大概就是舜之所以被称为舜的原因吧。 [19]"人皆曰'予知'"三句：人人都说"我是明智的"，但在利益的驱使下，像动物一样被驱赶到捕兽的网、木笼和陷阱中，连躲避都不知道。罟（gǔ 古），网。擭（huò 或），装有机关的捕兽木笼。 [20]期（jī 击）月：一整个月。 [21]回：颜回，字子渊，春秋末期鲁国人，孔子弟子。 [22]拳拳服膺（yīng 英）：牢牢记在心中。拳拳，奉持之貌，牢握不舍的样子。膺，胸。 [23]"天下国家可均也"四句：天下国家可以平治，官爵俸禄可以辞掉，利刃可以踩踏，只有中庸之道是不容易做到的。 [24]布：公布，记载。方：书写用的木版。策：竹简。 [25]"人道敏政"二句：治理百姓的方式是努力行政，就如治理土地的方式是努力种植一样。敏，勤勉，努力。树，种植草木。 [26]蒲卢：即蜾蠃，俗称土蜂（细腰蜂）。古人认为蒲卢不能生子，取桑虫的幼子当作自己的幼子。这里孔子用蒲卢喻政，古代贤君之政不能自举，须待贤君推行，就如蒲卢不能自生，而待桑虫之子。 [27]取人以身：明君招取贤人，在于自身的品德修养。 [28]亲亲之杀（shài 晒）：对亲人的亲情有远近亲疏之别。亲亲，第一个"亲"是动词，亲近爱护；第二个"亲"是名词，亲人。杀，等级，差别。 [29]"在下位不获乎上"二句：这两句是纰误而重出在此。　　[30]昆弟:兄弟。　　[31]一:一致,一样。　　[32]或:有的人。　　[33]及其知之一也:(这几种人当初的情况有差别,)等到他们都知道以后也就一样了。　　[34]安:无所妄求,从容自觉。　　[35]体:体恤,体察。　　[36]子:像对待子女一样地爱护。　　[37]来(lài 赖):同"勑",劝勉。　　[38]柔:和好,安抚。　　[39]怀:安抚,抚慰。　　[40]不眩:不迷乱。　　[41]报礼重:以重礼相回报,指能为君死于患难之中。　　[42]劝:努力。　　[43]齐明盛服:穿戴整齐明洁的衣冠。　　[44]劝:勉励,鼓励。　　[45]同其好恶(hàowù 浩务):对亲人的赏罚原则保持一致。好,这里指奖赏。恶,这里指诛罚。　　[46]官盛任使:设置众多官属以供大臣差遣(,使大臣不亲自做琐事)。盛,多。　　[47]时使薄敛:使用百姓不违农时,薄收赋税。时,适时。　　[48]省(xǐng 醒):省察,察看。　　[49]既廪(lǐn 凛)称事:使其所得禄粮与其工作相称。既廪,指古代官府所发的给养。既,通"饩(xì 戏)",粮食。　　[50]矜:怜惜,同情。　　[51]继绝世:延续世系已断绝的诸侯国。　　[52]举废国:振兴已废置的诸侯国。　　[53]治乱持危:有乱事的要为之治理,有危难的要加以扶持。　　[54]豫:同"预",提前作准备。　　[55]跲(jiá 荚):绊倒,窒碍。这里指言语不畅。　　[56]疚:灾祸。

　　在下位不获乎上,民不可得而治矣。获乎上有道[1],不信乎朋友,不获乎上矣。信乎朋友有道,不顺乎亲,不信乎朋友矣。顺乎亲有道,反诸身不诚,不顺乎亲矣。诚身有道,不明乎善,不诚乎身矣。诚者,天之道也。诚之者[2],人之道也。诚者,不勉而中[3],不思而得，从容中道，圣人也。诚之者，择善而固执之者也[4]。博学之[5]，审问之，慎思之，明辨之，笃行之。有弗学[6]，学之弗能，弗措也。有弗问，问之弗知，弗措也。有弗思，思之弗得，弗措也。有弗辨，辨之弗明，弗措也。有弗行，行之弗笃，弗措也。人一能之[7]，己百之。人十能之，己千之。果能此道矣，虽愚必明，虽柔必强。

自诚明谓之性[8]，自明诚谓之教。诚则明矣，明则诚矣。唯天下至诚[9]，为能尽其性。能尽其性，则能尽人之性。能尽人之性，则能尽物之性。能尽物之性，则可以赞天地之化育[10]。可以赞天地之化育，则可以与天地参矣[11]。

其次致曲[12]，曲能有诚[13]，诚则形，形则著，著则明，明则动，动则变，变则化。唯天下至诚为能化。

至诚之道，可以前知。国家将兴，必有祯祥[14]。国家将亡，必有妖孽[15]。见乎蓍龟[16]，动乎四体。祸福将至，善必先知之，不善必先知之。故至诚如神。

诚者自成也[17]，而道自道也。诚者，物之终始，不诚无物。是故君子诚之为贵。诚者，非自成己而已也，所以成物也。成己，仁也；成物，知也[18]。性之德也，合外内之道也，故时措之宜也[19]。故至诚无息，不息则久，久则征[20]，征则悠远，悠远则博厚，博厚则高明。博厚所以载物也，高明所以覆物也，悠久所以成物也。博厚配地，高明配天，悠久无疆。如此者，不见而章[21]，不动而变，无为而成。天地之道可壹言而尽也[22]，其为物不贰[23]，则其生物不测。天地之道博也，厚也，高也，明也，悠也，久也。（以下有省略）

大哉圣人之道！洋洋乎发育万物，峻极于天[24]。优优大哉[25]！礼仪三百[26]，威仪三千，待其人然后行。故曰："苟不至德[27]，至道不凝焉。"故君子尊德性而道问学[28]，致广大而尽精微，极高明而道中庸，温故而知新，敦厚以崇礼。是故居上不骄，为下不倍[29]。国有道，其言足以兴，国无道，其默足以容[30]。《诗》曰[31]："既明且哲，以保其身。"其此之谓与！

《礼记注疏》卷五三

【注释】

[1]道：途径，方法。　　[2]"诚之者"二句：使自身真诚，是做人的道理。　　[3]不勉而中（zhòng　众）：不用勤勉努力就能合于至善。　　[4]固执：坚定地执行。　　[5]"博学之"五句：广泛地学习，详细地问，慎重地考虑，明确地分辨，踏踏实实地实行。之，指代这几个动作的对象。　　[6]"有弗学"三句：意思是除非不学，学了就不放下。措，废弃，搁置。　　[7]"人一能之"二句：别人学它一次就会，我却学习一百次。意思是要多下功夫。能，完成。　　[8]"自诚明谓之性"二句：由至诚之心而明晓道德，这叫作天性。由于明晓道理而有至诚之心，这叫作教化。自，从，由。　　[9]"唯天下至诚"二句：只有天下至诚之人，才能彻底发挥他的天性。　　[10]赞：辅佐，帮助。　　[11]参：匹配。一说"参"同"三"。　　[12]其次致曲：那些次于圣人的贤人，能够推至细小的事物上。其次，指自明诚者。曲，犹小之事。　　[13]"曲能有诚"七句：在细小的事物上能真诚，真诚就都表现出来，表现出来就会逐渐显著，逐渐显著就会更加昭明，昭明就会感动人心，感动人心就会改变人，改变人就能化恶为善。　　[14]祯（zhēn　真）祥：吉祥，这里指吉兆。　　[15]妖孽：灾异，这里指凶兆。　　[16]"见（xiàn　现）乎蓍（shī　尸）龟"二句：意思是说吉凶的征兆都会体现在占筮和占卜的结果上，表现在动作仪态上。见，同"现"。蓍龟，古代用于占卜的蓍草和龟甲。四体，一说是龟之四足。　　[17]"诚者自成也"二句：诚是自我成就完善的，而道是自己履行的。自道（dǎo　导），引导自我通达于道。　　[18]知（zhì　智）：同"智"。　　[19]时措之宜：随时施行都能适宜。　　[20]征：征验，证实。一说"征"为"彻"之字误。　　[21]不见（xiàn　现）而章：不须表现而自然彰显。见，同"现"。章，同"彰"，彰显，昭著。　　[22]可壹言而尽也：可以用一句话来概括。　　[23]不贰：真诚，没有二心。　　[24]峻：高

大。　　　[25]优优：宽裕之貌。　　　[26]"礼仪三百"二句：（圣人制定了）大的礼仪三百之多，具体行事的仪礼三千之多。三百、三千，虚数，指多。　　　[27]"苟不至德"二句：如果不是具备最高德行的人，最伟大的道理也就不会形成。凝，凝聚。　　　[28]尊德性而道问学：尊崇德性而勤问好学。　　　[29]倍：通"背"，背离，背叛。　　　[30]其默足以容：他静默自守足以容身自保，免于祸害。其，人称代词，指贤人。　　　[31]"《诗》曰"三句：出自《诗·大雅·烝民》。大意是既明达又智慧，足以保全其身。

【解析】

　　中庸是儒家思想体系中的重要道德准则，也是儒家所追求的为人处世的最高境界。"中庸"一词始见于《论语·雍也》篇。《礼记·中庸》篇是对《论语》以来的中庸思想所进行的最为系统的阐发，主要阐释了两个问题，一是何谓中庸，一是中庸的核心思想是什么。

　　什么是中庸？中庸即中和、时中、无过无不及，就是在思考问题或为人处世时，要做到恰到好处，合时宜。偏离中庸就会走极端，孔子把超过了"中"，称为"过"，把达不到"中"，称为"不及"。中庸的哲学意义就是在承认事物存在两面性的前提下，随时折中、平衡，力戒偏颇。

　　中庸的核心思想是"诚"。什么是"诚"？"诚"就是真实无妄。"诚"有天道、人道之别，"诚者，天之道也。诚之者，人之道也"。天道的关键在于"诚"，而人道的终极目标则是对"诚"的追求。如何达到"诚"？《中庸》提出要明善，要择善而固执之，并且要终生渐积。

"诚"是中国传统哲学中重要的思想范畴,具有本体论、道德论的双重文化内涵。在思想史上,《中庸》是第一部对"诚"进行了深入系统阐释的儒家经典。《中庸》中的"诚"将天(自诚明)与人(自明诚)连接起来,成为天人合一的枢纽。同时,它既是道德本体,也是道德实践,对君子提出了内在修为与外在践行相互合一的高要求;它既是个体自身的修养,也是人际关系充分协调的原则。

《中庸》因其内涵的丰富性和哲理的思辨性,成为"四书"中最难理解而争议最多的一部书,曾经被扣上各种帽子不断遭受误读与扭曲。但其实拨开《中庸》神秘的面纱,里面蕴含着极其朴实的道理。如本篇选文以"诚"贯穿全文,其实内涵在于强调人的道德修养。文中提出君子要"素其位而行",就是提倡得其分、安其位,不做好高骛远之事;提出"言顾行,行顾言",就是要求言行一致、表里如一;提出"人一能之,己百之。人十能之,己千之",强调人的坚持不懈、自强奋斗;提出"诚者,非自成己而已也,所以成物也。成己,仁也;成物,知也。性之德也,合外内之道也",认为自我完善后的真正目的在于兼善天下,将道德修养提升到了儒家兼济天下思想的最高境界,也为世人展示了积极的人生意义。

《中庸》的这些理念都成为鞭策人们修身养性、完善自我的思想圭臬,中山大学的校训"博学、审问、慎思、明辨、笃行",就是来自本篇。这些思想内化为人们的言行规范,无形中推动了社会主义精神文明建设的进程。

大　学

《礼记》

【题解】

关于《大学》的作者及产生年代，主要有两种不同的说法。一种认为《大学》是儒家的政治哲学，产生于春秋战国时期，为孔子弟子曾子所作；另一种则认为《大学》产生于两汉时期，作者不可考。现在一般认为《大学》为曾子所作。《大学》自唐代以后逐渐受到重视。北宋理学家程颢、程颐对《大学》格外推崇，南宋朱熹继承二程思想，将其列为"四书"之首。《大学》通行的版本有两种，一为《十三经注疏》本《礼记注疏》，一为朱熹《大学章句》本。朱熹注本将《大学》重新编次，分为经、传两部分，阐述章旨，并按照自己的见解补编了"格物传"一章。何谓"大学"？郑玄《礼记目录》说："名曰'大学'者，以记其博学可以为政矣。"可见"大学"是使学问广大之意。而朱熹《大学章句序》则说："《大学》之书，古之大学所以教人之法也。"认为《大学》得名于"大学"，古代贵族子弟十五入大学，《大学》是对他们进行"穷理正心、修己治人"教育的教学方法。

大学之道，在明明德[1]，在亲民[2]，在止于至善[3]。知止而后有定[4]，定而后能静，静而后能安，安而后能虑，虑而后能得[5]。物有本末，事有终始，知所先后，则近道矣。

古之欲明明德于天下者[6]，先治其国。欲治其国者，先齐其家。欲齐其家者，先修其身。欲修其身者，先正其心。欲正其心者，先诚其意[7]。欲诚其意者，先致其知[8]，致知在格物[9]。物格而后知至，知至而后意诚，意诚而后心正，心正而后身修，身修而后家齐，家齐而后国治，国治而后天下平。自天子以至于庶人，壹是皆以修身为本[10]。其本乱而末治者[11]，否矣。其所厚者薄[12]，而其所薄者厚，未之有也。此谓知本，此谓知之至也[13]。

所谓诚其意者，毋自欺也。如恶恶臭[14]，如好好色[15]，此之谓自谦[16]。故君子必慎其独也[17]。小人闲居为不善[18]，无所不至，见君子而后厌然[19]，揜其不善[20]，而著其善。人之视己，如见其肺肝然[21]，则何益矣。此谓诚于中，形于外，故君子必慎其独也。曾子曰[22]："十目所视，十手所指，其严乎！"富润屋，德润身，心广体胖[23]，故君子必诚其意。

《诗》云："瞻彼淇澳[24]，菉竹猗猗。有斐君子，如切如磋，如琢如磨。瑟兮僴兮，赫兮喧兮。有斐君子，终不可諠兮。"如切如磋者，道学也[25]。如琢如磨者，自修也。瑟兮僴兮者，恂栗也[26]。赫兮喧兮者，威仪也。有斐君子，终不可諠兮者，道盛德至善，民之不能忘也。《诗》云："於戏[27]！前王不忘。"君子贤其贤而亲其亲[28]，小人乐其乐而利其利[29]，此以没世不忘也[30]。《康诰》曰[31]："克明德[32]。"《大甲》曰："顾諟天之明命[33]。"《帝典》曰："克明峻德[34]。"皆自明也。汤之《盘铭》曰[35]："苟日新[36]，日日新，又日新。"《康诰》曰："作新民[37]。"《诗》曰："周虽旧邦[38]，其命惟新。"是故君子无所不用其极[39]。《诗》云："邦畿千里[40]，惟民所止。"《诗》云："缗蛮黄鸟[41]，止于丘隅。"子曰："于止[42]，知其所止，可以人而不如鸟乎？"《诗》云："穆穆文王[43]，於缉熙敬止。"为人君止于仁，为人臣止于敬，为人子止于孝，为人父止于慈，与国人交止于信。子曰："听讼[44]，吾犹人也，必也使无讼乎！"无情者不得尽其辞[45]，大畏民志[46]，此谓知本。

所谓修身在正其心者，身有所忿懥则不得其正[47]，有所恐惧则不得其正，有所好乐则不得其正[48]，有所忧患则不得其正。心不在焉，视而不见，听而不闻，食而不知其味，此谓修身在正其心。

所谓齐其家在修其身者，人之其所亲爱而辟焉[49]，之其所贱恶而辟焉，之其所畏敬而辟焉，之其所哀矜而辟焉[50]，之其所敖惰而辟焉[51]。故好而知其恶[52]，恶而知其美者，天下鲜矣。故谚有之曰："人莫知其子之恶，莫知其苗之硕。"此谓身不修，不可以齐其家。

所谓治国必先齐其家者，其家不可教而能教人者，无之。故君子不出家而成教于国。孝者，所以事君也；弟者[53]，所以事长也；慈者[54]，所以使众也。《康诰》曰："如保赤子[55]。"心诚求之，虽不中[56]，不远矣。未有学养子而后嫁者也。一家仁，一国兴仁；

一家让，一国兴让；一人贪戾[57]，一国作乱。其机如此[58]。此谓一言偾事[59]，一人定国。尧舜率天下以仁，而民从之；桀纣率天下以暴，而民从之。其所令反其所好[60]，而民不从。是故君子有诸己而后求诸人[61]，无诸己而后非诸人。所藏乎身不恕[62]，而能喻诸人者[63]，未之有也。故治国在齐其家。《诗》云："桃之夭夭[64]，其叶蓁蓁，之子于归，宜其家人。"宜其家人而后可以教国人。《诗》云："宜兄宜弟[65]。"宜兄宜弟而后可以教国人。《诗》云："其仪不忒[66]，正是四国。"其为父子兄弟足法[67]，而后民法之也。此谓治国在齐其家。

所谓平天下在治其国者，上老老而民兴孝[68]，上长长而民兴弟[69]，上恤孤而民不倍，是以君子有絜矩之道也[70]。所恶于上毋以使下[71]，所恶于下毋以事上，所恶于前毋以先后，所恶于后毋以从前，所恶于右毋以交于左，所恶于左毋以交于右，此之谓絜矩之道。《诗》云："乐只君子[72]，民之父母。"民之所好好之[73]，民之所恶恶之，此之谓民之父母。《诗》云："节彼南山[74]，维石岩岩。赫赫师尹，民具尔瞻。"有国者不可以不慎，辟则为天下僇矣[75]。《诗》云："殷之未丧师[76]，克配上帝。仪监于殷，峻命不易。"道得众则得国，失众则失国。

是故君子先慎乎德，有德此有人[77]，有人此有土，有土此有财，有财此有用。德者本也，财者末也。外本内末，争民施夺[78]。是故财聚则民散，财散则民聚。是故言悖而出者亦悖而入[79]，货悖而入者亦悖而出。《康诰》曰："惟命不于常[80]。"道善则得之，不善则失之矣。《楚书》曰[81]："楚国无以为宝，惟善以为宝。"舅犯曰[82]："亡人无以为宝[83]，仁亲以为宝。"《秦誓》曰[84]："若有一个臣[85]，断断兮无他技[86]，其心休休焉[87]，其如有容焉。人之有技，若己有之。人之彦圣[88]，其心好之，不啻若自其口出[89]，实能容之，以能保我子孙黎民，尚亦有利哉！人之有技，媚嫉以恶之[90]。人之彦圣，而违之俾不通[91]，实不能容，以不能保我子孙黎民，亦曰殆哉！"唯仁人放流之[92]，迸诸四夷，不与同中国。此谓唯仁人为能爱人，能恶人。见贤而不能举，举而不能先，命也[93]。见不善而不能退，退而不能远，过也。好人之所恶[94]，恶人之所好，是谓拂人之性[95]，菑必逮夫身[96]。是故君子有大道，必忠信以得之，骄泰以失之[97]。生财有大道，生之者众，食之者寡，为之者疾[98]，用之者舒，则财恒足矣。仁者以财发身，不仁者以身发财。未有上好仁而下不好义者也，未有好义其事不终者也，未有府库财非其财者也[99]。孟献子曰[100]："畜马乘不察于鸡豚[101]，伐冰之家不畜牛羊[102]，百乘之家不畜聚敛之臣[103]。与其有聚敛之臣[104]，宁有盗臣。"此谓国不以利为利，以义为利也。长国家而务财用者[105]，必自小人矣。彼为善之[106]，小人之使为国家，菑害并至，虽有善者，亦无如之何矣[107]。此谓国不以利为利，以义为利也。

《礼记注疏》卷六○

【注释】

　　[1]明明德：彰显人光明的德行。第一个"明"，彰明。第二个"明"，光明，明亮。　　[2]亲民：亲爱人民。一说"亲"当为"新"，使人自新，见朱熹《大学章句》。　　[3]止于至善：达到最美善的境界。至，最。　　[4]知止

而后有定：知道应该达到的目标后才能有确定的志向。　　[5]得：指得其所止，也就是达于至善。　　[6]古之欲明明德于天下者：古代想把内心美好德行推广到天下的人。　　[7]诚其意：使自己的意念真实。诚，实。　　[8]致其知：获得知识。　　[9]格物：推究事物的原理。格，穷究。　　[10]壹是：一切，全部。　　[11]本乱：指不修身。末治：指国家治理得井井有条。　　[12]"其所厚者薄"三句：对应当厚待的对象却用力薄，而该用力薄的却用力厚，（如此想达到治国、平天下的目的，）还没有过这样的事。　　[13]知之至：学习知识的最高境界。至，极。　　[14]恶恶臭（xiù 秀）：厌恶难闻的气味。前"恶"读wù（务），后"恶"读è（饿）。臭，同"嗅"。　　[15]好好色：喜欢美色。前"好"读hào（浩），后"好"读hǎo（郝）。　　[16]谦：通"慊（qiè 妾）"，满足。　　[17]慎其独：在独处时也谨慎守道。　　[18]闲居：独处。　　[19]厌（yǎn 掩）然：掩饰躲藏的样子。　　[20]"揜（yǎn 掩）其不善"二句：掩藏自己不好的行径，而彰显自己好的地方。揜，遮掩。　　[21]如见其肺肝然：（别人看自己）好像能看见自己的肺和肝一样。意指做了坏事是遮掩不住的。　　[22]"曾子曰"四句：曾子说过："（独处的时候）就像有好多只眼睛盯着你，好多双手指着你，多么让人畏惧呀！"十目、十手，均为虚指，这里指众多。　　[23]心广体胖（pán 盘）：人的心胸宽广，身体才能舒适安泰。胖，宽舒。　　[24]"瞻彼淇澳（yù 玉）"九句：引自《诗·卫风·淇澳》。淇，淇水。澳，指水岸深曲之处。菉（lù 录）竹，草名。猗（yī 依）猗，茂盛的样子。斐，有文采。如切如磋，如琢如磨，指君子无论在学问还是品行上都追求精益求精。切、磋、琢、磨，分别指的是古代把骨头、象牙、玉、石头加工成器物。瑟，庄严的样子。僩（xiàn 线），心胸开阔的样子。赫，明亮的样子。喧，显赫的样子。諠（xuān 宣），同"谖"，忘记。　　[25]道学：说的是研讨学问。下文"道盛德至善"仿此。　　[26]恂（xún 寻）栗：内心谨慎而有所戒惧。　　　[27]"於戏（wūhū　呜呼）"二句：引自《诗·周颂·烈文》。赞美前代君王德不可忘。於戏，叹词，即呜呼。前王，指周武王。　　　[28]君子贤其贤而亲其亲：继位的君子尊重前代君王的贤德，亲近前代君王的族亲。　　　[29]小人乐其乐而利其利：百姓乐于享受前代君王所创造的欢乐和利益。意指百姓因此不忘前代君王。　　　[30]没（mò　莫）世：终身，永远。　　　[31]《康诰（gào　告）》曰：《康诰》及下文的《大（tài　太）甲》、《帝典》都是《尚书》篇名。《帝典》即《尧典》。　　　[32]克明德：能彰显美好的德行。克，能够。　　　[33]顾諟（shì　是）天之明命：时刻顾念上帝英明的命令。諟，通"是"，此，这。　　　[34]峻德：大德。　　　[35]汤之《盘铭》：商王成汤沐浴之盘，上面刻有警戒自己的文辞。　　　[36]"苟日新"三句：假如今日更新自身，那么就要天天更新，每天更新。　　　[37]作新民：重新改造殷民。指周公以殷商馀民封康叔，望殷人剔除商纣时代的恶俗，改过自新。　　　[38]"周虽旧邦"二句：引自《诗·大雅·文王》。意思是周虽然是旧有的诸侯邦国，但它承受天命，不断自新。　　　[39]无所不用其极：没有一个地方不竭尽全力。极，尽。　　　[40]"邦畿（jī　击）千里"二句：引自《诗·商颂·玄鸟》。意思是殷商方圆千里，人民因君主贤德选择居住在这里。邦畿，王都。　　　[41]"缗（mián　棉）蛮黄鸟"二句：引自《诗·小雅·绵蛮》。缗蛮，小鸟貌。缗，通"绵"。丘隅，山丘。　　　[42]"于止"三句：大意是黄鸟尚且知道选择该栖息的地方，人难道还不如鸟吗？此处指人应当择礼义乐土而居。　　　[43]"穆穆文王"二句：引自《诗·大雅·文王》。大意是端庄谦恭的周文王，不断走向光明，敬其所处的位置。穆穆，庄严和善的样子。缉，继续。熙，光明。　　　[44]"听讼"三句：语出《论语·颜渊》。大意是审理案件我和别人一样，一定要使人们之间没有争执。听，审理。讼，案件。　　　[45]无情者不得尽其辞：没有实情的人不能够肆意编造谎言。情，实情。　　　[46]畏：使敬畏。　　　[47]忿懥（zhì　至）：生气，怨恨。　　　[48]好乐（hàoyào 浩药）：喜欢。　　[49]人之其所亲爱而辟焉：意思是（不能修身的）人对于所亲爱的人难免偏爱。辟，通"僻"，偏见，偏差。　　[50]哀矜：哀怜，怜悯。　　[51]敖惰：傲慢怠惰。敖，同"傲"。　　[52]"故好（hào 浩）而知其恶"三句：因此喜欢某一事物但还能看到它的缺点，厌恶某一事物但还能看到它的优点，这样的人已经很少了。　　[53]弟（tì 替）：同"悌"，敬爱兄长。　　[54]"慈者"二句：慈爱子女的感情，可以用来对待民众。　　[55]如保赤子：（对待民众）如同爱护婴儿。保，养育。　　[56]中（zhòng 仲）：符合。　　[57]贪戾：贪婪暴戾。　　[58]机：关键。　　[59]偾（fèn 奋）事：败坏事情。　　[60]"其所令反其所好"二句：君王颁布的命令与自己的喜好相反，百姓是不会遵从的。　　[61]"君子有诸己而后求诸人"二句：君子自己有了美好德行之后才会要求别人，自己没有不良恶习之后才会指责他人。诸，相当于"之于"。非，指责。　　[62]恕：宽恕，指推己及人之道。　　[63]喻：使明白。　　[64]"桃之夭夭"四句：引自《诗·周南·桃夭》。意思是桃花娇艳美好，枝叶繁茂，这个女子就要出嫁了，她一定能使夫家美满和睦。夭夭，少壮美盛的样子。蓁（zhēn 贞）蓁，草木茂盛的样子。之子，这个女子。归，嫁。　　[65]宜兄宜弟：引自《诗·小雅·蓼萧》。这是一首赞美周成王的诗，因其有德，宜为人兄，宜为人弟。　　[66]"其仪不忒（tè 特）"二句：引自《诗·曹风·鸤鸠》。意思是君子容貌举止庄重严肃，能够成为四方国家的表率。忒，差错。　　[67]足法：足以为人们所效法。　　[68]老老：尊敬老人。　　[69]长长：敬重兄长。　　[70]絜（xié 偕）矩之道：用同样的尺度衡量他人与自己，指以推己及人为准则的道德规范。絜，指用绳度量围长。矩，画直角或方形用的曲尺。　　[71]所恶于上毋以使下：凡是上面的人为我所厌恶的态度，我不会用它对待下面的人。下面几句意思与此相仿。　　[72]"乐只君子"二句：引自《诗·小雅·南山有台》。只，语气词。　　[73]"民之所好（hào 浩）好

（hào 浩）之"二句：百姓喜欢的就喜欢，百姓厌恶的就厌恶。　　[74]"节彼南山"四句：引自《诗·小雅·节南山》。意思是雄伟高大的南山，山崖险峻。权势显赫的太师伊尹，民众都仰望着你。节，高峻的样子。岩岩，岩石层叠高峻的样子。赫赫，显盛。师尹，周幽王太师尹氏。　　[75]辟：通"僻"，偏差，这里指偏离正道。僇（lù 路）：通"戮"，杀。　　[76]"殷之未丧师"四句：引自《诗·大雅·文王》。意思是殷朝还没有丧失民心的时候，能够得到上天的保佑；应当借鉴殷朝兴亡的经验教训，永保天命并非易事。师，众人。克，能。仪，通"宜"。监，借鉴。峻，大。　　[77]此：乃，才。下同。　　[78]争民施夺：争民利夺民财。　　[79]"是故言悖而出者亦悖而入"二句：大意是说君王颁布的政教悖逆人心，民众也会违抗君命；君王悖逆人心厚敛财货，财货也悖逆君心不能长久。　　[80]惟命不于常：天命不是永恒的。　　[81]《楚书》：指《国语》中的《楚语》。　　[82]舅犯：即狐偃，字子犯，晋文公重耳之舅。　　[83]亡人：流亡在外的人。　　[84]《秦誓》：《尚书》篇名。　　[85]个：一本作"介"。　　[86]断断：诚实专一的样子。　　[87]"其心休休焉"二句：心地宽厚，能够容人容物。休休，宽容好善的样子。　　[88]彦圣：道德高尚。　　[89]不啻（chì 赤）若自其口出：（喜好别人）不只体现在语言上。啻，仅仅，只。　　[90]媢（mào 冒）嫉：嫉妒。　　[91]违之俾（bǐ 笔）不通：打击他人，使其不被重用。俾，使。通，指不通于国君，即不被重用。　　[92]"唯仁人放流之"三句：只有仁人能够放逐这些嫉妒贤才之辈，将他们驱逐到四方蛮夷之地，不与他们同住在中原地区。迸（bǐng 丙），通"屏"，排除。中国，中原地区。　　[93]命：当为"慢"字，轻慢。　　[94]"好（hào 浩）人之所恶（wù 务）"二句：喜欢人们所厌恶的，厌恶人们所喜欢的。　　[95]拂：逆，违背。　　[96]菑（zāi 灾）：通"灾"。逮：及。　　[97]骄泰：骄纵，傲慢。　　[98]"为之者疾"二句：创造财富迅速，消费财富缓慢。舒，缓慢。　　[99]未有府库财非其财者也：没有（臣民爱好道义）而国库里的财货竟不属于国家所有的。　　[100]孟献子：春秋时期鲁国大夫，仲孙氏，名蔑，谥号曰献。　　[101]畜（xù 序）马乘（shèng 剩）不察于鸡豚：喂养四匹马的大夫，就不管喂鸡养猪的事情了。畜，饲养。乘，四匹为一乘。古时由士初为大夫的人才能使用一乘。　　[102]伐冰之家：指卿大夫以上之家。古时只有卿大夫以上等级的，在举行丧祭的时候才能使用冰块。　　[103]百乘之家：拥有百乘车马的公卿之家（即有采地者）。　　[104]"与其有聚敛之臣"二句：与其有聚敛财富的家臣，还不如有盗窃主人财物的臣属。　　[105]长国家：统治国家。长，做……首领。　　[106]彼为善之：（如果）君王赞赏这些小人。彼，指国君。　　[107]无如之何：不知道该怎么办。

【解析】

《大学》在儒家文化的传承中占有重要地位。文章通篇阐述"修己治人"之道，基本内容可概括为"三纲领"和"八条目"。三纲领为"明明德"、"亲民"、"止于至善"。八条目为"格物"、"致知"、"诚意"、"正心"、"修身"、"齐家"、"治国"、"平天下"。八条目是对三纲领的具体展开和说明。三纲领中"明明德"指君子的道德修养，它是一切行为的根基；"亲民"是儒家强烈社会责任感和担当的体现；而"止于至善"则是最终所要达到的理想境界。八条目以"修身"为核心，"格物"、"致知"、"诚意"、"正心"都是"修身"的具体步骤，"齐家"、"治国"、"平天下"则是"修身"的自然结果和外化。因此，在儒家的思想体系中，"修己"和"治人"是教育与政治相结合的完整形态，也是推己及人的一个过程。

　　《大学》篇蕴含着儒家深邃的政治道理，强调为政在人，而人的根本在于德，德是政治运作的基础。而德的完善、扩充都需要人的自我修养，德是修身更为具体的层面，构成了修身的内涵。因此全篇谈论最多的就是修身。《大学》对德的要求有两方面，一方面是对自身的要求，如"明明德"、"君子先慎乎德"，另一方面是指对待他人时所体现的德，如"仁"、"义"、"让"等。因此它所建设的是社会中人与人之间的关系，文中所提出的"恕道"、"絜矩之道"，都在阐释以己及人，客观、公正地对待自己和周围的人，使家庭、社会各阶层的关系都能处于和睦的状态。儒家所提出的这种和谐社会理想，体现了崇尚和谐共处的中华民族精神，对于今人构建社会主义和谐社会仍有借鉴价值。此外，在德、财的关系上，德是精神性的，财是物质性的，《大学》提出"德者本也，财者末也"，深刻体现了中华民族的精神意向。

　　《大学》篇也详尽阐释了个人修养的具体途径和方法，其中提出的诚意、正心、慎独等要求，对世人无不具有警示意义。

察 今

《吕氏春秋》

【题解】

战国晚期，秦相吕不韦（？—前235）组织门客编成《吕氏春秋》二十六卷。《吕氏春秋》又名《吕览》，其成书约在秦王政（始皇帝）八年（前239）。全书分十二纪、八览、六论，共一百六十篇，约二十馀万言。全书篇章划分十分整齐，结构上组合成一个所谓"法天地"的完整体系。十二纪按照一年十二个月的顺序排列，是时间的纵向流程。八览是由八方、八极等观念而来的，是空间的横向划分。六论缘于六亲、六义等人间事象。《吕氏春秋》博采先秦诸子各派学说，目的是为秦国统一天下、治理国家提供思想武器。本文选自卷一五《慎大览》中的第八篇。题目"察今"的意思是制定法令制度必须考察当今的实际情况，即"察今变法"。

八曰：上胡不法先王之法[1]？非不贤也，为其不可得而法[2]。先王之法，经乎上世而来者也，人或益之，人或损之，胡可得而法？虽人弗损益，犹若不可得而法[3]。东夏之命[4]，古今之法，言异而典殊[5]。故古之命多不通乎今之言者，今之法多不合乎古之法者。殊俗之民，有似于此。其所为欲同[6]，其所为异。口惽之命不愉[7]，若舟车衣冠滋味声色之不同。人以自是，反以相诽。天下之学者多辩，言利辞倒[8]，不求其实，务以相毁，以胜为故[9]。先王之法，胡可得而法？虽可得，犹若不可法。

凡先王之法，有要于时也[10]。时不与法俱至，法虽今而至，犹若不可法。故择先王之成法[11]，而法其所以为法[12]。先王之所以为法者，何也？先王之所以为法者，人也，而己亦人也。故察己则可以知人，察今则可以知古。古今一也，人与我同耳。有道之士，贵以近知远，以今知古，以益所见[13]，知所不见。故审堂下之阴[14]，而知日月之行，阴阳之变；见瓶水之冰，而知天下之寒，鱼鳖之藏也；尝一脟肉[15]，而知一镬之味[16]，一鼎之调[17]。

荆人欲袭宋，使人先表澭水[18]。澭水暴益[19]，荆人弗知，循表而夜涉，溺死者千有馀人，军惊而坏都舍[20]。向其先表之时可导也[21]，今水已变而益多矣，荆人尚犹循表而导之，此其所以败也。今世之主，法先王之法也，有似于此。其时已与先王之法亏矣[22]，而曰此先王之法也，而法之以为治，岂不悲哉？

故治国无法则乱，守法而弗变则悖，悖乱不可以持国。世易时移，变法宜矣。譬之若良医，病万变，药亦万变。病变而药不变，向之寿民[23]，今为殇子矣[24]。故凡举事必循法以动，变法者因时而化，若此论则无过务矣[25]。

夫不敢议法者，众庶也[26]；以死守者[27]，有司也[28]；因时变法者，贤主也。是故有天下七十一圣[29]，其法皆不同。非务相反也，时势异也。故曰良剑期乎断，不期乎镆铘[30]；良马期乎千里，不期乎骥骜[31]。夫成功名者，此先王之千里也。

楚人有涉江者，其剑自舟中坠于水，遽契其舟[32]，曰："是吾剑之所从坠[33]。"舟止，从其所契者入水求之。舟已行矣，而剑不行，求剑若此，不亦惑乎？以此故法为其国，与此同。时已徙矣，而法不徙，以此为治，岂不难哉？

有过于江上者，见人方引婴儿而欲投之江中，婴儿啼。人问其故，曰："此其父善游。"其父虽善游，其子岂遽善游哉？此任物[34]，亦必悖矣。荆国之为政，有似于此。

《吕氏春秋》卷一五

【注释】

[1]上：国君。胡：何，为什么。前"法"：取法，效法。后"法"：法令，法度。　　[2]不可得：不可能。　　[3]犹若：仍然，还是。　　[4]东：指东夷，东方少数民族。夏：指华夏，中原各国。命：名，指事物的名称。　　[5]典：典章制度。　　[6]其所为欲同："为"为衍文。　　[7]口惛（hūn 昏）之命不愉：各地方言的发音不同，难于通晓。口惛，指方言。一说"惛"通"吻"。愉，通"谕"，通晓。　　[8]言利辞倒：言语犀利，颠倒是非。　　[9]故：事。　　[10]要于时：成于时，切合时代的需要。要，成。　　[11]择：通"释"，放弃，丢开。　　[12]所以为法：用来制定法令的依据。　　[13]"以益所见"二句：是说以其所见推知所不见。一说"益"即"盖"字之误，"以益"当作"盖以"。　　[14]阴：指日月的影子。　　[15]一脔（luán 栾）肉：一块肉。脔，通"脔"，切成块状的肉。　　[16]镬（huò 货）：无足的鼎。与下文的"鼎"，都是古代的煮肉器具。　　[17]调（tiáo 条）：调和，这里指调味。　　[18]表：做标记。下文"循表"中的"表"指标记。澭水：也作"灉水"，其故道为黄河所淤塞，已无遗迹可寻，当在今河南境内。　　[19]暴：突然。益：水漫外溢，这个意义后来写作"溢"。　　[20]都舍：大房子。　　[21]向：从前。可导：指可

以顺着标记渡过去。　　[22]亏：通"诡"，差异。　　[23]寿民：长寿的人。　　[24]殇（shāng　伤）子：未成年而死的孩子。　　[25]无过务：无错事。务，事。　　[26]众庶：指百姓。庶，众。　　[27]以死守者：一说"守"下当有"法"字。　　[28]有司：指各级官吏。　　[29]七十一圣：指古代的圣贤君主。言其数之多，非实指。　　[30]镆铘（mòyé 莫爷）：宝剑名。　　[31]骥（jì 记）骜（áo 熬）：二者皆千里马之名。　　[32]契：刻。　　[33]所从坠：从这里坠落。　　[34]任物：对待事物。任，审查。

【解析】

《察今》首先设问："上胡不法先王之法？"然后自答其问，指出先王之法虽好，但它是根据当时的社会现实制定的，只适合先王之世。时至今日，不但法令条文有增补删减，更重要的是客观的现实形势已发生变化，因此后世立法治国，不能沿袭先王成法，唯一值得效法的是先王立法的精神，即"法其所以为法"。这就抓住了问题的要害与本质。既然不能墨守成规，那当然就要因时变法了。接下来再设一问："先王之所以为法者，何也？"强调先王立法的依据是"人"，出发点是人而不是古代的成法。因此，当今之人亦应从当今的实际出发，以此作为立法的根据。经过前面的论述推导，然后正面提出了"察今"是为了"变法"，而"变法"又必须"察今"，"故察己则可以知人，察今则可以知古"的题意。为了使论点更加明确和形象，文章又用"循表夜涉"、"刻舟求剑"和"引婴投江"三个寓言故事，以画龙点睛式的笔法，嘲讽治国者不知审时度势、固守旧法的迂腐愚昧，从而深化了顺应时势、法与时变的论题。

上古天真论

《黄帝内经》

【题解】

《黄帝内经》是我国最早的医学典籍之一，居传统医学四大经典之首（其馀三者为《难经》、《伤寒杂病论》、《神农本草经》），相传为黄帝所作，被称为医之始祖。但后世多认为该书是由中国历代黄老医家传承增补并发展创作而成，最终成型于西汉，作者亦非一人。

《黄帝内经》理论体系博大精深，其中包含"阴阳五行学说"、"藏象学说"、"病因学说"、"养生学说"、"药物治疗学说"、"经络治疗学说"等中医学基础理论。这些理论彼此存在严密的逻辑关系，共同建构了较为完备的传统医学理论及治疗实践模式体系。

《黄帝内经》分《灵枢》、《素问》两部分，共一百六十二篇。其中《素问》共二十四卷八十一篇，主要通过黄帝与岐伯等人的"对问"来阐释医理。"素"可解释为本，"问"是指黄帝问于医学先知——岐伯。《素问》保存了先秦时期《揆度》、《医经》、《上经》、《下经》、《金匮》等二十多本古医书的经典理论，重点论述了脏腑、经络、病因、病机、病证、诊法、治疗原则以及针灸等内容，为后来中医理论的发展、创新奠定了基础。

《素问》之名最早见于张仲景《伤寒杂病论》序，其注本最早为隋代全元起注本，但宋以后便亡佚了。现存版本中较为完善者是唐代王冰注本，后经宋代林亿校正，孙兆改误，称《重广补注黄帝内经素问》。卷一《上古天真论》专论养生，主要阐述上古之人如何保养先天真气而延年益寿。本文为节选。

昔在黄帝[1]，生而神灵，弱而能言，幼而徇齐[2]，长而敦敏[3]，成而登天[4]。乃问于天师曰[5]：余闻上古之人，春秋皆度百岁[6]，而动作不衰。今时之人，年半百而动作皆衰者，时世异耶？人将失之耶[7]？

岐伯对曰：上古之人，其知道者[8]，法于阴阳[9]，和于术数[10]，食饮有节，起居有常，不妄作劳[11]，故能形与神俱[12]，而尽终其天年[13]，度百岁乃去。今时之人不然也，以酒为浆[14]，以妄为常[15]，醉以入房[16]，以欲竭其精，以耗散其真[17]，不知持满[18]，不时御神[19]。务快其心，逆于生乐[20]，起居无节[21]，故半百而衰也。

夫上古圣人之教下也，皆谓之虚邪贼风[22]，避之有时[23]，恬惔虚无[24]，真气从之[25]，精神内守[26]，病安从来[27]？是以志闲而少欲，心安而不惧，形劳而不倦，气从以顺，各从其欲，皆得所愿。故美其食[28]，任其服，乐其俗，高下不相慕，其民故曰朴。是以嗜欲不能劳其目[29]，淫邪不能惑其心，愚智贤不肖，不惧于物，故合于道。所以能年皆度百岁而动作不衰者，以其德全不危也[30]。

黄帝曰：余闻上古有真人者[31]，提挈天地，把握阴阳，呼吸精气，独立守神，肌肉若一，故能寿敝天地，无有终时，此其道生。中古之时，有至人者[32]，淳德全道[33]，和于阴阳，调于四时，去世离俗，积精全神[34]，游行天地之间，视听八达之外[35]。此盖益其寿命而强者也，亦归于真人。其次有圣人者，处天地之和，从八风之理[36]，适嗜欲于世俗之间，无恚嗔之心[37]，行不欲离于世，被服章[38]，举不欲观于俗[39]，外不劳形于事[40]，内无思想之患，以恬愉为务[41]，以自得为功，形体不敝，精神不散，亦可以百数。其次有贤人者，法则天地[42]，象似日月，辩列星辰，逆从阴阳，分别四时，将从上古[43]，合同于道，亦可使益寿而有极时。

《黄帝内经素问》卷一

【注释】

[1]黄帝：古华夏部落联盟首领，中国远古时代华夏民族的共主，传说中的五帝之一。他是有熊国君少典与附宝之子，本姓公孙，后改姬姓，故称姬轩辕。居轩辕之丘，号轩辕氏，建都于有熊，亦称有熊氏。史载黄帝因有土德之瑞，故号黄帝。黄帝以统一华夏部落与征服东夷、九黎族而统一中华的伟绩载入史册。黄帝被尊为中华"人文初祖"。他在位期间，播百谷草木，大力发展生产，始制衣冠、建舟车、制音律、创医学等。见《史记·五帝本纪》。　　[2]徇（xùn　迅）齐：非常聪明、敏慧。徇，通"迅"，疾速，引申指敏慧。　　[3]敦敏：诚信敏达。　　[4]登天：指登帝位，为天子。　　[5]天师：古代称有道术的人，这里指岐伯。中国上古时期最有声望的医学家，后世尊称为"华夏中医始祖"、"医圣"。今传《素问》基本上是黄帝询问，岐伯作答，以阐述医学理论，显示了岐伯高深的医学造诣。中国传统医学素称"岐黄"，或谓"岐黄之术"，岐伯当居首要地位。　　[6]春秋：年龄。　　[7]人将失之耶：（还是）现在的人违背了养生规律造成的呢？　　[8]知道：懂得养生的规律和道理。　　[9]阴阳：指天地之常道。在中国古代文明中，阴阳被认为是蕴藏在自然规律背后并推动自然发展变化的基础因素，也是各种事物孕育、发展、成熟、衰退直至消亡的原动力，更是奠定中华文明逻辑思维基础的核心要素。这里的"阴阳"既是天地万物的准则，也是治病必须推求的根本。　　[10]和于术数：把各种适合生命规律的方法或行为有机、和谐地结合起来进行养生。术数，多种适合生命规律的养生方法。术，技巧，方法。数，中国传统文化中"数"具有相互关联的双重含义，即数学之"数"与哲学之"数"。比如《周易》中的象数就是哲学之"数"。这里的"数"指反映事物的规律。《老子》第四十二章："万物负阴而抱阳，冲气以为和。"《四气调神大论》曰："阴阳四时者，万物之始终，死生之本，逆之则灾害生，从

之则苛疾不起，是谓得道。"本句所阐述的也是此道理。"法于阴阳，和于术数"是养生至理，所以首先要加以阐释。 [11]劳：劳损，损耗。 [12]形与神俱：指形与神的高度协调平衡状态，即生命存在以及身心健康的基本特征。这里的健康是指人体在形态结构、生理机能和精神心理方面的完好、协调状态。张介宾《类经·藏象类》有："形神俱备，乃为全体。"形，人的肉体。神，观照自己、观照万物的精神。《内经》直接以"神"来指代人的生命现象，以"神"的存在与否作为判定人生死之标准。因"神"在，万物才有生命，这是《内经》的生化之道。我国古代道家思想认为"神"是有形与无形之间转化互通的主因，而且"神"在生理上为人体生化功能之主宰，但在文化层次上则表现为智慧。中医学的精妙之处就在于从无形处着眼，来把握有形的官能，因此在对待"形"、"神"关系方面更为强调"神"的作用。即使偶有强调"形"之处，比如"神"由"形"而立、依于"形"而存，但其目的还是为人之有意义的生存提供一个借以使用的工具，借以深入阐明"神"的灵妙。过分强调"形"的作用，只能导致"神"的呆滞，终使其"形"也不能相保。这是人的生命中一以贯之的道理。 [13]天年：天赋的年寿，就是一个人在保持身体各器官都健康运行状态下的自然寿命。 [14]以酒为浆：把酒当作浆水一样。指纵饮无度。 [15]以妄为常：以虚妄为真常。这里"以妄为常"不仅仅是指错误的生活方式，更是指错误的世界观、认识论。由于人们不懂得养生之道，认虚假为真实，所以才会产生劳倦过度、好逸恶劳、饮食不节、起居无常、贪酒好色等等不良的生活习惯。"妄"、"常"意义相反。"以妄为常"是这些错误生活方式的内在原因，"以酒为浆"等则是其外在表现。 [16]醉以入房：乘着酒兴纵意房事。 [17]以耗散其真：指因放纵情欲而消耗、减损人体生命的本原。耗，轻易使用而消耗、减损。真，本原，即先天赋予的生命本原。 [18]不知持满：《老子》第九章："持而盈之，不如其已。"端着盛满液体的器皿稍不注意就可能洒落，反而不如适可而止。这里指不善养生者纵欲无度，不知适可而止的道理。　　[19]御神：调节心神。　　[20]逆于生乐：背弃了养生的乐趣。逆，背弃，背离。生乐，世俗生活的快乐。在养生家看来，人如果背弃了养生的乐趣，就违背了恬淡虚无的养生之道，就要"不时御神"，这样精神就不能内守而向外散放——这就是"以欲竭其精，以耗散其真"。　　[21]起居无节：生活没有规律。节，规律。　　[22]虚邪贼风：泛指一切不正常的气候变化和有害于人体的内外界致病因素。虚，指人体正气（正常功能）不足的状态。邪，四时中自然界及人体内的不正之气。古人认为，由于人体阴阳二气的消长变化与四季气候变化节律相同步，无论在哪一节令中，如果有与该节令常态相反的气候出现，人体都可能因不适应这种反季节的气候而导致内在正常功能不足，即产生"虚"。那么这种反季节的气候则趁虚而入，导致人体机能的失调。因此反季节的气候可称为"外风"或"外邪"，人体内部失调之机能便被称为"内风"或"内邪"。两者合称为"风邪"。"邪"干"正"，即失常的机能妨碍正常功能的发挥，则又更进一步加剧了"虚"。贼，意谓危害人体健康的因素。王冰注："邪乘虚入，是谓虚邪。窃害中和，谓之贼风。"　　[23]避之有时：适时地避让。《灵枢》说：邪气不得其虚，不能独伤人。　　[24]恬惔虚无：指生活淡泊质朴，心境平和宁静，外不受物欲之诱惑，内不存情虑之激扰，堪称物我两忘的境界。恬惔虚无本为道家所尊奉的养生之根本途径，后被道教养生学说所袭用，并深刻地影响了中医养生学说，这在《黄帝内经》中有多处反映。　　[25]真气从之：指真气顺从于"道"（生命本然的规律）。精神清静就不会耗费真气，不会干扰真气的升降出入。唯此，真气才能很好地按照"道"，即生命本然的规律生化运行。这应是"恬惔虚无，真气从之"以及后文"道生"的真意。　　[26]精神内守：中医认为人的精气和神气均应潜守于内，不宜妄泄，妄泄则为致病之由。精神，指精气与神气二者而言。内守，即守于内（体内）。　　[27]安：哪里。　　[28]"故美其食"五句：所以都能以自己所食用的食物为甘美，所穿着的衣服为舒适，所处的环境为安乐，不因地位的尊卑而羡慕嫉妒，这样的人民才称得上是朴实。由于人们无欲无求，所以心意自足。《老子》第四十六章："祸莫大于不知足，咎莫大于欲得，故知足之足，常足矣。"《内经》中的许多观点应该是源于《老子》，如本句就与《老子》第八十章"甘其食，美其服，安其居，乐其俗"之意略同。据此可以看出医道合流符合历史的事实，故而医家与道家以及道教之间的关系浑融通贯而为一体。　　　[29]"是以嗜欲不能劳其目"五句：所好的欲望不能干扰他们的视听，过分而不合理的情欲也无法扰乱他们的心态。无论是愚笨的、聪明的，或者是有才能的、能力差的，都能追求内心的安定，而不汲汲于外物的获得或丧失，故而能够符合养生之道。　　　[30]德全不危：养生之道完备而无偏颇。德，人符合"道"而表现出的本性，即本原的生命规律。因符合本原的生命规律，故而能够远离危难，得终天年。　　　[31]"余闻上古有真人者"九句：我听说上古时代有一种人称作真人，他能把握天地自然变化之机，掌握阴阳消长之要，吐故纳新，保养精气，精神内守，超然独立，肌肉形体，永恒不变，所以能与天地同寿，永无终结。这是因为契合养生之道，因而能够长生。真人，成道之人。本文认为真人是境界在圣人、贤人之上，且超然于天地之外，不受阴阳束缚之人。真人、至人与圣人、贤人的分别之处在于寿命的无限与有限。挈（qiè　窃），提，悬持，这里引申为把握。精气，天地间的灵气。肌肉，形体。敝，衰败。寿敝天地，与天地共同衰败，即与天地同寿。古人认为天地无衰败之时，故而寿敝天地的真人亦无衰败之时。这几句讲真人心合于气，气合于神，神合于无，所以能够呼吸天地灵气，保养精神，使身体长存不衰。此句应和上文"真气从之，精神内守"一起理解，其核心之意是按照自然之理，守住自身之"神"，则能够支配自身功能长久保持正常运行的状态，得以长生不衰。　　　[32]至人：达到某种道德标准的人。此处的道德与今天理解的"道德"一词不同。道家认为，物由"道"而各得其"德"。"德"即由普遍之"道"而派生出的各种事物之独特本性及必由规律。这里的至人，即高度符合人类独特本性及必由规律的人。他与真人的区别在于后者主动把握天地普遍之道，而至人较为被动地符合于人类独特本性及必由规律，虽亦可归于真人，但终究属于真人当中较低的层次。　　[33]淳德全道：指品德敦厚，道德全备。　　[34]积精全神：积聚精气，保全神气。亦即本篇前文所说"精神内守，病安从来"，又说"呼吸精气，独立守神"，皆强调精神在养生长寿、祛病延年方面的重要作用。　　[35]八达：指道路八面通达，此处引申为世界之八方。　　[36]从八风之理：顺合于八风的变化。八风，八种季候风。《易纬通卦验》说："八节之风谓之八风。立春条风至，春分明庶风至，立夏清明风至，夏至景风至，立秋凉风至，秋分阊阖风至，立冬不周风至，冬至广莫风至。"　　[37]恚（huì 汇）：怨，恨，怒。嗔：怒。　　[38]被服章：不欲离于世俗服饰。一说此文为衍文。　　[39]举不欲观于俗：不刻意让自己的举动凸显于世俗之中。观，显示。　　[40]"外不劳形于事"二句：就外在而言不使形体过度劳累，就内在来说不让思想有所负担。　　[41]"以恬愉为务"五句：务求精神安逸愉悦，以悠然自得为成就，形体不会衰惫，精神不会耗散，也可以活到百馀岁。　　[42]"法则天地"五句：以天地为法则，观察日月的运行，分辨星辰的位置，顺从阴阳的消长，根据四时气候的变化来调养身体。法则天地，指贤人能效法天地间阴阳的变化规律而养生。法，效法。象，模拟。逆，上溯。　　[43]"将从上古"三句：希望追随上古真人，以求符合于养生之道。这样，也能够使寿命延长到极限。

【解析】

我国传统医学典籍浩如烟海，而《黄帝内经》则是现存文献中最早的一部经典。此书既总结了秦汉以前的医疗经验，更汲取古代哲学与自然科学的成就，融合人类对生命规律的认识，从宏观上为我国传统医学奠定了理论基础。

该书《素问》的首篇《上古天真论》，揭示了先天真元之气在人类生命历程中的重要作用，着重探讨了上古之人保养先天真元之气而祛病延年的原则、方法和道理。其中"天"，指先天；"真"指"真气"，也称"元气"。"天真"即指先天禀赋的真元之气，亦即人类生命的原动力。本篇在论述如何保养"天真"的过程中，也揭示出了中医学"主动合道"的能动精神。

从整体来说，本篇首先采用古今对比的方法，从正反两方面论述养生的原则、方法和目的，并引出了"形与神俱"的观点；而后以真人、至人、圣人、贤人为例，论述养生效果所能达到的四个不同层次，阐明养生原则与方法的实际功用。

在论证养生的原则和方法时，本篇借岐伯之口，通过阐述古人的生活方式及养生方法，提出"法于阴阳，和于术数"是养生的基本原则，并指出应遵循自然界和人体的阴阳规律来展开养生实践。而这些养生原则在生活中的具体表现则是"食饮有节，起居有常，不妄作劳"，此即养生保健的常规性法则。在此基础上遵循自然界寒暑往来的阴阳变化规律，即可远离损害健康的因素，探求到适合生命规律的养生方法。

这里提出的"形与神俱，而尽终其天年"可谓养生的要点，是指通过养生达到健康长寿之目的。健康与长寿两者缺一不可，在长寿的基础上提高生活质量，这才是养生的要旨。要达到"形与神俱"，就必须内守"精神"，敛聚真气而使之符合于道。真气即"天真"。作为人类生命的原动力，先天禀赋的真元之气宜汇聚内守而不宜放散，这是由人类生命的本原规律所决定的。真气不散，则能够驱动人体的各种官能正常运行，避免内外风邪的侵扰，使人体保持阴阳动态平衡的健康状态。而敛聚真气的要旨则在于"精神内守"。唯其如此，方能"外不劳形于事，内无思想之患"，避免各种内外不利因素对于真元之气的耗散效应。于是，本篇的养生理论逻辑也就清晰起来，即凭借"精神内守"而保持"真气不散"，使之合于"道"，这样就能够有效驱动人体的各种官能正常运行，达到"形与神俱，而尽终其天年"之目的。

由此可见，人体的正常生命活动应当是形与神的协调统一，"形与神俱"是生命存在和身心健康的基本特征。正因如此，我国传统医学非常重视调神养性，推崇恬淡虚无的精神境界，追求平和安详的情绪状态，就是为了达到本篇所言"以恬愉为务，以自得为功，形体不敝，精神不散"之境界，如此才能"形与神俱"，尽享天年。故而这里提出的"形与神俱"正是对中医学"形神合一"观的精辟概括。

邹忌讽齐王纳谏

《战国策》

【题解】

《战国策》又称《国策》，是一部国别体史书，记载了战国初年至秦灭六国约二百四十年间西周、东周及秦、齐、楚、赵、魏、韩、燕、宋、卫、中山各国之事，分为十二策，三十三卷，共四百九十七篇。全书以战国时期策士的游说活动为中心，表现他们的政治主张和言行策略，反映了这一时期各国政治、外交的情状，以及东周战国时代的历史特点和社会风貌。由于作者并非一人，成书并非一时，书中文章作者大多不知是谁，西汉刘向编定为三十三篇，书名亦为刘向所拟。《战国策》没有系统完整的体例，都是相互独立的单篇，全书的思想内容也比较复杂，主体上体现了纵横家的思想倾向，同时也反映出了战国时期思想活跃、文化多元的历史特点。《战国策》有东汉高诱注，宋时已有缺失。宋鲍彪作新注，改变原书次序。元吴师道又据鲍注本重新校刻为《战国策》十卷，商务印书馆《四部丛刊》影印元至正本即此本。

邹忌（前385？—前319），一作"驺忌"，尊称"驺子"，战国时期齐国人。有辩才，善鼓琴，以鼓琴游说齐威王，被用为相国，封于下邳（今江苏邳县西南），号成侯。邹忌有才华，是齐威王的得力助手，帮助持政，出谋划策。他曾劝说齐威王奖励群臣吏民进谏，积极革新政治，修订法律，选拔人才，奖励贤臣，处罚奸吏，并选荐得力大臣坚守四境，从此齐国渐强。本文就是写他规劝威王除弊纳谏的情况。事情见于《战国策·齐策一》，篇题为前人所拟。

邹忌修八尺有馀[1]，身体昳丽[2]。朝服衣冠窥镜[3]，谓其妻曰："我孰与城北徐公美[4]？"其妻曰："君美甚，徐公何能及公也！"城北徐公，齐国之美丽者也。忌不自信，而复问其妾曰："吾孰与徐公美？"妾曰："徐公何能及君也！"旦日[5]，客从外来，与坐谈，问之客曰："吾与徐公孰美？"客曰："徐公不若君之美也[6]。"明日徐公来，孰视之[7]，自以为不如，窥镜而自视，又弗如远甚[8]。暮寝而思之，曰："吾妻之美我者[9]，私我也[10]；妾之美我者，畏我也；客之美我者，欲有求于我也。"

于是入朝见威王，曰："臣诚知不如徐公美[11]，臣之妻私臣，臣之妾畏臣，臣之客欲有求于臣，皆以美于徐公。今齐地方千里，百二十城，宫妇左右莫不私王[12]，朝廷之臣莫不畏王，四境之内莫不有求于王。由此观之，王之蔽甚矣[13]。"王曰："善[14]。"

乃下令："群臣吏民，能面刺寡人之过者[15]，受上赏；上书谏寡人者[16]，受中赏；能谤议于市朝[17]，闻寡人之耳者，受下赏。"令初下，群臣进谏，门庭若市[18]。数月之后，时时而间进[19]。期年之后[20]，虽欲言，无可进者。燕、赵、韩、魏闻之，皆朝于齐[21]。此所谓战胜于朝廷[22]。

《战国策》卷八

【注释】

[1]修八尺有馀：身高八尺多。修，长，高。古尺比今尺短，"八尺有馀"在当时被认为是标准身材的高度。　　[2]身体：一本作"而形貌"。昳（yì意）丽：光艳美丽。昳，光艳。　　[3]朝：早晨。服：穿戴。窥镜：照镜子。　　[4]"我孰与"句：我和城北的徐公相比，谁更美。孰，谁，哪个。　　[5]旦日：明日。　　[6]若：如。　　[7]孰视之：仔细看他。孰，古"熟"字。　　[8]弗如：不如。　　[9]美我：认为我美。　　[10]私我：对我有偏爱。　　[11]诚知：确实知道。　　[12]宫妇左右：宫里的后妃及左右侍臣。　　[13]蔽：受到的蒙蔽。　　[14]善：对，好，表示赞同。　　[15]面刺：当面指责。　　[16]上书：进呈奏章。寡人：古代国君的谦称。　　[17]谤议于市朝：在公众场合进行指摘议论。议：一本作"讥"。　　[18]门庭若

市：形容进谏者的拥挤，使齐王宫殿门前像闹市一样。　　[19]时时而间（jiàn 建）进：不定什么时候，偶然有人提意见。时时，不定什么时候。间，间或。　　[20]期（jī 基）年：满一年。　　[21]皆朝于齐：都来齐国朝见，可见齐国之强盛。　　[22]"此所谓"句：这叫作在朝廷之上取得胜利。意思是说只要把国内政治整顿好，不用打仗，就能战胜别的国家。

【解析】

这篇短文讲述了齐国大臣邹忌以自身的生活经验设喻，通过类比联想，向齐王阐明了一个重要的道理：为政必须善于纳谏。全文短小精悍，论事缜密。邹忌先说自己的生活体验，指出妻、妾、客的三种回答是出于不同的动机，给齐威王一个清晰的合乎逻辑的判断。然后再拿齐王所处的生活环境和自己的经历作比较，指出齐王受蔽的严重。这种现身说法，比喻贴切，论据确凿，而且修辞简丽，用意深刻，故而收到了立竿见影的效果。齐威王接受了邹忌的进谏，下达了广开言路、纳谏除蔽的诏令，励精图治，国富民强，致以后二十馀年中，列国诸侯，都不敢侵犯齐国，成为国君纳谏的一个好榜样，也给读者一个从善如流的好形象。

此外，这篇短文内容相同的地方很多，如对话有重复有排比，但作者能加以种种不同的变化，详略适当，很见匠心。

触詟说赵太后

《战国策》

【题解】

本文选自《战国策·赵策四》。公元前265年前后，赵惠文王去世，孝成王继位，由于孝成王年纪太小，所以由其母赵威后代为掌权。当时国内动荡不安，秦国也趁机攻打赵国，并占领了赵国三座城市。赵国形势危急，只好向齐国求救。齐国则要求赵威后以其小儿子长安君为人质，才肯出兵。赵威后溺爱长安君，执意不肯，致使国家危机日深。在这种严重的形势下，赵国大臣触詟（zhé 哲）因势利导，以柔克刚，用"爱子则为之计深远"的道理说服了赵威后，让她同意爱子出质于齐，来换取救援，以解除国难。触詟，一说名触龙。

赵太后新用事[1]，秦急攻之。赵氏求救于齐。齐曰："必以长安君为质[2]，兵乃出。"太后不肯，大臣强谏。太后明谓左右："有复言令长安君为质者，老妇必唾其面[3]。"

左师触詟愿见太后[4]。太后盛气而胥之[5]。入而徐趋[6]，至而自谢，曰："老臣病足[7]，曾不能疾走[8]，不得见久矣。窃自恕，而恐太后玉体之有所郄也[9]，故愿望见太后。"太后曰："老妇恃辇而行[10]。"曰："日食饮得无衰乎[11]？"曰："恃粥耳。"曰："老臣今者殊不欲食[12]，乃自强步[13]，日三四里，少益耆食[14]，和于身也[15]。"太后曰："老妇不能。"太后之色少解[16]。

左师公曰："老臣贱息舒祺[17]，最少，不肖[18]；而臣衰，窃爱怜之。愿令得补黑衣之数[19]，以卫王宫，没死以闻[20]。"太后曰："敬诺[21]。年几何矣[22]？"对曰："十五岁矣。虽少，愿及未填沟壑而托之[23]。"太后曰："丈夫亦爱怜其少子乎[24]？"对曰："甚于妇人。"太后笑曰："妇人异甚[25]。"对曰："老臣窃以为媪之爱燕后贤于长安君[26]。"曰："君过矣[27]！不若长安君之甚。"左师公曰："父母之爱子，则为之计深远[28]。媪之送燕后也[29]，持其踵[30]，为之泣，念悲其远也，亦哀之矣。已行，非弗思也，祭祀必祝之，祝曰：'必勿使反[31]。'岂非计久长有子孙相继为王也哉？"太后曰："然。"

左师公曰："今三世以前，至于赵之为赵，赵主之子孙侯者[32]，其继有在者乎？"曰："无有。"曰："微独赵[33]，诸侯有在者乎？"曰："老妇不闻也[34]。""此其近者祸及身，远者及其子孙。岂人主之子孙则必不善哉？位尊而无功，奉厚而无劳[35]，而挟重器多也[36]。今媪尊长安君之位，而封之以膏腴之地，多予之重器，而不及今令有功于国，一旦山陵崩[37]，长安君何以自托于赵[38]？老臣以媪为长安君计短也[39]，故以为其爱不若燕后。"太后曰："诺，恣君之所使之[40]。"于是为长安君约车百乘[41]，质于齐，齐兵乃出。

子义闻之曰[42]："人主之子也，骨肉之亲也，犹不能恃无功之尊，无劳之奉，而守金玉之重也[43]，而况人臣乎？"

《战国策》卷二一

【注释】

[1]赵太后：赵孝成王的母亲赵威后。新用事：刚执掌国政。这时赵惠文

王死后不久，子孝成王新立。此时孝成王年少，故由赵威后执政。　　[2]长安君：赵太后幼子。长安君是他的封号。质：抵押。和别国结盟，派地位重要的人作质，以示信任。　　[3]唾其面：意谓要当面斥责他。唾，以口水唾之。　　[4]左师：官名。　　[5]盛气而胥之：很生气地等待着他。胥，通"须"，等待。原本作"揖"，据《史记》改。　　[6]徐趋：慢慢地走。徐，慢。趋，快走。当时臣见君应该快步走，触詟的脚有毛病，所以只能慢慢走。　　[7]病足：脚有毛病。　　[8]疾走：快步走。　　[9]郄（xì 细）：通"隙"，裂缝，引申为病苦。　　[10]恃辇（niǎn 捻）而行：这里说靠坐车行动。辇：古代两人拉的车，秦汉以后特指皇帝坐的车子。　　[11]衰：衰退，减少。　　[12]殊：很，极。　　[13]"乃自强步"二句：每天才勉强走三四里路。　　[14]少益耆食：稍微增加了一些食量。耆，通"嗜"。　　[15]和于身也：使身体顺适些。　　[16]色少解：太后的脸色略为和缓了些。解，通"懈"。　　[17]贱息：谦称自己的儿子。息，子。舒祺：触詟小儿子名。　　[18]不肖：不贤或不才。　　[19]愿令得补黑衣之数：当时侍卫穿黑衣，这是说希望让他充当侍卫。　　[20]没死以闻：冒昧地提出请求。没死，即"昧死"，表示极度冒昧，这是臣子对君王说话时的用语。　　[21]敬诺：非常同意。　　[22]几何：多少。　　[23]填沟壑：原指死后没有人埋葬，被扔在山沟里。这里是委婉的说法，即指死。　　[24]丈夫：男子汉。少子：小儿子。　　[25]异甚：特别厉害。　　[26]媪（ǎo 袄）：老年妇女称媪。燕后：赵太后之女，嫁到燕国为后，故称燕后。　　[27]君过矣：您想错了。　　[28]计深远：作长久打算。　　[29]送燕后：太后送燕后出嫁。　　[30]持其踵（zhǒng 肿）：这里指燕后出嫁时，太后紧跟在她身后不忍分别。一说抓住脚后跟。踵，脚后跟。　　[31]必勿使反：古代诸侯的女儿嫁到别国，只有被废或亡国时，才返回父母之国。这里是说太后常为燕后祈祷，希望她永远不要因为遭到不幸而返回本国。反，同"返"。　　[32]"赵主之子孙侯者"二句：是说赵王的子孙曾封过侯的，他们的后代还有继续为侯的吗？　　[33]微独：非但，不仅。微，非。　　[34]不闻：没听说，意思是说"没有"。　　[35]奉：通"俸"，即俸禄。　　[36]重器：贵重的东西。　　[37]山陵崩：指死，一般用于国王，这里指赵太后。　　[38]何以自托于赵：自己凭什么托身于赵国，指身居高位。　　[39]计短：考虑得不长远。　　[40]恣君之所使之：任凭您指派他。恣，任凭。　　[41]约车百乘：备车百辆。　　[42]子义：人名。赵国贤士。　　[43]守金玉之重：保守贵重的地位。金玉比喻贵重。

【解析】

　　秦攻赵，赵求救于齐，齐提出以长安君为质的条件，赵太后拒绝接受，大臣们纷纷进谏。太后恼怒说："有复言令长安君为质者，老妇必唾其面。"触詟在这种情况下要见太后，太后自然会想到他求见的用意，因此"盛气而胥之"。但触詟只与太后说"老"、"病"，谈"饮食"，以谦恭的态度询问太后的身体状况，谈养生之道，这席话全出乎太后意料之外。之后触詟仅仅向太后提出让自己的小儿子入宫当禁卫军的要求，而不提长安君，使太后以为触詟是为自己小儿子将来的工作而来。接下来触詟故意正话反说："老臣窃以为媪之爱燕后贤于长安君。"逼得太后赶紧声明："君过矣！不若长安君之甚。"触詟就势接过话茬，从她对待燕后的态度分析了她对儿女的前途是有长远考虑的，表明她深明大义，紧接着又用一反问句："岂非计久长有子孙相继为王也哉？"引出结论：并不是这些子孙全不好，问题就在于他们"位尊而无功，奉厚而无劳"。然后顺势指出太后爱长安君的错误："尊长安君之位，而封之以膏腴之地，多予之重器，而不及今令有功于国。"这样下去，"一旦山陵崩"，他凭什么保持原来的位置和俸禄呢？这番话，先消解了太后的抵触情绪，再使她认识到怎样才是对儿女的真正的爱，然后引到怎样使长安君立功上。因此，太后听完就说："对的！任凭您指派他吧！"终于被说服了。

在如何对待子女的问题上，父母往往都不想让孩子吃苦历练，常不免过度呵护。触詟在规劝时，能够将亲子之爱、家族之爱与国家之爱三者融为一体，以情蓄势，见势说理，进行有针对性的劝说。由此可见，疼爱子女不光是给他们地位和财富，应该让他们懂得靠自己的努力，开拓人生的天地，还要让他们为国出力有所贡献，这才是长远打算，才是真正的爱护。

离 骚

〔战国〕屈原

【题解】

屈原（前353？—前277？），名平，字原，战国时期楚国政治家。早年受楚怀王信任，任左徒、三闾大夫，主张举贤授能、修明法度、改革图新，在外交上则主张联齐抗秦，后来受到上官大夫等权贵的毁谤，怀王、顷襄王时代先后被流放到汉北、沅湘等地。公元前278年，秦将白起攻破楚国的郢都（今湖北荆州），此后，屈原抱石自沉于汨罗江。著有《离骚》、《九章》、《九歌》、《天问》等。《史记》卷八四有传。关于《离骚》的题旨，司马迁在《史记·屈原列传》中说："《离骚》者，犹离忧也。"班固的《离骚赞序》也说："离，犹遭也。骚，忧也，明己遭忧作辞也。"这样的解释是平实可信的。《离骚》的确写出了屈原为实现"美政"理想而上下求索的心路历程，表达了他特立独行、宁折不弯的高贵人格，以及眷恋故土的爱国情怀。

《离骚》是屈原的代表作，全篇甚长，这里只能节选几个段落，以小见大，集中展现其主题和气势。

帝高阳之苗裔兮[1]，朕皇考曰伯庸[2]。摄提贞于孟陬兮[3]，惟庚寅吾以降[4]。皇览揆余初度兮[5]，肇锡余以嘉名[6]。名余曰正则兮[7]，字余曰灵均。纷吾既有此内美兮[8]，又重之以修能[9]。扈江离与辟芷兮[10]，纫秋兰以为佩[11]。汩余若将不及兮[12]，恐年岁之不吾与。朝搴阰之木兰兮[13]，夕揽洲之宿莽[14]。日月忽其不淹兮[15]，春与秋其代序[16]。惟草木之零落兮，恐美人之迟暮[17]。（以下有省略）

跪敷衽以陈辞兮[18]，耿吾既得此中正[19]。驷玉虬以乘鹥兮[20]，溘埃风余上征[21]。朝发轫于苍梧兮[22]，夕余至乎县圃[23]。欲少留此灵琐兮[24]，日忽忽其将暮。吾令羲和弭节兮[25]，望崦嵫而勿迫[26]。路曼曼其修远兮[27]，吾将上下而求索。饮余马于咸池兮[28]，总余辔乎扶桑[29]。折若木以拂日兮[30]，聊逍遥以相羊[31]。前望舒使先驱兮[32]，后飞廉使奔属[33]。鸾皇为余先戒兮[34]，雷师告余以未具[35]。吾令凤鸟飞腾兮，继之以日夜。飘风屯其相离兮[36]，帅云霓而来御[37]。纷总总其离合兮[38]，斑陆离其上下[39]。吾令帝阍开关兮[40]，倚阊阖而

望予[41]。时暧暧其将罢兮[42]，结幽兰而延伫[43]。世溷浊而不分兮[44]，好蔽美而嫉妒。（以下有省略）

灵氛既告余以吉占兮[45]，历吉日乎吾将行[46]。折琼枝以为羞兮[47]，精琼爢以为粻[48]。为余驾飞龙兮，杂瑶象以为车[49]。何离心之可同兮，吾将远逝以自疏。邅吾道夫昆仑兮[50]，路修远以周流。扬云霓之晻蔼兮[51]，鸣玉鸾之啾啾[52]。朝发轫于天津兮[53]，夕余至乎西极[54]。凤皇翼其承旂兮[55]，高翱翔之翼翼[56]。忽吾行此流沙兮[57]，遵赤水而容与[58]。麾蛟龙使梁津兮[59]，诏西皇使涉予。路修远以多艰兮，腾众车使径待[60]。路不周以左转兮[61]，指西海以为期[62]。屯余车其千乘兮[63]，齐玉轪而并驰。驾八龙之婉婉兮[64]，载云旗之委蛇[65]。抑志而弭节兮，神高驰之邈邈[66]。奏《九歌》而舞《韶》兮[67]，聊假日以媮乐[68]。陟升皇之赫戏兮[69]，忽临睨夫旧乡[70]。仆夫悲余马怀兮，蜷局顾而不行[71]。

乱曰[72]：已矣哉[73]，国无人莫我知兮，又何怀乎故都[74]？既莫足与为美政兮，吾将从彭咸之所居[75]。

《楚辞补注》卷一

261

【注释】

[1]高阳：颛顼（zhuānxū 专须）在位时的称号，传说中的"五帝"之一，楚人的远祖。苗裔：远代的子孙。　　[2]朕（zhèn 振）：我。皇考：对死去的父亲的尊称。伯庸：屈原父亲的名或字，或是作者虚构的名字。　　[3]摄提：摄提格的省称。木星绕日一周需要十二年，以地支纪年，在寅位曰摄提格。一说"摄提"乃星名，非岁名。贞：正值，正当。孟陬（zōu 邹）：夏历正月，与十二地支相配属寅月。孟，始。陬，正月。降：降生。　　[4]庚寅：这里指庚寅日，作者自叙降生日期在寅年寅月寅日，充满着神异的特性。　　[5]皇：皇考的省称。览：观察。揆（kuí 葵）：揣测。初度：这里泛指主人公出生时的种种情况，比如出生年、月、日的神异以及容貌、气度等。　　[6]肇（zhào 兆）：开始。一说"肇"乃句首虚词，无义。锡（cì 次）：通"赐"，赐予。　　[7]"名余曰正则兮"二句：意思是说父亲在其初生时以及成年后给他取了美好的名和字。正则，公正而有法则。灵均，吉善而匀调。这样的名和字，与屈原名平、字原相对应，显示出法天则地的气象。　　[8]纷：多。内美：禀赋之美。这里指其家世、降生、名字的不凡。　　[9]重（chóng 崇）：再。修能：卓异的才能。修，长。能，才能。　　[10]扈（hù 户）：披。楚地的方言词。江离、辟芷：香草名。　　[11]纫：连缀。楚地的方言词。　　[12]汩（yù 育）：楚方言，水迅疾的样子，比喻时光的流逝。　　[13]搴（qiān 铅）：拔取。阰（pí 皮）：山坡，一说楚国的山名。木兰：树名，又称玉兰。　　[14]揽：采。宿莽：香草名。经冬不死，楚人名曰宿莽。　　[15]淹：停留。　　[16]代序：轮替。代，更换。序，次序。这里指春往秋来，轮番更替。　　[17]恐美人之迟暮：这里是说时光流逝，岁月将尽，而怀王不举贤授能，改革图新，则将老无所成。屈原作品中的"美人"有多指，此处指的是楚怀王。　　[18]敷：铺。衽：衣前下襟。　　[19]耿：光明。中正：中正之道，这里指历史兴亡、存身立世的道理。　　[20]骐：四马拉一车。这里用作动词，驾乘。虬（qiú 求）：无

角龙。鹥（yì 艺）：凤凰的别名。　　[21]溘（kè 课）：忽然。埃：尘土。　　[22]发轫（rèn 刃）：启程。轫，止轮之木，犹车闸。苍梧：神话传说中的山，舜死后葬于此。　　[23]县（xuán 玄）圃：神话中的山名，在昆仑之上。县，"悬"的古字。　　[24]灵琐：神人所居的大门，这里代指神人之所在。灵，神人。琐，门上镂空的花纹，形如连锁。　　[25]羲和：给太阳驾车的神。弭节：徐步，让车子慢慢行驶。弭，按，止。节，指挥车子行驶的符信。　　[26]崦嵫（yānzī 淹兹）：神话中的山名，太阳落入之处。　　[27]"路曼曼其修远兮"二句：言天地广大辽阔，征途悠远，我将上下左右，寻找志同道合之人。曼曼、修，皆是长的意思。　　[28]咸池：天池，在东方，神话中日出之前洗浴之处。　　[29]总：结。辔：驾驭牲口的嚼子和缰绳。扶桑：神话中的东方神树，日升之处。　　[30]若木：神话中昆仑山最西面的神树，日落之处。拂：击打。一说遮蔽，一说拂拭，皆不欲太阳西行之意，以表达"恐年岁之不吾与"。　　[31]相羊：通"徜徉"，徘徊不进。　　[32]望舒：神话中为月亮驾车的御者。　　[33]飞廉：风伯，神话中的风神。奔属：奔跑跟从。　　[34]鸾皇：凤凰一类的神鸟。戒：警戒。　　[35]雷师：神话中的雷神。具：准备。　　[36]飘风：旋风。屯：聚集。离：遭遇。　　[37]帅：率领。御：迎。　　[38]纷：多。总总：聚拢的样子。离合：乍离乍合。　　[39]斑：色彩乱。陆离：分散的样子。上下：忽上忽下。　　[40]帝阍（hūn 昏）：天帝的守门人。关：门闩。　　[41]阊阖（chānghé 昌合）：天门。　　[42]时暧（ài 爱）暧其将罢兮：意思是说日光昏暗白昼将尽。暧，日光昏暗。　　[43]延伫：长时间停留。　　[44]溷（hùn 混，去声）浊：这里指时世君乱臣贪。溷，乱。浊，贪。　　[45]灵氛：神巫，名氛。　　[46]历：选择。　　[47]羞：肉脯。　　[48]精：凿。琼蘼（mí 迷）：玉屑。粮（zhāng 张）：粮。　　[49]杂：错杂。瑶：美玉。象：象牙。极言车之华美。　　[50]邅（zhān 沾）：转，改变。　　[51]奄（ǎn 俺）

蔼：遮天蔽日的样子。　　[52]玉鸾：以玉为饰的鸾形车铃。　　[53]天津：天河上的渡口。　　[54]西极：西方极西之山，为阊阖之门。　　[55]翼：展开翅膀。旂（qí 旗）：画有龙虎的旗。　　[56]翼翼：整齐的样子。　　[57]流沙：神话中的西北沙漠之地，沙流如水。　　[58]遵：循着。赤水：神话中的水名，出于昆仑山的东南角。容与：从容的样子。　　[59]"麾蛟龙使梁津兮"二句：意思是说指挥大大小小的龙之属在西海上面搭桥，再告诉少皞使他渡我。麾，举手。蛟龙，小曰蛟，大曰龙。梁津，在水上架桥。诏，告知，命令。西皇，即少皞，居于西海。涉，渡。　　[60]腾：传告。径待：在小路上等待。待，一作"侍"，侍奉。　　[61]不周：神话中的山名，位于昆仑山西北。　　[62]西海：神话中西方的海。期：相会合。　　[63]"屯余车其千乘兮"二句：意思是说聚集起我的车子千辆，排列整齐，使它们一起飞驰，极言场面之盛大，车子之华美。屯，聚集。玉軑（dài 代），车毂以玉为饰。　　[64]婉婉：龙驾车行进时从容自如的样子。　　[65]委蛇（wēiyí 逶迤）：蜿蜒曲折的样子。　　[66]邈邈：高远无际的样子。　　[67]《九歌》：相传为夏禹时的乐歌。《韶》：《九韶》，相传为舜时的乐名。　　[68]假日：借日，趁着目前的时光。媮乐：娱乐。媮，同"愉"。　　[69]陟：升。皇：皇天。赫戏：光明的样子。　　[70]临睨（nì 逆）：下视。旧乡：故乡，这里指楚地。　　[71]蜷（quán 全）局：拳曲，指马匹不肯前行。　　[72]乱：理。在这里是总撮其辞，作为乐章的尾声。　　[73]已矣哉：叹词，等于说罢了。　　[74]故都：此处指楚国的郢都。　　[75]彭咸：屈原所仰慕的古之贤者，但因文献无考，其事不详。王逸《楚辞章句》："彭咸，殷贤大夫，谏其君不听，自投水而死。"

【解析】

　　屈原生活于战国中后期，楚国在与秦国的一系列军事、外交等斗争中,节节失利,楚、齐联盟被破坏,楚怀王被扣留,客死秦国,以致兵挫地削,最后于公元前278年被秦国大将白起攻破了郢都,楚国只能苟延残喘,直至最终灭亡。

楚国保存了丰富的神话。屈原作品中上天周游、驱遣龙凤的超凡的艺术想象,就来自于这一深厚的文化土壤。屈原也是战国时代的思想巨子,在其营构的璀璨的艺术世界中,蕴涵着炽热的审美情感,也渗透着高度的理性精神。

《离骚》的创作背景,司马迁在《史记·屈原列传》中有如下记载:"王怒而疏屈平。屈平疾王听之不聪也,谗谄之蔽明也,邪曲之害公也,方正之不容也,故忧愁幽思而作《离骚》。"屈原在吴起变法之后,试图改变楚国的现状,受楚怀王之托,起草"宪令",但是因为上官大夫的谗言,而遭到了怀王的疏远。尽管司马迁的记载因为简略难详而启人疑窦,导致后世歧解纷纭,但是,以《离骚》的文本与司马迁的记载相对照,还是大体符合的。

《离骚》主要分为两大部分,前一部分从"帝高阳之苗裔兮"至"夫何茕独而不予听",主要是带有自叙性质的描写。后一部分从"依前圣以节中兮"至"吾将从彭咸之所居",主要以超现实的艺术手法,创造出了一个超现实的神话世界。《离骚》是抒情诗,但是其中穿插着女媭詈予、重华陈辞、三次求女、灵氛占卜、巫咸降神、天上临睨等叙事性的情节,从而使叙事更好地服务于抒情,避免了抒情的空泛性和单一化。本文节选的是《离骚》中较为典型的三个段落和最后的"乱"辞。

第一段,作者以骄傲的口吻夸耀了楚国的远祖和自己的家世,强调自己出生于寅年寅月寅日，这是一个顺天地阴阳之正的神奇美好的日子。自己既有天赋异禀的内美，也重视洁身自好的修为。面对飞逝的时光，诗人感叹人生易老："汩余若将不及兮，恐年岁之不吾与"，"惟草木之零落兮，恐美人之迟暮"，两个"恐"字，真切地表达了诗人的内心感受：一恐自己老大无成，无法实现建功立业的远大抱负；一恐怀王年老昏聩，彻底失去除旧布新的机遇。

第二段，作者乘云驾龙，周历天下，欲上诉天帝，但是受到天帝守门人的阻隔。"路曼曼其修远兮，吾将上下而求索。"表现了勇于探索的精神。"世溷浊而不分兮，好蔽美而嫉妒。"借此映射了楚国君乱臣贪、是非不分的现实状况，以及自己受到排挤非毁的真实根源。

第三段，作者在昆仑西游这一情节中，进一步展开艺术想象，营造出了一个色彩斑斓的神话世界。"言己虽升昆仑，过不周，渡西海，舞《九韶》，升天庭，据光曜，不足以解忧，犹顾视楚国，愁且思也。"（王逸《楚辞章句》）从写法上说，神话场面渲染得越热闹，越快乐，愈加反衬出屈原内心的寂寥与悲哀。"陟升皇之赫戏兮，忽临睨夫旧乡。仆夫悲余马怀兮，蜷局顾而不行。"这种怀恋故乡、眷恋祖国的感情十分动人。

最后的"乱曰"，是一篇的总结之辞，"已矣哉"表达情感绝望之甚。"美政"是屈原的理想所系，也是他上下探索、九死不悔的内在动力，但是在清醒地认识到现实中不可能实现自己的理想的情况下，"吾将从彭咸之所居"。传说彭咸是殷时的贤大夫，谏君不听，投水而死。这也进一步说明，屈原后来身投汨罗，是其理性选择的结果。在艺术上，该段"乱"辞，则起到了骏马注坡的效果。

谏逐客书

〔秦〕李斯

【题解】

李斯（前284？—前208），楚国上蔡（今河南上蔡西南）人，与韩非同为荀子的学生。初为秦相吕不韦舍人，后以统一中国之帝业游说秦王嬴政，被拜为长（zhǎng 掌）史、客卿。李斯上书谏阻秦王逐客，为秦王采纳，官至廷尉。秦用李斯计策统一六国，建立了我国第一个中央集权的封建专制帝国，李斯任丞相。此后的许多措施，如废除《诗》、《书》、百家之说，以吏为师，明法度，定律令，统一文字和度量衡等，李斯都是积极的谋议者，对秦王朝的统一集权事业起了重大的作用。秦二世时，李斯被杀。《史记》卷八七有传。

据《史记》记载，秦王政十年（前237），韩国水工郑国到秦国作间谍，他利用为秦国开渠来消耗秦的国力，使秦无力伐韩。事情后来败露，那些由于客卿受到重用而自身权势难保的秦宗室大臣，便借此机会排斥客卿，认为凡客卿都是奸细，应赶出秦地。李斯当时也在被逐之列，于是他写了这篇奏章。秦王看到后被说服，立即废除逐客令，恢复了李斯的官职。

臣闻吏议逐客[1]，窃以为过矣[2]。昔缪公求士[3]，西取由余于戎[4]，东得百里奚于宛[5]，迎蹇叔于宋[6]，来丕豹、公孙支于晋[7]。此五子者，不产于秦，而缪公用之，并国二十[8]，遂霸西戎。孝公用商鞅之法[9]，移风易俗，民以殷盛，国以富强，百姓乐用，诸侯亲服，获楚、魏之师[10]，举地千里[11]，至今治强。惠王用张仪之计[12]，拔三川之地[13]，西并巴、蜀[14]，北收上郡[15]，南取汉中[16]，包九夷[17]，制鄢、郢[18]，东据成皋之险[19]，割膏腴之壤[20]，遂散六国之从[21]，使之西面事秦，功施到今[22]。昭王得范雎[23]，废穰侯[24]，逐华阳[25]，强公室，杜私门[26]，蚕食诸侯，使秦成帝业。此四君者，皆以客之功。由此观之，客何负于秦哉！向使四君却客而不内[27]，疏士而不用，是使国无富利之实，而秦无强大之名也。

今陛下致昆山之玉[28]，有随、和之宝[29]，垂明月之珠[30]，服太阿之剑[31]，乘纤离之马[32]，建翠凤之旗[33]，树灵鼍之鼓[34]。此数宝者，秦不生一焉，而陛下说之[35]，何也？必秦国之所生然后可，则是夜光之璧不饰朝廷，犀象之器不为玩好[36]，郑、卫之女不充后宫[37]，而骏良駃騠不实外厩[38]，江南金锡不为用，西蜀丹青不为采[39]。所以饰后宫，充下陈[40]，娱心意，说耳目者，必出于秦然后可，则是宛珠之簪[41]，傅玑之珥[42]，阿缟之衣[43]，锦绣之饰不进于前，而随俗雅化[44]，佳冶窈窕[45]，赵女不立于侧也。夫击瓮叩缶[46]，弹筝搏髀[47]，而歌呼呜呜快耳者，真秦之声也。《郑》、《卫》、《桑间》[48]，《昭》、《虞》、《武》、《象》者[49]，异国之乐也。今弃击瓮叩缶而就《郑》、《卫》，退弹筝而取《昭》、《虞》，若是者何也？快意当前，适观而已矣[50]。今取人则不然。不问可否，不论曲直，非秦者去，为客者逐。然则是所重者在乎色乐珠玉，而所轻者在乎人民也。此非所以跨海内、制诸侯之术也。

臣闻地广者粟多，国大者人众，兵强则士勇。是以太山不让土壤[51]，故能成其大；河海不择细流，故能就其深；王者不却众庶[52]，故能明其德[53]。是以地无四方，民无异国，四时充美，鬼神降福，此五帝、三王之所以无敌也[54]。今乃弃黔首以资敌国[55]，却宾客以业诸侯[56]，使天下之士退而不敢西向，裹足不入秦，此所谓"藉寇兵而赍盗粮"者也[57]。

夫物不产于秦，可宝者多；士不产于秦，而愿忠者众。今逐客以资敌国，损民以益雠[58]，内自虚而外树怨于诸侯[59]，求国无危，不可得也。

《史记》卷八七《李斯列传》

【注释】

[1]客：客卿，战国时他国人在本国做官者，称为客卿。　　[2]窃：私下，自谦之词。过：错。　　[3]缪（mù 穆）公：即秦穆公，春秋五霸之一，前659—前621在位。　　[4]由余：原为晋国人，后逃到西戎。穆公用计使其投奔秦国，以客卿礼之，他辅佐穆公伐戎，拓地千里。戎：西戎，我国古代西部少数民族的统称。　　[5]百里奚：原为虞国大夫，晋灭虞被俘。后作为秦穆公女儿的陪嫁臣仆入秦，不久逃到楚国宛地。穆公知其贤，用五张黑羊皮将他赎回，任为大夫。宛（wǎn 碗）：楚地，今河南南阳。　　[6]蹇（jiǎn 剪）叔：岐（今属陕西）人，游于宋，百里奚的好友，经百里奚推荐，穆公将他从宋国迎来，聘为上大夫。　　[7]来：招徕。丕豹：晋大夫丕郑之子，因其父被晋惠公杀死，奔秦为穆公所用。公孙支：字子桑，原为岐人，游于晋，由晋入秦，为穆公谋臣。　　[8]并：吞并。二十：虚指兼并了很多小国，这些小国多为西戎部族。　　[9]商鞅：即公孙鞅，卫国人，秦孝公求贤，他入秦为相，辅佐孝公变法，使秦国很快富强起来。因有功，封于商於（wū 屋）

之地,故号商君。惠王时,被车裂处死。 [10]获:俘虏。秦孝公二十二年,商鞅伐魏,俘魏公子卬(áng 昂)。同年,又南攻楚国。 [11]举:攻取。 [12]惠王:秦惠王嬴驷,秦孝公之子,前337—前311在位。初号惠文君,前325年改称惠王,秦称王自此始。张仪(?—前310):魏国人,主张连横,惠王用为国相,瓦解了六国合纵联盟。 [13]三川之地:指黄河、洛水、伊水流经的地方,今河南西北部,原属韩国。 [14]西并巴、蜀:指前316年,秦将司马错领兵灭巴蜀。巴、蜀,皆古国名,在今重庆和四川境内。 [15]上郡:郡治在今陕西榆林东南。本魏国属地,魏屡被秦击败,前328年,被迫将上郡十五县献给秦国。 [16]汉中:今陕西南部、湖北西北部和河南西南部,原为楚地。秦在丹阳大败楚军,取汉中地六百里,置汉中郡。 [17]包:吞并的意思。九夷:指巴、蜀和楚国南阳一带的少数民族。 [18]鄢(yān 烟):楚地,在今湖北宜城。郢(yǐng 影):今湖北江陵北,当时楚国的都城。 [19]成皋:又名虎牢,今河南荥阳汜水镇,为古代军事重地。 [20]割:割取。膏腴(yú 鱼):肥沃。 [21]从:同"纵",指韩、魏、赵、齐、楚、燕六国组成的抗秦同盟。 [22]施(yì 义):延续。 [23]昭王:秦昭襄王嬴则,前306—前251在位。范雎(jū 居):魏人,逃秦后受到秦昭王信任,任为丞相,他建议昭王收回以宣太后为首的贵族集团权力,对外实行远交近攻策略。 [24]穰(ráng 攘)侯:名魏冉,昭王母宣太后异父弟,曾为秦相,封于穰,故称穰侯。 [25]华阳:华阳君,名芈(mǐ 米)戎,宣太后同父弟,封于华阳,故称华阳君。 [26]私门:指私家豪族。 [27]内:同"纳"。 [28]昆山:昆仑山,盛产美玉。 [29]随、和之宝:指隋珠与和氏璧,都是著名的珍宝。随,同"隋",西周春秋时小国名。相传隋侯曾救活一条大蛇,后蛇衔明珠以报,大径寸,纯白有光,因号"隋珠"。和氏璧,相传楚国人卞和得一璞玉,相继献楚厉王和武王而皆以为诳,先后砍其双足。文王即位后,卞和抱璞哭泣于荆山下,文王派人理其璞,得玉,遂称为"和氏之璧"。后秦始皇制为传国玺。　　[30]明月之珠:即夜明珠。　　[31]太阿(ē 婀):宝剑名,相传为古代吴国工匠干将所铸。　　[32]纤离:骏马名,产于北方。　　[33]翠凤之旗:用翠鸟羽毛装饰的旗子。　　[34]灵鼍(tuó 沱)之鼓:用灵鼍皮制成的鼓。灵鼍,今称扬子鳄,俗名"猪婆龙"。　　[35]说(yuè 月):同"悦"。　　[36]犀象之器:犀牛角和象牙制成的器具。　　[37]郑、卫之女:当时人认为郑、卫之地多美女。　　[38]駃騠(juétí 决提):良马名。　　[39]丹青:颜料。采:彩色。　　[40]下陈:这里指站在后列的侍妾宫女。　　[41]宛珠之簪:宛地出产的珍珠所装饰的簪子。　　[42]傅:通"附",附着。玑:不圆的珠子。珥(ěr 耳):耳饰。　　[43]阿缟(gǎo 搞):齐国东阿(今属山东)产的白色绢。　　[44]随俗雅化:既合时俗,又显得雅致。一说,按照流行的式样打扮自己。　　[45]佳冶:艳丽。窈窕:形容女子体态美好。　　[46]瓮:盛水的瓦器。缶(fǒu 否):盛水或酒的瓦器。　　[47]筝:瑟类乐器。搏:击。髀(bì 闭):大腿。　　[48]《郑》、《卫》:指郑、卫两国当时流行的民间音乐,以悦耳著称。《桑间》:指《诗·鄘风·桑中》。桑间濮上是卫国男女欢会歌唱的地方。　　[49]《昭》、《虞》:舜时乐曲名。昭,一作"韶"。《武》、《象》:周时乐曲名。　　[50]适观:只不过供观赏。适,才,只。　　[51]太山:即泰山。让:舍弃。　　[52]却:拒绝。众庶:民众。　　[53]明其德:昭示自己的恩德。　　[54]五帝:上古传说中的五位帝王,通常指黄帝、颛顼、帝喾、唐尧、虞舜。三王:通常指夏、商、周三代开国之君,即夏禹、商汤、周文王和周武王。　　[55]黔首:秦国统治者对百姓的称呼。　　[56]业诸侯:使诸侯成就功业。　　[57]藉寇兵:借给贼寇武器。藉,借。赍(jī 基)盗粮:送给强盗粮食。赍,赠给。　　[58]雠(chóu 愁):同"仇",仇敌。　　[59]内自虚:对内造成自己国家内部空虚。

【解析】

本文论说逐客之议的错误，主要以事实说话。大自历代客卿为秦国富强建立殊勋，小至秦王眼前来自诸侯各国的声色玩好，以不多的篇幅说理，归纳逐客对于敌我双方不同的利害关系。通篇几乎不谈客卿的利益，只从秦国的危亡着眼，为秦王的统一大业打算，遂使秦王醒悟，收回逐客之令。

作者在说明事实时，着眼于正面叙说，而略于反面推论，一正一反，是非清楚，理足词胜，雄辩滔滔。在论证秦逐客卿的错误和危害时，作者能够站在"跨海内、制诸侯"完成统一天下大业的高度，分析逐客的利害得失，这反映了作者的卓越见识，体现了他顺应历史潮流的进步主张和用人路线。另外，文中表现的不分地理区域、英雄不问出身、任人唯贤的思想，在国内外人才、技术、商品等交流越来越频繁的今天也有一定借鉴意义，如何制定立足本国、胸怀世界的各项政策是我们现在必须要做的事。

本文辞采华美，排比铺张，音节流畅，理气充足，挟战国纵横说辞之风，兼具汉代辞赋之丽，有极强的理论说服力和艺术感染力。此外，本篇讲求实用，注重效果，在对事的论断方面步步推进，层层深化，堪称典范；同时受文对象具体明确，有的放矢，行文具有很强的针对性，这些写作手法也值得我们学习。

过秦论

〔西汉〕贾谊

【题解】

贾谊（前201—前168），西汉雒阳（今河南洛阳东）人。年二十馀，召为博士，并得文帝赏识，拔为太中大夫。文帝初拟以贾谊任公卿之位，后因周勃、灌婴等老臣反对，先贬为长沙王太傅，后又任命为文帝之爱子梁怀王太傅。怀王坠马而死，贾谊因哀痛自责去世。《史记》卷八四、《汉书》卷四八有传。《汉书·艺文志》著录"《贾谊》五十八篇"，后经刘向整理成《新书》十卷，其中部分篇章在流传过程中散佚，今本《新书》的五十八篇是经后人重新编排的。《过秦论》本是贾谊向文帝陈述的政见，《新书》题为《过秦》，南朝梁萧统编入《文选》，改题《过秦论》，实际上选取了《过秦》的上篇。"过"意谓责备。

秦孝公据殽函之固[1]，拥雍州之地[2]，君臣固守，以窥周室，有席卷天下，苞举宇内[3]，囊括四海之意，并吞八荒之心[4]。当是时也，商君佐之[5]，内立法度，务耕织，修守战之具，外连衡而斗诸侯[6]。于是秦人拱手而取西河之外[7]。

孝公既没[8]，惠文、武、昭蒙故业，因遗策，南取汉中[9]，西举巴、蜀，东割膏腴之地，收要害之郡。诸侯恐惧，会盟而谋弱秦[10]，不爱珍器重宝肥饶之地，以致天下之士[11]，合从缔交，相与为一。当此之时，齐有孟尝[12]，赵有平原，楚有春申，魏有信陵。此四君者，皆明智而忠信，宽厚而爱人，尊贤而重士，约从离横[13]，兼韩、魏、燕、赵、宋、卫、中山之众[14]。于是六国之士有甯越、徐尚、苏秦、杜赫之属为之谋[15]，齐明、周最、陈轸、召滑、楼缓、翟景、苏厉、乐毅之徒通其意[16]，吴起、孙膑、带佗、儿良、王廖、田忌、廉颇、赵奢之伦制其兵[17]。尝以什倍之地、百万之众，仰关而攻秦[18]。秦人开关而延敌[19]，九国之师遁逃而不敢进。秦无亡矢遗镞之费[20]，而天下诸侯已困矣。于是从散约解[21]，争割地而赂秦。秦有馀力而制其弊[22]，追亡逐北，伏尸百万，流血漂橹[23]，因利乘便，宰割天下，分裂河山，强国请伏[24]，弱国入朝。施及孝文王、庄襄王[25]，享国之日浅，国无事。

及至始皇，奋六世之馀烈[26]，振长策而御宇内[27]，吞二周而亡诸侯[28]，履至尊而制六合[29]，执敲扑以鞭笞天下[30]，威振四海。南取百越之地[31]，以为桂林、象郡[32]。百越之君，俛首系头[33]，委命下吏。乃使蒙恬北筑长城而守藩篱[34]，却匈奴七百馀里，胡人不敢南下而牧马，士不敢弯弓而报怨[35]。于是废先王之道，燔百家之言[36]，以愚黔首[37]。隳名城[38]，杀豪俊，收天下之兵，聚之咸阳，销锋镝[39]，铸以为金人十二，以弱天下之民。然后践华为城[40]，因河为池，据亿丈之城，临不测之渊以为固[41]。良将劲弩[42]，守要害之处；信臣精卒，陈利兵而谁何？天下已定，始皇之心，自以为关中之固，金城千里[43]，子孙帝王，万世之业。

始皇既没，馀威震于殊俗[44]。然而陈涉[45]，瓮牖绳枢之子，甿隶之人[46]，而迁徙之徒也[47]。材能不及中庸[48]，非有仲尼、墨翟之贤，陶朱、猗顿之富[49]。蹑足行伍之间[50]，俛起阡陌之中[51]，率罢弊之卒[52]，将数百之众，转而攻秦。斩木为兵，揭竿为旗，天下云会而响应[53]，赢粮而景从[54]，山东豪俊遂并起而亡秦族矣[55]。

　　且夫天下非小弱也，雍州之地，殽函之固自若也。陈涉之位，不尊于齐、楚、燕、赵、韩、魏、宋、卫、中山之君也，锄耰棘矜[56]，不铦于钩戟长铩也[57]；谪戍之众，非抗于九国之师也[58]；深谋远虑，行军用兵之道，非及曩时之士也[59]。然而成败异变，功业相反。试使山东之国与陈涉度长絜大[60]，比权量力，则不可同年而语矣。然秦以区区之地，致万乘之权，招八州而朝同列[61]，百有馀年矣。然后以六合为家[62]，殽函为宫。一夫作难而七庙隳[63]，身死人手，为天下笑者，何也？仁义不施，而攻守之势异也。

《六臣注文选》卷五一

【注释】

　　[1]殽（xiáo　涍）函：殽山与函谷关的合称，在今陕西潼关以东至河南新安一带，形势险要，是通往秦国的门户。　[2]雍州：古九州之一，大体包括今陕西、甘肃及青海东部。　[3]苞举：统括，全部占有。苞，通"包"。　[4]八荒：八方，荒意指极远之地。　[5]商君：即商鞅，又称公孙鞅或卫鞅，佐秦孝公变法，获封于商，称商君，《史记》卷六八有传。《汉

277

书·艺文志》著录"《商君》二十九篇"。 [6]连衡：或作"连横"，与"合纵"对言。"合纵"指位于崤函以东的诸侯国纵向联合对抗秦国，位于西方的秦国则横向联系个别国家破坏其合纵。 [7]拱手而取西河之外：西河指魏国境内的黄河以西地区。秦孝公用商鞅之计，劝魏王造天子级别的宫室、冕旒，引齐、楚等国攻魏，秦国趁魏国之危，出兵占有西河之地（事见《战国策·齐策五》）。拱手，喻不费力。 [8]"孝公既没"三句：秦孝公（前361—前338在位）死后，惠文王（前337—前311在位）、武王（前310—前307在位）相继登位。武王无子，死后立其异母弟，是为昭襄王（前306—前251在位），或称昭王。这几任国君，继承了孝公所遗留的国策。昭，《新书》作"昭襄"。 [9]"南取汉中"四句：李斯《谏逐客书》："惠王用张仪之计，拔三川之地，西并巴、蜀，北收上郡，南取汉中，包九夷，制鄢、郢，东据成皋之险，割膏腴之壤。"故"膏腴之地"指的是成皋，在今河南荥阳，原为韩地，前249年，秦伐韩，韩献其地。"要害之郡"指的是上郡，魏文侯所置，治所在今陕西榆林东南。汉中，原为楚地，前312年，秦取汉中并置郡，治所在今陕西汉中东。巴、蜀，指巴国与古蜀国。巴国在今重庆嘉陵江北，古蜀国在今四川成都。前308年，秦将司马错灭蜀。 [10]弱：削弱。 [11]致：招致。诸侯国为了削弱秦国，不惜耗费珍宝、土地，以招徕人才。 [12]"齐有孟尝"四句：孟尝君田文、平原君赵胜、春申君黄歇、信陵君魏无忌，并称为"四公子"。他们为抗衡秦国，也为了自保，门下都养着两三千食客。 [13]约从离横：约定合纵，离间连横。 [14]兼韩、魏、燕、赵、宋、卫、中山之众：《史记·秦始皇本纪》"燕"下有"齐、楚"，以合下文"九国之师"之数。九国中，宋、卫、中山，势微早亡，下句"六国之士"指其馀韩、魏、燕、齐、楚、赵等六个大国。 [15]甯越：赵国人。甯，同"宁"。徐尚：谋臣，未详何人。苏秦：东周洛阳人，《史记》卷六九有传。杜赫：周昭文君时谋臣。 [16]齐明：东周臣，后仕秦、楚及韩。周最：本为周君之子，仕于齐。陈轸：夏人，先仕秦后仕楚。召滑：又作"昭滑"，仕楚。楼缓：魏文侯弟，为魏相，又称楼子。翟景：或谓即《战国策》中之"翟强"，仕魏。苏厉：苏秦之弟，仕齐。乐毅：本齐臣，后仕燕昭王为亚卿，《史记》卷八〇有传。通其意：即互通合纵攻秦之意。　　[17]吴起：卫国人，后仕魏文侯为将。孙膑：孙武之后，仕齐为将。吴起、孙膑，《史记》卷六五有传。田忌：齐国名将。带陀、兒良、王廖：未详何人，《吕氏春秋》说："王廖贵先，兒良贵后。"可见也是战国时的名将。兒，通"倪"。廉颇、赵奢：皆赵将，《史记》卷八一有传。　　[18]仰关：中国地势西高东低，殽函以东的六国攻打秦国，是从下游往上游攻，故称仰关。仰，原作"叩"，据《新书》改。　　[19]延：纳。　　[20]矢：箭。镞（zú 族）：箭头。　　[21]从散约解：合纵的盟约解散。　　[22]弊：疲敝。　　[23]橹：盾牌，《史记》作"卤"。　　[24]伏：臣服。　　[25]"施及孝文王"三句：秦孝文王（前250在位）与庄襄王（前249—前247在位）统治的时间很短，没有发生什么大事。施，延。　　[26]六世之馀烈：六世，秦孝公、惠文王、武王、昭襄王、孝文王、庄襄王。烈，业。　　[27]振长策：举起长鞭子，这是以挥鞭驭马来比喻以武力统治天下。　　[28]二周：周考王封其弟于河南（今河南洛阳），为桓公。桓公之孙惠公立其长子曰西周公，又封其少子于巩（今河南巩县）曰东周惠公，于是有东西二周。前256年，秦灭西周，时为秦昭襄王五十一年；前249年灭东周，时为庄襄王元年。"吞二周"的是秦昭襄王与秦庄襄王，而不是秦始皇。　　[29]六合：指天地四方。　　[30]敲扑：短杖为敲，长杖为扑。此指刑罚。　　[31]百越：战国、秦汉时期，称从会稽（秦郡，治所在今江苏苏州）到交趾（泛指五岭以南）的广大地区为百越。　　[32]桂林：今广西桂平西南。象郡：今广西崇左。前241年，秦把原先的百越地区分成了桂林郡与象郡。　　[33]俛首系头：低着头，脖子上系着绳子。俛，同"俯"。头，一作"颈"。　　[34]蕃篱：蕃，通"藩"，屏障。　　[35]士不敢弯弓而报怨：失去土地的人不敢拿起弓箭报复心中的怨恨。　　[36]燔（fán

凡）百家之言：焚烧诸子百家之书。燔，焚烧。　　[37]黔首：秦称百姓为黔首。黔，黑。　　[38]隳（huī 灰）：毁坏，《新书》作“堕”。　　[39]锋镝（dí 敌）：指代兵器。镝，通“镝”。锋是刃，镝是箭头。　　[40]“践华为城”二句：以华山为城墙，把黄河当作护城河。下句“亿丈之城”即指华山，“不测之渊”谓黄河。　　[41]渊：原本避李渊讳作“谿”，据《史记》、《新书》改。　　[42]“良将劲弩”四句：大意是说派出良将和信得过的臣子，带着精锐的部队，把守在要害的地方，铺排开阵势，谁还敢怎么样呢？　　[43]金城：形容城池坚固。　　[44]殊俗：指远方异俗的国家。　　[45]“然而陈涉”二句：陈涉，秦末农民起义首领，《史记》卷四八有传。瓮牖（yǒu 有）绳枢，用破罐子做窗户，用绳子系门轴，形容贫穷。　　[46]甿（méng 萌）隶：对下层民众的贱称。甿，同“氓”。　　[47]迁徙之徒：陈涉原本是被发配到渔阳（今北京密云西南）戍边的。　　[48]中庸：中等人，平常人。庸，常。　　[49]陶朱：即春秋时越国的范蠡，他晚年在陶（今山东定陶西北）经商致富，自称“朱公”，后世称其为陶朱公。猗（yī 衣）顿：春秋时鲁国人，养牛羊成巨富。陶朱、猗顿，事见《史记·货殖列传》。　　[50]蹑（niè 聂）足行（háng 航）伍：古时军队二十五人为一行，五人为一伍。蹑，踩，踏。　　[51]俛起阡陌之中：阡陌，道路。俛，同“俯”。陈涉是在发配渔阳的路途中发动起义的，故言“俛起阡陌”。“俛起阡陌”，《史记》作“倔起什伯”，“什伯”意为十人之长、百人之长。按《史记·陈涉世家》，当时“九百人屯大泽乡”，陈涉、吴广皆为屯长，即所谓百人长。　　[52]罢：通“疲”。　　[53]云会而响应：像云一样会合起来，像回声一样响应。　　[54]赢粮而景从：挑着粮食跟着走。赢，担，也写作“嬴”。景从，如影随形。景，通“影”。　　[55]山东：战国、秦汉时期称崤山或华山以东为山东。　　[56]锄耰（yōu 优）棘矜（qín 秦）：锄头、木杖。耰，农具，形似锄，用于翻土。矜，矛柄。《淮南子·兵略训》言陈胜“伐棘枣而为矜”，即“斩木为兵”之意。　　[57]铦（xiān 先）：锋利。铩（shā

杀）：矛。　　　[58]抗：抗衡。　　　[59]曩（nǎng 囊，上声）：以往。　　　[60]度
（duó 夺）长絜（xié 斜）大：衡量大小。度、絜都是量的意思。　　　[61]招八
州而朝同列：是说天下有九州，秦国原来仅有雍州，统一之后，翘然为其馀八
州之首；六国与秦国本来同为列国，现在六国要朝拜秦国。招，通"翘"，高举
的样子。　　　[62]"六合为家"二句：是说以天下为家，以殽山、函谷关为宫
殿。　　　[63]一夫作难而七庙隳：指陈涉一人发难，秦国七世宗庙皆毁。《礼
记·王制》篇："天子七庙。"

【解析】

　　贾谊通过分析秦所以能够统一六国，又所以快速灭亡的原因，
希望汉朝的统治者能有所反思。

　　文章开始极力描写秦国国势的强盛，铺张地渲染人才济济的
"九国之师"对秦国如何无能为力。而如此强大的秦国，面对陈涉
率领的疲弊之众却不堪一击，迅速土崩瓦解。为什么会形成这样的
反差？贾谊的观点是："仁义不施，而攻守之势异也。"先前是攻取
江山，后来是固守天下，形势变化了，秦的统治者却不知施行仁政，
以致自取灭亡。"仁义不施，而攻守之势异也"，并不是贾谊空发的
议论，而是有具体所指，背后是一整套的施政主张。这套主张的价
值集中体现在三个方面：

　　第一，贾谊说的"施仁义"，是把"民心"作为"安危之本"摆在
首位的，具有民本主义的思想倾向。秦兼并六国，尽管是靠诡诈与
强力，贾谊还是肯定秦的历史功绩，这是因为统一给百姓带来了和
平的希望。但秦始皇不知顺势安民，坚持以刑罚"鞭笞天下"。陈涉

首义，天下云会响应，百姓嬴粮景从。贾谊由此看到了人民在推翻暴秦的过程中所起的决定性作用。

第二，"仁义"的具体内容是因时代与形势的不同而变化的。在《过秦论》中贾谊认为秦朝应当效仿周代，分封诸侯；但在《治安策》中他又提醒汉文帝要注意防范封国的势力过大，这就叫"攻守之势异也"。这种分析问题的视角，具有通达权变的优点。

第三，贾谊提到的秦应该采取而没有采取的一些仁政措施，在汉朝初年，特别在汉文帝统治时期，都先后得到了落实。秦帝国瓦解之后，历史曾一度倒退回战国纷争的局面。汉代建立之后，仍然分封了一批异姓或同姓的诸侯王。也是贾谊极有先见之明地提出"削藩"的建议，虽然最初未受重视，但后来实际上是按着贾谊的策略来处理的。《汉书》评价贾谊"虽不至公卿，未为不遇"，这是因为历史证明了他的价值。"前事之不忘，后事之师也"，就《过秦论》与汉初政治的关系而言，历史学的鉴戒功能确实体现得十分充分。

论贵粟疏

〔西汉〕晁错

【题解】

晁错（前200—前154），颖川（今河南禹州）人。年轻时跟从张恢学习申不害、商鞅的法家学说，后又跟随伏生学《尚书》。汉文帝时任太子舍人、家令等职。景帝即位后，为内史、御史大夫。《史记》卷一〇一、《汉书》卷四九有传。晁错坚持"重本抑末"政策，同时又提出"削藩"策，建议削减当时诸侯的封地和权力，巩固中央集权统治，因此招致各国诸侯的痛恨。后来吴楚七国以"请诛晁错，以清君侧"为名，发动叛乱，又加政敌袁盎、窦婴进谗言，致使晁错被斩东市。《汉书·艺文志》法家类著录《晁错》三十一篇，该书今已亡佚。现存较为完整的几篇文章，散见于《汉书》的《袁盎晁错传》、《荆燕吴传》和《食货志上》中。这篇《论贵粟疏》是晁错给汉文帝上的一封奏疏，题目为后人所加。"贵粟"就是重视粮食的意思。

圣王在上而民不冻饥者，非能耕而食之[1]，织而衣之也[2]，为开其资财之道也。故尧、禹有九年之水[3]，汤有七年之旱，而国亡捐瘠者[4]，以畜积多而备先具也[5]。今海内为一，土地人民之众不避汤、禹[6]，加以亡天灾数年之水旱，而畜积未及者，何也？地有遗利[7]，民有馀力，生谷之土未尽垦，山泽之利未尽出也，游食之民未尽归农也[8]。民贫，则奸邪生。贫生于不足，不足生于不农，不农则不地著[9]，不地著则离乡轻家。民如鸟兽，虽有高城深池，严法重刑，犹不能禁也。

夫寒之于衣，不待轻煖[10]；饥之于食，不待甘旨[11]。饥寒至身，不顾廉耻。人情，一日不再食则饥[12]，终岁不制衣则寒。夫腹饥不得食，肤寒不得衣，虽慈母不能保其子，君安能以有其民哉！明主知其然也[13]，故务民于农桑[14]，薄赋敛，广畜积，以实仓廪，备水旱，故民可得而有也。

民者，在上所以牧之[15]，趋利如水走下，四方亡择也[16]。夫珠玉金银，饥不可食，寒不可衣，然而众贵之者，以上用之故也。其为物轻微易臧[17]，在于把握，可以周海内而亡饥寒之患。此令臣轻背其主，而民易去其乡，盗贼有所劝[18]，亡逃者得轻资也[19]。粟米布帛生于地，长于时[20]，聚于力，非可一日成也。数石之重[21]，中人弗胜[22]，不为奸邪所利，一日弗得而饥寒至。是故明君贵五谷而贱金玉。

今农夫五口之家，其服役者不下二人[23]，其能耕者不过百晦[24]，百晦之收不过百石。春耕夏耘，秋获冬臧，伐薪樵[25]，治官府[26]，给徭役[27]。春不得避风尘，夏不得避暑热，秋不得避阴雨，冬不得避寒冻，四时之间，亡日休息。又私自送往迎来[28]，吊死问疾，养孤长幼在其中。勤苦如此，尚复被水旱之灾[29]，急政暴赋[30]，赋敛不时[31]，朝令而暮改。当具有者半贾而卖[32]，亡者取倍称之息[33]，于是有卖田宅鬻子孙以偿责者矣[34]。而商贾大者积贮倍息[35]，小者坐列贩卖[36]，操其奇赢[37]，日游都市，乘上之急[38]，所卖必倍。故其男不耕耘，女不蚕织，衣必文采，食必粱肉，亡农夫之苦，有仟伯之得[39]。因其富厚，交通王侯[40]，力过吏势，以利相倾[41]，千里游敖[42]，冠盖相望[43]，乘坚策肥[44]，履丝曳缟[45]。此商人所以兼并农人，农人所以流亡者也。

今法律贱商人[46]，商人已富贵矣；尊农夫，农夫已贫贱矣。故俗之所贵，主之所贱也；吏之所卑，法之所尊也。上下相反，好恶乖迕[47]，而欲国富法立，不可得也。方今之务，莫若使民务农而已矣。欲民务农，在于贵粟。贵粟之道，在于使民以粟为赏罚。今募天下入粟县官[48]，得以拜爵，得以除罪。如此，富人有爵，农民有钱，粟有所渫[49]。夫能入粟以受爵，皆有馀者也。取于有馀，以供上用，则贫民之赋可损，所谓损有馀，补不足，令出而民利者也。顺于民心，所补者三：一曰主用足，二曰民赋少，三曰劝农功[50]。今令民有车骑马一匹者[51]，复卒三人[52]。车骑者，天下武备也，故为复卒。神农之教曰[53]："有石城十仞[54]，汤池百步[55]，带甲百万，而亡粟，弗能守也。"以是观之[56]，粟者，王者大用，政之本务[57]。令民入粟受爵，至五大夫以上[58]，乃复一人耳，此其与骑马之功相去远矣。爵者，上之所擅，出于口而亡穷；粟者，民之所种，生于地而不乏。夫得高爵与免罪，人之所甚欲也。使天下入粟于边，以受爵免罪，不过三岁，塞下之粟必多矣[59]。

《汉书》卷二四上《食货志上》

【注释】

[1]耕而食（sì 四）之：给耕者饭吃。　　[2]织而衣（yì 艺）之：给织者衣穿。　　[3]尧、禹有九年之水：据《史记·五帝本纪》及《夏本纪》记载，尧时洪水泛滥，尧命鲧治水，九年而水不息。后来鲧的儿子禹继续治水，最终取得成功。　　[4]亡：通"无"。捐瘠者：被抛弃和瘦得不成样子的人。　　[5]畜：通"蓄"，积蓄。备先具：提前做好防备的措施。　　[6]不避：不亚于。　　[7]地有遗利：土地还有遗留下的利益，指还没有充分使用。　　[8]游食之民：不肯自食其力的游民。　　[9]地著（zhuó 浊）：这里指不随便迁徙。著，附着，固定。　　[10]煖：同"暖"。　　[11]甘旨：味美的食物。　　[12]不再食：不吃两顿饭。再，两次。　　[13]知其然：知道道理是这样的。　　[14]务民于农桑：使百姓致力于农业生产。　　[15]在上所以牧之：在于国君用什么方法去治理。牧，牧养，这里指统治。　　[16]四方亡（wú 无）择：对于东西南北是没有选择的。亡，无。　　[17]易藏：易于收藏。藏，同"藏"。　　[18]劝：鼓励，这里指引诱、助长。　　[19]轻资：轻便的资财。　　[20]长于时：按一定的时节生长。　　[21]石（dàn 但）：古代容量单位，一石为十斗，一百二十斤。　　[22]中人：中等才能的人。弗胜（shēng 生）：不能胜任，指拿不动。　　[23]服役：从事官府的劳役。　　[24]晦：同"亩"。　　[25]薪樵：做饭用的柴。　　[26]治官府：修治官家的房屋。　　[27]给（jǐ 己）徭役：给官府服劳役。　　[28]"又私自送往迎来"三句：在私人方面，又要交际往来，吊唁死者，看望病人，抚养孤老，养育幼儿等，（以上各种费用）都在百亩收入中。长（zhǎng 掌），这里指抚养长大。　　[29]被：遭受。　　[30]急政：用急暴的手段征收赋税。政，通"征"。　　[31]赋敛不时：征收赋税没有一定的时候。　　[32]当具有者半贾而卖：碰到有粮食的人，按半价卖掉粮食来纳税。"具"，一本作

"其"。贾（jià 价），通"价"。 [33]亡者取倍称（chèn 衬）之息：碰到没有粮食的人，被（借贷人）收取加倍的利息。 [34]鬻（yù 玉）：卖。责（zhài 债）：同"债"，债务。 [35]商贾（gǔ 古）：商人。积贮倍息：囤积货物，获取加倍的利息。 [36]坐列：摆摊设市。 [37]操其奇（jī 基）赢：拿着他的馀财。奇，馀数。 [38]"乘上之急"二句：趁着朝廷急需，所卖的商品价格必定加倍。 [39]仟伯：仟倍佰倍。一本作"阡陌"，原指田间小路，代指田地，即享受田里的收成。 [40]交通：结交。 [41]以利相倾：为盈利而相互倾轧。 [42]游敖：游乐。敖，通"遨"。 [43]冠盖相望：（商人们）冠服驾车往来不断。冠盖，冠冕和车盖。 [44]乘坚策肥：乘坐坚固的车子，鞭策肥壮的马。 [45]履丝曳（yè 叶）缟：穿着丝织品的鞋子，拖着丝绸衣服。缟，白色的丝织品。 [46]"今法律贱商人"四句：汉代实行重农抑商政策，所以说法律尊农夫，轻商人。 [47]乖迕（wǔ 午）：同义连用，都表示"违背"。 [48]今募天下入粟县官：现在号召天下给朝廷纳粮。 [49]粟有所渫（xiè 谢）：粮食有流通的地方。渫，分散。 [50]劝农功：鼓励农业生产。 [51]车骑（jì 寄）马：用于车骑的马，指既能驾战车又能供骑兵单骑的马。 [52]复卒三人：可以免除三个人的兵役。复，免除。 [53]神农：古代传说中的部落首领，教民稼穑，发明农具，振兴农业，所以称神农。 [54]仞：长度单位，一仞周代八尺，汉代七尺。 [55]汤池：（仿佛）灌满沸水的护城河。用来比喻严固，不能接近。百步：指护城河的宽度。 [56]以是：由此。是，这，指神农之言。 [57]政之本务：治政最根本的事情。 [58]五大夫：爵位名，汉代第九等爵位。 [59]塞下之粟：供边塞用的军粮。

【解析】

我国古代以农业为本，以工商为末。但在汉文帝时代，由于社会安定和商品经济的发展，商人囤积货物高价竞售，而农民为交赋税，被迫贱卖粮食，甚至卖儿鬻女以偿还利息，这样一来便引发了农民"不地著则离乡轻家"的现象。同时，贱五谷而贵金玉也成为时尚，农业、商业的地位逐渐本末倒置。为了解决这些问题，晁错向汉文帝提出了"贵粟"的主张。贵粟，不仅仅是重农问题。在晁错看来，重视粮食，一方面可以减轻农民负担，缓解农民流亡的处境，促进社会安定；同时也为备战备荒做好充分的粮食储存，与巩固边防也有重要的关系。因此，当务之急是要振兴农业。如何鼓励百姓投入农业生产呢？晁错提出"贵粟之道，在于使民以粟为赏罚"，就是将粮食转换为商品变为金钱，百姓可以用粮食买到爵位，也可以用来赎罪。

晁错重农抑商、入粟于官、拜爵除罪等一系列主张受到汉文帝的重视和采纳，有力地促进了农业生产的发展，具有十分积极的意义。

举贤良对策

〔西汉〕董仲舒

【题解】

董仲舒（前179—前104），广川（今河北景县西南）人，少治《春秋》，汉景帝时为博士。后任江都相、胶西王相，晚年因私撰灾异之书获罪，以老病免归。《汉书》卷五六有传。其著作主要有《春秋繁露》传世。董仲舒治《春秋》，以"公羊学"为骨干，融合先秦以来的天命、阴阳及道家学说，建构了一套以"天人感应"为核心的儒学思想体系。汉武帝元光元年（前134），诏举贤良方正直言极谏之士，董仲舒上对策三篇，即所谓"天人三策"。这里节选的是其第三策。

臣闻《论语》曰："有始有卒者[1]，其唯圣人乎！"今陛下幸加惠，留听于承学之臣[2]，复下明册[3]，以切其意，而究尽圣德[4]，非愚臣之所能具也。前所上对[5]，条贯靡竟，统纪不终，辞不别白，指不分明，此臣浅陋之罪也。

册曰："善言天者必有征于人[6]，善言古者必有验于今。"臣闻天者群物之祖也，故遍覆包函而无所殊，建日月风雨以和之，经阴阳寒暑以成之。故圣人法天而立道，亦溥爱而亡私[7]，布德施仁以厚之，设谊立礼以导之[8]。春者，天之所以生也；仁者，君之所以爱也。夏者，天之所以长也；德者，君之所以养也。霜者，天之所以杀也；刑者，君之所以罚也。繇此言之[9]，天人之征[10]，古今之道也。孔子作《春秋》，上揆之天道[11]，下质诸人情[12]；参之于古，考之于今。故《春秋》之所讥[13]，灾害之所加也；《春秋》之所恶，怪异之所施也。书邦家之过[14]，兼灾异之变，以此见人之所为，其美恶之极，乃与天地流通而往来相应，此亦言天之一端也。

古者修教训之官，务以德善化民，民已大化之后，天下常亡一人之狱矣。今世废而不修，亡以化民，民以故弃行谊而死财利[15]，是以犯法而罪多[16]，一岁之狱，以万千数。以此见古之不可不用也，故《春秋》变古则讥之[17]。

天令之谓命[18]，命非圣人不行。质朴之谓性，性非教化不成。人欲之谓情，情非度制不节。是故王者上谨于承天意，以顺命也；下务明教化民，以成性也；正法度之宜，别上下之序，以防欲也。修此三者，而大本举矣。人受命于天，固超然异于群生，入有父子兄弟之亲，出有君臣上下之谊，会聚相遇，则有耆老长幼之施[19]；粲然有文以相接[20]，欢然有恩以相爱，此人之所以贵也。生五谷以食之，桑麻以衣之，六畜以养之，服牛乘马[21]，圈豹槛虎，是其得天之灵，贵于物也。故孔子曰："天地之性人为贵[22]。"明于天性，知自贵于物；知自贵于物，然后知仁谊。知仁谊，然后重礼节；重礼节，然后安处善[23]。安处善，然后乐循理[24]；乐循理，然后谓之君子。故孔子曰"不知命[25]，亡以为君子"，此之谓也。

册曰："上嘉唐、虞[26]，下悼桀、纣[27]，寝微寝灭寝明寝昌之道[28]，虚心以改。"臣闻众少成多，积小致巨，故圣人莫不以暗致明，以微致显。是以尧发于诸侯，舜兴乎深山[29]，非一日而显也，盖有渐以致之矣。言出于己，不可塞也；行发于身，不可掩也。言行，治之大者，君子之所以动天地也。故尽小者大[30]，慎微者著。《诗》云："惟此文王[31]，小心翼翼。"故尧兢兢日行其道，而舜业业日致其孝，善积而名显[32]，德章而身尊，此其寖明寖昌之道也。

积善在身[33]，犹长日加益，而人不知也；积恶在身，犹火之销膏，而人不见也。非明乎情性、察乎流俗者，孰能知之？此唐、虞之所以得令名，而桀、纣之可为悼惧者也。夫善恶之相从[34]，如景乡之应形声也。故桀、纣暴谩[35]，谗贼并进，贤知隐伏[36]，恶日显，国日乱，晏然自以如日在天[37]，终陵夷而大坏[38]。夫暴逆不仁者，非一日而亡也，亦以渐至，故桀、纣虽亡道，然犹享国十馀年，此其寖微寖灭之道也。

册曰："三王之教所祖不同[39]，而皆有失，或谓久而不易者道也，意岂异哉？"臣闻夫乐而不乱[40]、复而不厌者谓之道，道者万世亡弊[41]，弊者道之失也。先王之道必有偏而不起之处[42]，故政有眊而不行，举其偏者以补其弊而已矣。三王之道所祖不同[43]，非其相反，将

293

以救溢扶衰，所遭之变然也。故孔子曰："亡为而治者[44]，其舜乎！"改正朔[45]，易服色，以顺天命而已，其馀尽循尧道，何更为哉！故王者有改制之名，亡变道之实。然夏上忠[46]、殷上敬、周上文者，所继之救[47]，当用此也。孔子曰："殷因于夏礼[48]，所损益可知也。周因于殷礼，所损益可知也。其或继周者，虽百世可知也。"此言百王之用[49]，以此三者矣。夏因于虞[50]，而独不言所损益者，其道如一而所上同也。道之大，原出于天，天不变，道亦不变，是以禹继舜，舜继尧，三圣相受而守一道，亡救弊之政也，故不言其所损益也。繇是观之，继治世者其道同[51]，继乱世者其道变。今汉继大乱之后，若宜少损周之文致[52]，用夏之忠者。

陛下有明德嘉道，愍世俗之靡薄[53]，悼王道之不昭[54]，故举贤良方正之士，论议考问，将欲兴仁谊之休德[55]，明帝王之法制，建太平之道也。臣愚不肖，述所闻，诵所学，道师之言，厪能勿失耳[56]。若乃论政事之得失，察天下之息耗[57]，此大臣辅佐之职，三公九卿之任，非臣仲舒所能及也。然而臣窃有怪者。夫古之天下亦今之天下，今之天下亦古之天下，共是天下，古以大治，上下和睦，习俗美盛，不令而行，不禁而止，吏亡奸邪，民亡盗贼，囹圄空虚[58]，德润草木，泽被四海[59]，凤皇来集[60]，麒麟来游，以古准今[61]，壹何不相逮之远也！安所缪盭而陵夷若是[62]？意者有所失于古之道与[63]？有所诡于天之理与[64]？试迹之于古[65]，返之于天，党可得见乎。

夫天亦有所分予[66]，予上齿者去其角，傅其翼者两其足，是所受大者不得取小也。古之所予禄者，不食于力，不动于末[67]，是亦受大者不得取小，与天同意者也。夫已受大[68]，又取小，天不能足，而况人乎！此民之所以嚣嚣苦不足也[69]。身宠而载高位[70]，家温而食厚禄，因乘富贵之资力，以与民争利于下，民安能如之哉[71]！是故众其奴婢，多其牛羊，广其田宅，博其产业，畜其积委[72]，务此而亡已，以迫蹴民[73]，民日削月朘[74]，寝以大穷。富者奢侈羡溢[75]，贫者穷急愁苦。穷急愁苦而上不救，则民不乐生。民不乐生，尚不避死，安能避罪！此刑罚之所以蕃而奸邪不可胜者也[76]。故受禄之家[77]，食禄而已，不与民争业，然后利可均布，而民可家足。此上天之理，而亦太古之道，天子之所宜法以为制，大夫之所当循以为行也。

故公仪子相鲁[78]，之其家见织帛，怒而出其妻[79]，食于舍而茹葵[80]，愠而拔其葵，曰："吾已食禄，又夺园夫、红女利乎[81]！"古之贤人君子在列位者皆如是，是故下高其行而从其教[82]，民化其廉而不贪鄙。及至周室之衰，其卿大夫缓于谊而急于利，亡推让之风而有争田之讼。故诗人疾而刺之，曰："节彼南山[83]，惟石岩岩，赫赫师尹，民具尔瞻。"尔好谊[84]，则民乡仁而俗善；尔好利，则民好邪而俗败。由是观之，天子、大夫者，下民之所视效[85]，远方之所四面而内望也[86]。近者视而放之[87]，远者望而效之，岂可以居贤人之位[88]，而为庶人行哉！夫皇皇求财利常恐乏匮者[89]，庶人之意也；皇皇求仁义常恐不能化民者，大夫之意也。《易》曰："负且乘[90]，致寇至。"乘车者，君子之位也，负担者小人之事也，此言居君子之位而为庶人之行者，其患祸必至也。若居君子之位，当君子之行，则舍公仪休之相鲁[91]，亡可为者矣。

《春秋》大一统者[92]，天地之常经，古今之通谊也。今师异道[93]，人异论，百家殊方，指意不同，是以上亡以持一统；法制数变，下不知所守。臣愚以为诸不在六艺之科[94]、孔子之术者，皆绝其道，勿使并进。邪辟之说灭息[95]，然后统纪可一而法度可明，民知所从矣。

《汉书》卷五六《董仲舒传》

【注释】

[1] "有始有卒者"二句：是说有始有终的，大概只有圣人吧。语见《论语·子张》。汉武帝第三次发下的策问是："制曰：盖闻'善言天者必有征于人，善言古者必有验于今'。故朕垂问乎天人之应，上嘉唐、虞，下悼桀、纣，寖微寖灭寖明寖昌之道，虚心以改。今子大夫明于阴阳所以造化，习于先圣之道业，然而文采未极，岂惑乎当世之务哉？条贯靡竟，统纪未终，意朕之不明与？听若眩与？夫三王之教所祖不同，而皆有失，或谓久而不易者道也，意岂异哉？今子大夫既已著大道之极，陈治乱之端矣，其悉之究之，孰之复之。《诗》不云乎？'嗟尔君子，毋常安息，神之听之，介尔景福。'朕将

亲览焉，子大夫其茂明之。"其中提到董仲舒前两篇对策"条贯靡竟，统纪未终"，故董仲舒在第三篇开头先引《论语》的这句话，表示自谦。　　[2]承学之臣：辗转承受了前代学问的人，这是自谦的说法。　　[3]"复下明册"二句：大意是说天子再次降下英明的册书，责问其中的意义。帝王把问题写在简册上，令臣子作答，即称"册"，也写作"策"。下文标明"册曰"的，都是汉武帝提出的策问。臣子对帝王策问的答复则称"对策"。切，责。　　[4]"究尽圣德"二句：是说要彻底探究圣德，这不是愚臣所能全面论说的。　　[5]"前所上对"五句：是说前次所上的对策，缺乏贯彻始终的条理，词句不明白，意旨不明确。别白，与下句"分明"互文见义，都是清晰、明白的意思。指，通"旨"。下同。　　[6]"善言天者必有征于人"二句：《荀子·性恶篇》："故善言古者必有节于今，善言天者必有征于人。"意思是善说天象的人，必能在人事上找到印证；善说古事的人，必能在现实中获得检验。征，验。　　[7]溥：通"普"，遍。　　[8]谊：通"义"。下同。　　[9]繇：通"由"。下同。　　[10]"天人之征"二句：是说天和人之间的征验，是古往今来的道理。　　[11]揆（kuí 葵）：度量，估量。　　[12]质：评断，评量。诸："之于"的合音。　　[13]"故《春秋》之所讥"四句：是说《春秋》所讥刺的，是灾害的出现；《春秋》所憎恶的，是怪异施威。　　[14]"书邦家之过"六句：大意是说《春秋》记载国家的过失，兼及灾异的变化，用以反映人的行为，人间善恶的两极是与天地相通而互相感应的，这是天道的一个方面。　　[15]弃行谊而死财利：放弃德行、道义，为财利而死。　　[16]犯法：一作"法犯"。　　[17]《春秋》变古则讥之：是说《春秋》遇到有改变古制的事，就加以讥刺。如《春秋公羊传》宣公十五年说："上变古易常，应是而有天灾。"　　[18]"天令之谓命"六句：大意是说命是天的指令，非圣人不能执行；性是人与生俱来的本质，不经过教化，不能臻于美善；情是人的欲望，如果没有制度，就得不到节制。　　[19]耆（qí 其）：老。　　[20]粲

（càn　灿）然有文以相接：是说有辉煌的礼乐文明以相交接。粲然，光明的样子。　　[21]服牛乘马：用牛载物，乘驾其马。服，用牛马驾车。　　[22]天地之性人为贵：《孝经·圣治章》："天地之性人为贵，人之行莫大于孝。"意为凡生于天地之间者，以人最为宝贵。　　[23]安处善：以行善道为安。　　[24]乐循理：乐于顺理。循，顺。　　[25]"不知命"二句：《论语·尧曰》："孔子曰：'不知命，无以为君子也。'"是说不知天命，无法成为君子。　　[26]唐、虞：唐尧、虞舜，皆为上古帝王。　　[27]悼：惧。桀、纣：夏桀、商纣，夏商两朝的亡国之君。　　[28]寖（jìn　进）微寖灭寖明寖昌：指桀、纣的政权日渐微灭，尧、舜日益昌明。寖，"浸"的古字，渐。　　[29]舜兴乎深山：《管子·版法解》、《吕氏春秋·慎人》等文中均有"舜耕于历山"的说法。　　[30]"尽小者大"二句：能把小事做到位，才能办成大事；能慎重于隐微之事，才能预见到显著的变化。　　[31]"惟此文王"二句：《诗·大雅·大明》："维此文王，小心翼翼。昭事上帝，聿怀多福。"是说文王恭敬、慎重的样子。　　[32]"善积而名显"二句：是说善行积累之后，声名更为显著；德行彰明之后，身份更为尊贵。　　[33]"积善在身"六句：是说积累善行，好像夏季逐日天长，人感觉不到；积累恶行，好像膏油一点点燃烧，人也看不见。　　[34]"善恶之相从"二句：是说善与恶互相跟随，就像身体有影子、声响有回音一样。景，通"影"。乡，通"响"。　　[35]暴谩：残暴，怠惰。谩，通"慢"，怠慢，简慢。　　[36]知：通"智"。　　[37]晏然自以如日在天：安逸地自认为如日中天。晏然，平静、安逸的样子。　　[38]陵夷：衰颓。陵、夷二字本为渐趋平坦之意，引申为衰微。　　[39]"三王之教所祖不同"四句：大意是说夏、商、周三代的教化有不同的宗尚，也都有缺点，人说长久而不变的才是道，为什么又会有差别呢？　　[40]"乐而不乱"二句：《荀子·乐论》："君子乐得其道，小人乐得其欲；以道制欲则乐而不乱，以欲忘道则惑而不乐。"意思是说乐而不至于乱、反复实行而仍不餍足的叫作道。"复而不厌",或作"服而不厌"(《春秋繁露·天地阴阳》),义皆可通。厌,通"餍",满足。　　[41]"万世亡(wú 吴)弊"二句:大意是说道本身是万世无弊的,如果说有弊端,是因为没有遵循道的法则,才有了弊端。　　[42]"先王之道必有偏而不起之处"三句:是说先王之道一定有偏失而不起作用的时候,因此政治上如遇暗昧难行之处,找出偏失并补救其弊端就可以了。眊(mào 冒),眼睛昏暗无神,引申为不明的样子。　　[43]"三王之道所祖不同"四句:是说三代之道只是宗尚有所不同,并不互相违背,都是为了纠正过度、扶持衰败,由于其所遭遇的具体情况发生变化而造成了不同。溢,溢出,与"衰"的意思相反,"衰"是不足,"溢"是过度。　　[44]"亡为而治者"二句:《论语·卫灵公》:"无为而治者,其舜也与?"　　[45]"改正朔"二句:改朝换代之后,要重新确定岁首是哪一天,要改变衣饰颜色的宗尚。正,正月。朔,初一日。　　[46]上:通"尚",崇尚。　　[47]所继之救:意为纠正所继承的朝代的弊端。　　[48]"殷因于夏礼"六句:语出《论语·为政》。意思是说殷商沿袭夏朝的制度,其所增损兴革,是可以知道的;周代沿袭殷商的制度,其所增损兴革,也是可以知道的;将来如有人继承周朝的制度,就算过了一百代,也是可以预知的。　　[49]"此言百王之用"二句:是说百代的帝王,所用的都是"忠"、"敬"、"文"这三者。　　[50]"夏因于虞"三句:夏代继承了虞舜的制度,但孔子没说有所增损兴革,这是因为再往上追溯,道也是不变的。　　[51]"继治世者其道同"二句:是说继承了安定局面的,其法则沿袭不变;继承了混乱局面的,其法则就要改变。　　[52]若宜少损周之文致:应该稍微改变周代过分重视文华辞采的做法。致,极度。　　[53]愍(mǐn 悯):忧虑。靡:散乱。薄:轻薄。　　[54]昭:明。　　[55]休:美。　　[56]廑:通"仅"。　　[57]息秏(hào 耗):生长与消耗。秏,同"耗"。　　[58]囹圄(língyǔ 灵宇):监狱。　　[59]泽被四海:恩泽覆盖四海。被,覆盖。　　[60]凤皇:即凤凰。　　[61]"以古准今"二句:拿古代来衡量今天,为何相差如此之远? 准,准绳。逮,及,到。　　[62]安所缪盭(lì 力)而陵夷若是:是说为什么乖谬、背戾以致衰颓到这步田地。安,焉,表疑问语气。缪,通"谬",悖谬。盭,古"戾"字,背戾。　　[63]与:通"欤",用于句末表疑问语气。　　[64]诡:违背。　　[65]"试迹之于古"三句:是说试着追寻古人的行迹,返回天道,或者能够找到答案。党,通"倘",表或然语气。　　[66]"夫天亦有所分予"四句:大意是说天所赐予万物的东西是有分别的,给了上齿的就不再给犄角(牛无上齿则有角),给了翅膀的就只给两只脚,也就是说接受了大的,就不能再拿小的了。此语本于《吕氏春秋·博志》:"凡有角者无上齿,果实繁者木必庳(bēi 卑,低矮)。"牛齿的上排只有臼齿,而无门齿,看上去仿佛没有上牙,故古人观念中常认为"牛无上齿"。"予上齿者",原作"予之齿者"。"之"、"上"篆文形近。《春秋繁露·度制》:"天不重与,有角不得有上齿,故已有大者不得有小者,天数也。"今据《春秋繁露》改。傅,通"附",附着。　　[67]末:古人以工商业为末事。　　[68]"夫已受大"四句:已得了大的好处,又要小的,天也无法满足这样的要求,何况人呢?　　[69]嚣嚣(áoáo 敖敖):通"嗷嗷",众人愁怨之声。　　[70]身宠而载高位:自身受宠而登上高位。载,乘,居。　　[71]如:当,比得上。　　[72]畜(xù 序):通"蓄"。委:积累。　　[73]迫蹴(cù 促):又写作"迫促",压迫,逼促。　　[74]日削月朘(juān 捐):日益削缩。朘,缩减。　　[75]羡溢:富馀,浪费。羡,多馀,超出。　　[76]"此刑罚"句:这就是刑罚繁多却不能禁止奸邪的原因。蕃,茂盛,繁多。　　[77]"受禄之家"五句:是说接受俸禄的人家,只靠俸禄生活,不和百姓争抢职业,这样利益可以均匀分布,百姓人家也可丰衣足食。　　[78]公仪子:春秋时鲁国博士,他担任鲁国相时,"奉法循理,无所变更,百官自正。使食禄者不得与下民争利,受大者不得取小"。事见《史记》卷一一九《循吏列传》。　　　[79]出其妻：休了妻子。公仪子回家，见其妻织布，认为这是与民争利，故发怒休妻。　　　[80]"食于舍而茹葵"二句：是说公仪子吃到自家种的冬葵，生气地把冬葵拔了。茹，吃。愠，怒。　　　[81]红女：即织女。红，通"工"。　　　[82]"下高其行而从其教"二句：是说因此下民都高赞他们的行为而听从他们的教化，百姓为其廉洁感化而不贪婪、卑鄙。　　　[83]"节彼南山"四句：语出《诗·小雅·节南山》，是说终南山高峻，积石累累，权势显赫的太师尹，百姓们都像仰望南山一样望着你。节，高峻的样子。南山，终南山，横亘关中南面，绵延八百里，故称南山。赫赫，显明、盛大的样子。具，通"俱"。　　　[84]"尔好谊"四句：你重义，人民也会归向仁德，风俗趋善；你重利，百姓也会变得奸邪，从而败坏风俗。乡，通"向"。败，坏。　　　[85]视效：一边看一边效仿，即下文"视而放之"的意思。　　　[86]远方之所四面而内望也：远方的人从四面八方朝里面看。　　　[87]放：通"仿"，效仿。　　　[88]"岂可以居贤人之位"二句：怎么能够坐着公卿大夫的位子，反而像庶民一样行事呢！　　　[89]"皇皇求财利常恐乏匮者"四句：是说忙忙碌碌地追逐利益、总怕财富不够，那是庶民的心理；忙忙碌碌地求仁义、常担心无以教化人民，这是士大夫的心理。　　　[90]"负且乘"二句：这是《周易·解卦》的爻辞，是说担担子的人去坐车，将招致贼寇的侵害。意思是处在不符合自己身份的位置上，将招来祸事。　　　[91]"舍公仪休之相鲁"二句：是说除了采取公仪休做鲁国宰相时的那套办法之外，没有别的办法了。　　　[92]"《春秋》大一统者"三句：是说《春秋》重视一统，因为这是天地之间惯常的法则，古往今来共通的道理。经，常。大，以一统为大。　　　[93]"今师异道"七句：是说现在教师讲的道理各不相同，众人各有观点，诸子百家方法各异，宗旨不一，所以上面没有一个统一的标准；法律制度多次改变，下面的人不知道该如何遵守。　　　[94]六艺：即六经，指《易》、《礼》、《乐》、《诗》、《书》、《春秋》六部儒家经典。　　　[95]辟：通"僻"。

【解析】

汉武帝即位之后，多次下诏举贤良方正直言极谏之士，亲自策问古今治道。他最关心的问题可以概括为两个方面：第一是天人关系，即"天命"、"灾异"与现实政治之间的关系如何。第二是古今之变，即历代帝王的统治有无一以贯之的方略，为什么有的朝代日益昌盛，有的朝代却日渐衰亡。在前后对策的百馀人中，董仲舒的两次对策脱颖而出。汉武帝"览其对而异焉"，但又觉得尚有言不尽意之处。于是在武帝的追问之下，董仲舒又进行了第三次对策。

对于天人关系，董仲舒认为：上天发下的指令是不可违抗的，这就是"天命"；人与生俱来的本质称为"性"，人性后天的"善"或"恶"体现了教化的有无；人本能的欲望叫作"情"，情需要由礼法来节制。因此，上承天命的统治者所必须做的事情，首先是改善人性，对人民实行普遍的教化；其次还要设立礼乐、刑法等制度以节制人欲。统治者如果失道，上天就会降下谴告，"灾异"就是天命的谴告，因此《春秋》中对"灾异"所持的是讥刺与憎恶的态度。

对于古今之变，董仲舒从"天不变，道亦不变"的起点出发，认为圣道是万世一理的。"道"本身并没有问题，如果统治者施政合理的话，是可以做到永世无弊的；历史上出了问题的朝代，都是因为出现了弊政，是统治者的问题，而不是"道"的问题。由此他提出了"继治世者其道同，继乱世者其道变"的论断。治世的继承者应维持治道不变，乱世的继承者就需要改变治国的策略。这种策略性的改变，董仲舒称之为"救弊"，并且他认为汉朝继承的是秦代留下的烂摊子，因此到了需要"救弊"的时候。

对策的后半部分由理论阐述转入更为具体的政治分析。除了兴教化、行德政之外，董仲舒针对当时贫富分化、矛盾尖锐的社会问题，提出"受禄之家，食禄而已，不与民争业"的政治主张，已享受了国家俸禄的公卿士大夫阶层，不应再与民争利，染指其他行业。这是因为从天命的角度来解释，上天的赐予是有限的，万物都不能重复获得过多的好处。从现实层面考虑，处于社会上流的公卿阶层，理应起道德示范的作用，不该把"求财利"放在首位。过分看重财利，就无法改善人性；而人性一旦恶化，再加上生活没有着落，将使民不畏死，届时任何严刑酷法也无法挽回社会的崩溃。

"《春秋》大一统者，天地之常经，古今之通谊也。"这句话应该看作是全部三次对策的总结论。统，是统绪的意思，诸侯的统绪出自天子，万事万物也都有统绪，这个统绪就是天。而"天人"与"古今"等一系列问题，都可以在《春秋》中找到答案，也就是司马迁说的"万物之散聚，皆在《春秋》"。(《史记》卷一三〇《太史公自序》)"天人三策"的最后提议："诸不在六艺之科、孔子之术者，皆绝其道。"可见董仲舒的"大一统"，是强调重视政治制度与思想文化的统一。

"天人三策"的积极意义主要在于：它在宣扬皇权天授的同时，又指出皇权的合法性还应来源于其道德性。统治者必须施行德政、重视民生，天命才能久长，这是希图对皇权做一定的限制。一个强大的国家需要道德价值来支撑。秦始皇兼并六国，只完成了政治上的统一，秦的暴政又导致其短命而亡。汉代建立后，统治者力

惩秦弊，奉行无为而治，但在思想文化上少有建设。董仲舒的贤良
对策就是在一个恰当的时候，起了倡导统一国家意识形态的作用，
体现了"道统"对"政统"的有效介入与结合。

越王句践世家

〔西汉〕司马迁

【题解】

司马迁（前145?—前86?）字子长，夏阳（今陕西韩城）人。其父司马谈汉武帝时为太史令。司马迁少承庭训，又学于孔安国、董仲舒等大儒，故学识极渊博。汉武帝元封三年（前108）为太史令，继承父志编撰《史记》。后因为李陵败降辩解而触怒汉武帝，遭受宫刑。后任中书令，发愤著书，完成《史记》。

《史记》是中国历史上第一部纪传体通史，记载了上起传说中的黄帝时代，下讫汉武帝元狩元年（前122）共三千多年的历史，为二十四史之首。《史记》包括十二本纪、三十世家、七十列传、十表、八书，共一百三十篇，约五十二万六千多字，全面总结了西汉武帝之前的中国历史。《史记》不仅是一部优秀的史学著作，而且文学成就极高，鲁迅誉为"史家之绝唱，无韵之离骚"，对后世的史学和文学影响极为深远。

本文选自《史记》卷四一《越王句践世家》。这段文字记述了越王句践在贤臣范蠡、文种的辅助下，在濒临亡国的逆境中卧薪尝胆，继而富国强兵，最终灭吴的事迹。文中句践及众贤臣的形象栩栩如生，所昭示的越灭吴更是春秋末的重大事件，标志着战国时代的到来。

越王句践[1]，其先禹之苗裔[2]，而夏后帝少康之庶子也[3]。封于会稽[4]，以奉守禹之祀[5]。文身断发[6]，披草莱而邑焉。后二十馀世，至于允常[7]。允常之时，与吴王阖庐战而相怨伐[8]。允常卒，子句践立，是为越王。

元年[9]，吴王阖庐闻允常死，乃兴师伐越[10]。越王句践使死士挑战[11]，三行，至吴陈[12]，呼而自刭[13]。吴师观之，越因袭击吴师，吴师败于槜李[14]，射伤吴王阖庐。阖庐且死，告其子夫差曰[15]："必毋忘越。"

三年，句践闻吴王夫差日夜勒兵[16]，且以报越，越欲先吴未发往伐之。范蠡谏曰[17]："不可。臣闻兵者凶器也，战者逆德也[18]，争者事之末也。阴谋逆德，好用凶器，试身于所末，上帝禁之，行者不利。"越王曰："吾已决之矣。"遂兴师。吴王闻之，悉发精兵击越，败之夫椒[19]。越王乃以馀兵五千人保栖于会稽[20]。吴王追而围之。

越王谓范蠡曰："以不听子故至于此，为之奈何？"蠡对曰："持满者与天[21]，定倾者与人[22]，节事者以地。卑辞厚礼以遗之，不许，而身与之市[23]。"句践曰："诺。"乃令大夫种行成于吴[24]，膝行顿首曰："君王亡臣句践使陪臣种敢告下执事：句践请为臣，妻为妾。"吴王将许之。子胥言于吴王曰[25]："天以越赐吴，勿许也。"种还，以报句践。句践欲杀妻子，燔宝器[26]，触战以死[27]。种止句践曰："夫吴太宰嚭贪[28]，可诱以利，请间行言之[29]。"于是句践乃以美女宝器令种间献吴太宰嚭。嚭受，乃见大夫种于吴王。种顿首言曰："愿大王赦句践之罪，尽入其宝器。不幸不赦，句践将尽杀其妻子，燔其宝器，悉五千人触战，必有当也[30]。"嚭因说吴王曰："越以服为臣，若将赦之，此国之利也。"吴王将许之。子胥进谏曰："今不灭越，后必悔之。句践贤君，种、蠡良臣，若反国，将为乱。"吴王弗听，卒赦越，罢兵而归。

句践之困会稽也，喟然叹曰[31]："吾终于此乎？"种曰："汤系夏台[32]，文王囚羑里[33]，晋重耳奔翟[34]，齐小白奔莒[35]，其卒王霸。由是观之，何遽不为福乎[36]？”

吴既赦越，越王句践反国，乃苦身焦思，置胆于坐[37]，坐卧即仰胆，饮食亦尝胆也。曰："女忘会稽之耻邪？"身自耕作，夫人自织，食不加肉，衣不重采，折节下贤人[38]，厚遇宾客，振贫吊死[39]，与百姓同其劳。欲使范蠡治国政，蠡对曰："兵甲之事，种不如蠡；填抚国家[40]，亲附百姓，蠡不如种。"于是举国政属大夫种，而使范蠡与大夫柘稽行成[41]，为质于吴。二岁而吴归蠡。

句践自会稽归七年，拊循其士民[42]，欲用以报吴。大夫逢同谏曰[43]："国新流亡，今乃复殷给[44]，缮饰备利[45]，吴必惧，惧则难必至。且鸷鸟之击也[46]，必匿其形。今夫吴兵加齐、晋，怨深于楚、越，名高天下，实害周室，德少而功多，必淫自矜。为越计，莫若结齐，亲楚，附晋，以厚吴。吴之志广，必轻战。是我连其权，三国伐之，越承其弊，可克也。"句践曰："善。"

居二年，吴王将伐齐。子胥谏曰："未可。臣闻句践食不重味，与百姓同苦乐。此人不死，必为国患。吴有越腹心之疾，齐与吴，疥癣也[47]。愿王释齐先越。"吴王弗听，遂伐齐，败之艾陵[48]，虏齐高、国以归。让子胥。子胥曰："王毋喜！"王怒，子胥欲自杀，王闻而止之。越大夫种曰："臣观吴王政骄矣，请试尝之贷粟，以卜其事。"请贷，吴王欲与，子胥谏勿与，王遂与之，越乃私喜。子胥言曰："王不听谏，后三年吴其墟乎[49]！"太宰嚭闻之，乃数与子胥争越议，因谗子胥曰："伍员貌忠而实忍人，其父兄不顾，安能顾王？王前欲伐齐，员强谏，已而有功，用是反怨王。王不备伍员，员必为乱。"与逢同共谋，谗之王。王始不从，乃使子胥于齐，闻其托子于鲍氏，王乃大怒，曰："伍员果欺寡人！"役反，使人赐子胥属镂剑以自杀。子胥大笑曰："我令而父霸[50]，我又立若[51]，若初欲分吴国半予我，我不受，已，今若反以谗诛我。嗟乎，嗟乎，一人固不能独立[52]！"报使者曰："必取吾眼置吴东门，以观越兵入也！"于是吴任嚭政[53]。

居三年，句践召范蠡曰："吴已杀子胥，导谀者众,可乎?"对曰:"未可。"

至明年春,吴王北会诸侯于黄池[54],吴国精兵从王,惟独老弱与太子留守。句践复问范蠡,蠡曰"可矣"。乃发习流二千人[55],教士四万人[56],君子六千人[57],诸御千人[58],伐吴。吴师败,遂杀吴太子。吴告急于王,王方会诸侯于黄池,惧天下闻之,乃秘之。吴王已盟黄池,乃使人厚礼以请成越。越自度亦未能灭吴,乃与吴平。

其后四年,越复伐吴。吴士民罢弊[59],轻锐尽死于齐、晋。而越大破吴,因而留围之三年,吴师败,越遂复栖吴王于姑苏之山[60]。吴王使公孙雄肉袒膝行而前[61],请成越王曰:"孤臣夫差敢布腹心,异日尝得罪于会稽,夫差不敢逆命,得与君王成以归。今君王举玉趾而诛孤臣,孤臣惟命是听,意者亦欲如会稽之赦孤臣之罪乎?"句践不忍,欲许之。范蠡曰:"会稽之事,天以越赐吴,吴不取。今天以吴赐越,越其可逆天乎?且夫君王蚤朝晏罢[62],非为吴邪?谋之二十二年,一旦而弃之,可乎?且夫天与弗取,反受其咎。'伐

311

柯者其则不远',君忘会稽之厄乎[63]?"句践曰:"吾欲听子言,吾不忍其使者。"范蠡乃鼓进兵,曰:"王已属政于执事[64],使者去,不者且得罪。"吴使者泣而去。句践怜之,乃使人谓吴王曰:"吾置王甬东[65],君百家。"吴王谢曰:"吾老矣,不能事君王!"遂自杀。乃蔽其面[66],曰:"吾无面以见子胥也!"越王乃葬吴王而诛太宰嚭。

句践已平吴,乃以兵北渡淮,与齐、晋诸侯会于徐州,致贡于周。周元王使人赐句践胙[67],命为伯。句践已去,渡淮南,以淮上地与楚,归吴所侵宋地于宋,与鲁泗东方百里。当是时,越兵横行于江、淮东,诸侯毕贺,号称霸王。

《史记》卷四一

【注释】

[1]句(gōu 勾)践(约前520—前465):姒姓,名句践,夏禹后裔,越王允常之子,春秋末年越国国君。先为吴王夫差所败,后重用范蠡、文种等贤臣,富国强兵灭吴,为春秋时代最后一位霸主。句践,即"勾践"。 [2]禹:夏禹,夏朝的始祖。苗裔:子孙后代。 [3]夏后:指禹受舜禅而建立的夏王

朝，称夏后氏，简称夏后。少康：姒姓，名少康，夏王相遗腹子，中兴夏朝。庶子：指妾所生之子。 [4]会（kuài 快）稽：今浙江绍兴。 [5]祀：祭祀供奉的处所。 [6]文身断发：指越地风俗不同于中原地区。文身是在身体上刺青。 [7]允常：越侯夫谭之子，越国中兴的重要君主。 [8]阖庐：或称"阖闾"，姬姓，名光，吴王诸樊之子。 [9]元年：指前496年。 [10]兴师：举兵，起兵。 [11]死士：敢死的勇士。 [12]陈：同"阵"，军队战斗队形。 [13]刭（jǐng 景）：用刀割颈。 [14]槜（zuì 醉）李：今浙江嘉兴西南。 [15]夫差：姬姓，吴氏，名夫差。阖庐之子，春秋时期吴国末代君主，前495年—前473年在位。 [16]勒兵：操练军队。 [17]范蠡（lǐ 理。前536—前448）：字少伯，春秋时期楚国宛地三户（今河南淅川滔河乡）人。春秋末期著名政治家、军事家、道家学者和经济学家。 [18]逆德：指战争背弃慈善仁爱。 [19]夫椒：今江苏无锡太湖马山。 [20]保栖：谓据山以守。 [21]与天：凡合乎天道者，则得天助。 [22]与人：合乎民意，取得人心。 [23]身与之市：亲自追随侍奉吴王，如同商贩为获利的货物。 [24]大夫种：文种，也作文仲，楚国郢（今湖北江陵）人，后定居越国。春秋末期著名的谋略家。 [25]子胥：即伍子胥，伍姓，名员，字子胥。春秋末期楚国大夫伍奢之子，父被害，逃至吴国，为吴王阖庐重用，军事家。 [26]燔（fán 凡）：烧。 [27]触战：参加战斗。 [28]太宰嚭（pǐ 痞）：即伯嚭，春秋末期吴国大夫，为晋国大夫伯宗之后。伯嚭为人好大喜功，贪财好色。 [29]间行：潜行。 [30]当：对等，相当。 [31]喟然：感叹貌。 [32]汤系夏台：商汤曾被囚禁在夏朝的监狱。夏台，夏代监狱名，又名均台，今河南禹州南。 [33]文王囚羑（yǒu 有）里：殷商末期周文王曾被商纣王囚禁在殷代的监狱里。羑里，今河南汤阴北。 [34]晋重耳奔翟（dí 笛）：指春秋时晋文公重耳为骊姬陷害，献公派人追杀，重耳被迫出奔翟国。 [35]齐小白奔莒（jǔ 举）：春秋时齐僖公卒，齐襄公即位，政令无常，故鲍叔牙奉齐桓公出奔莒避难。　　[36]遽（jù 巨）：担心。　　[37]胆：猪胆囊，味苦。尝胆喻刻苦自励。　　[38]折节：屈己下人。　　[39]振贫吊死：救济穷人，吊祭死者。　　[40]填抚：安抚。填，同"镇"。　　[41]柘（zhè 蔗）稽：越国大夫名，《国语》作"诸稽郢"。行成：议和。　　[42]拊（fǔ 抚）循：安抚，抚慰。　　[43]逢（páng 旁）同：越国大夫名。　　[44]殷给：富足。　　[45]缮饰：修理整治。　　[46]鸷（zhì 至）鸟：凶猛的鸟，如鹰鹯之类。　　[47]疥癣（xuǎn 选）：疥癣一类的疾患。比喻小患。疥，疥疮。癣，同"癣"，皮肤感染霉菌后引起的一种疾病。　　[48]艾陵：今山东莱芜东北。　　[49]墟：毁为废墟。　　[50]而：你的。　　[51]若：你。　　[52]独立：超凡拔俗，与众不同。　　[53]吴任嚭政：吴王任用伯嚭主政。　　[54]黄池：今河南封丘南。　　[55]习流：水师。　　[56]教士：受过训练的士兵。　　[57]君子：越王句践的心腹组成的军队。　　[58]诸御：军中理事官员。　　[59]罢（pí 疲）弊：疲劳困敝。罢，同"疲"。　　[60]姑苏之山：今江苏苏州西南。　　[61]公孙雄：越国大夫。肉袒：去衣露体，谢罪时表示恭敬和惶惧。　　[62]蚤：同"早"。晏：晚。　　[63]厄（è 饿）：穷困，灾难。　　[64]执事：有职守之人。　　[65]甬东：今浙江舟山。　　[66]乃蔽其面：以巾遮其脸。　　[67]胙（zuò 做）：祭祀用的酒肉。

【解析】

　　越灭吴是春秋末期的大事件，标志着大国兼并的战国时代来临。这一历史事件背后呈现出两大国之间的多重角力。其中，国君的性格与决断力，群臣的忠诚与智谋，决定着国运的升降。越王句践在惨败后立志自苦，卧薪尝胆，发愤图强，充分信任范蠡、文种，发挥他们的治国用兵才能，最终使国力强盛，吞并了吴国。反观吴王夫差，在初胜越国后听信谗言，自毁忠良，好大喜功，最终落得国灭身亡的下场。诚如诸葛亮《出师表》所言："亲贤臣，远小人，此先汉所以兴隆也；亲小人，远贤臣，此后汉所以倾颓也。"此足为治国理政者戒。

廉颇蔺相如列传

〔西汉〕司马迁

【题解】

《廉颇蔺相如列传》是廉颇、蔺相如、赵奢、赵括、李牧等五人的合传,其记事的年限上起赵惠文王十六年(前283),下讫赵国灭亡(前228)。全传围绕蔺相如使秦、秦赵渑池之会、赵奢阏与破秦军、赵括长平兵败与李牧守边备匈奴等重大历史事件,细致刻画出大大小小十几个历史人物的形象与特质。其中叙写蔺相如完璧归赵、渑池赴会与将相和好的段落,人物言动飞跃纸上,是全传中最精彩的部分,而长平兵败则是赵国历史上最惨痛的教训。司马迁通过记述廉、蔺等人的荣辱浮沉,通过比较赵氏父子的品格才干,实际上写出了赵国国运盛衰兴败的过程与原因。纪传体史书以人物为中心的体裁特点与《史记》高超的写人艺术,在本篇中均有鲜明体现。

廉颇者,赵之良将也。赵惠文王十六年[1],廉颇为赵将,伐齐,大破之,取阳晋[2],拜为上卿,以勇气闻于诸侯。蔺相如者,赵人也,为赵宦者令缪贤舍人[3]。

赵惠文王时，得楚和氏璧[4]。秦昭王闻之[5]，使人遗赵王书[6]，愿以十五城请易璧。赵王与大将军廉颇诸大臣谋：欲予秦，秦城恐不可得，徒见欺；欲勿予，即患秦兵之来。计未定，求人可使报秦者[7]，未得。宦者令缪贤曰：“臣舍人蔺相如可使。”王问：“何以知之？”对曰：“臣尝有罪，窃计欲亡走燕[8]。臣舍人相如止臣曰：‘君何以知燕王？’臣语曰：‘臣尝从大王与燕王会境上，燕王私握臣手，曰愿结友。以此知之，故欲往。’相如谓臣曰：‘夫赵强而燕弱，而君幸于赵王[9]，故燕王欲结于君。今君乃亡赵走燕，燕畏赵，其势必不敢留君，而束君归赵矣[10]。君不如肉袒伏斧质请罪[11]，则幸得脱矣。’臣从其计，大王亦幸赦臣。臣窃以为其人勇士，有智谋，宜可使。”

于是王召见，问蔺相如曰：“秦王以十五城请易寡人之璧，可予不[12]？”相如曰：“秦强而赵弱，不可不许。”王曰：“取吾璧，不予我城，奈何[13]？”相如曰：“秦以城求璧而赵不许，曲在赵[14]。赵予璧而秦不予赵城，曲在秦。均之二策[15]，宁许以负秦曲。”王曰："谁可使者？"相如曰："王必无人，臣愿奉璧往使。城入赵而璧留秦，城不入，臣请完璧归赵。"赵王于是遂遣相如奉璧西入秦。

秦王坐章台见相如[16]。相如奉璧奏秦王。秦王大喜，传以示美人及左右，左右皆呼万岁。相如视秦王无意偿赵城，乃前曰："璧有瑕，请指示王。"王授璧。相如因持璧却立，倚柱，怒发上冲冠，谓秦王曰："大王欲得璧，使人发书至赵王，赵王悉召群臣议，皆曰'秦贪，负其强[17]，以空言求璧，偿城恐不可得'，议不欲予秦璧。臣以为布衣之交尚不相欺[18]，况大国乎？且以一璧之故逆强秦之欢，不可。于是赵王乃斋戒五日，使臣奉璧，拜送书于庭[19]。何者？严大国之威以修敬也[20]。今臣至，大王见臣列观，礼节甚倨[21]，得璧，传之美人，以戏弄臣[22]。臣观大王无意偿赵王城邑，故臣复取璧。大王必欲急臣[23]，臣头今与璧俱碎于柱矣！"相如持其璧睨柱[24]，欲以击柱。秦王恐其破璧，乃辞谢固请[25]，召有司案图[26]，指从此以往十五都予赵。相如度秦王特以诈详为予赵城[27]，实不可得，乃谓秦王曰："和氏璧，天下所共传宝也。赵王恐，不敢不献。赵王送璧时斋戒五日，今大王亦宜斋戒五日，设九宾于廷[28]，臣乃敢上璧。"秦王度之，终不可强夺，遂许斋五日，舍相如广成传[29]。相如度秦王虽斋，决负约不偿城，乃使其从者衣褐[30]，怀其璧，从径道亡[31]，归璧于赵。

秦王斋五日后，乃设九宾礼于廷，引赵使者蔺相如。相如至，谓秦王曰："秦自缪公以来二十馀君[32]，未尝有坚明约束者也[33]。臣诚恐见欺于王而负赵，故令人持璧归，间至赵矣[34]。且秦强而赵弱，大王遣一介之使至赵[35]，赵立奉璧来。今以秦之强而先割十五都予赵，赵岂敢留璧而得罪于大王乎？臣知欺大王之罪当诛，臣请就汤镬[36]。唯大王与群臣孰计议之。"秦王与群臣相视而嘻[37]。左右或欲引相如去，秦王因曰："今杀相如，终不能得璧也，而绝秦赵之欢。不如因而厚遇之，使归赵。赵王岂以一璧之故欺秦邪？"卒廷见相如，毕礼而归之。

相如既归，赵王以为贤大夫[38]，使不辱于诸侯，拜相如为上大夫。秦亦不以城予赵，赵亦终不予秦璧。

其后秦伐赵，拔石城[39]。明年复攻赵，杀二万人。

秦王使使者告赵王，欲与王为好会于西河外渑池[40]。赵王畏秦，欲毋行。廉颇、蔺相如计曰："王不行，示赵弱且怯也。"赵王遂行。相如从。廉颇送至境，与王诀曰："王行，度道里会遇之礼毕，还，不过三十日。三十日不还，则请立太子为王，以绝秦望。"王许之。遂与秦王会渑池。秦王饮酒酣，曰："寡人窃闻赵王好音，请奏瑟[41]。"赵王鼓瑟。秦御史前书曰"某年月日，秦王与赵王会饮，令赵王鼓瑟"。蔺相如前曰："赵王窃闻秦王善为秦声，请奏盆缻秦王[42]，以相娱乐。"秦王怒，不许。于是相如前进缻，因跪请秦王。秦王不肯击缻。相如曰："五步之内[43]，相如请得以颈血溅大王矣！"左右欲刃相如，相如张目叱之，左右皆靡[44]。于是秦王不怿[45]，为一击缻。相如顾召赵御史书曰"某年月日，秦王为赵王击缻"。秦之群臣曰："请以赵十五城为秦王寿。"蔺相如亦曰："请以秦之咸阳为赵王寿。"秦王竟酒[46]，终不能加胜于赵。赵亦盛设兵以待秦，秦不敢动。

既罢，归国，以相如功大，拜为上卿，位在廉颇之右[47]。廉颇曰："我为赵将，有攻城野战之大功，而蔺相如徒以口舌为劳，而位居我上。且相如素贱人[48]，吾羞，不忍为之下！"宣言曰："我见相如，必辱之。"相如闻，不肯与会。相如每朝时，常称病，不欲与廉颇争列。已而相如出，望见廉颇，相如引车避匿。于是舍人相与谏曰："臣所以去亲戚而事君者，徒慕君之高义也。今君与廉颇同列，廉君宣恶言，而君畏匿之，恐惧殊甚。且庸人尚羞之，况于将相乎！臣等不肖，请辞去。"蔺相如固止之，曰："公之视廉将军孰与秦王[49]？"曰："不若也。"相如曰："夫以秦王之威，而相如廷叱之，辱其群臣。相如虽驽[50]，独畏廉将军哉？顾吾念之[51]，强秦之所以不敢加兵于赵者，徒以吾两人在也。今两虎共斗，其势不俱生。吾所以为此者，以先国家之急而后私仇也。"廉颇闻之，肉袒负荆[52]，因宾客至蔺相如门谢罪，曰："鄙贱之人，不知将军宽之至此也！"卒相与欢，为刎颈之交[53]。

是岁，廉颇东攻齐，破其一军。居二年，廉颇复伐齐几[54]，拔之。后三年，廉颇攻魏之防陵[55]、安阳[56]，拔之。后四年，蔺相如将而攻齐，至平邑而罢[57]。其明年，赵奢破秦军阏与下[58]。

赵奢者，赵之田部吏也[59]。收租税而平原君家不肯出租[60]，奢以法治之，杀平原君用事者九人[61]。平原君怒，将杀奢。奢因说曰[62]："君于赵为贵公子，今纵君家而不奉公则法削[63]，法削则国弱，国弱则诸侯加兵，诸侯加兵是无赵也，君安得有此富乎？以君之贵，奉公如法则上下平，上下平则国强，国强则赵固，而君为贵戚，岂轻于天下邪？"平原君以为贤，言之于王。王用之治国赋[64]，国赋大平，民富而府库实。

秦伐韩，军于阏与。王召廉颇而问曰："可救不？"对曰："道远险狭，难救。"又召乐乘而问焉[65]，乐乘对如廉颇言。又召问赵奢，奢对曰："其道远险狭，譬之犹两鼠斗于穴中，将勇者胜。"王乃令赵奢将，救之。

兵去邯郸三十里[66]，而令军中曰："有以军事谏者死。"秦军军武安西[67]，秦军鼓噪勒兵[68]，武安屋瓦尽振。军中候有一人言急救武安[69]，赵奢立斩之。坚壁[70]，留二十八日不行，复益增垒[71]。秦间来入[72]，赵奢善食而遣之。间以报秦将，秦将大喜曰："夫去国三十里而军不行，乃增垒，阏与非赵地也。"赵奢既已遣秦间，乃卷甲而趋之，二日一夜至，令善射者去阏与五十里而军。军垒成，秦人闻之，悉甲而至[73]。军士许历请以军事谏，赵奢曰："内之[74]。"许历曰："秦人不意赵师至此，其来气盛，将军必厚集其阵以待之[75]。不然，必败。"赵奢曰："请受令[76]。"许历曰："请就铁质之诛[77]。"赵奢曰："胥后令邯郸[78]。"许历复请谏，曰："先据北山上者胜，后至者败。"赵奢许诺，即发万人趋之。秦兵后至，争山不得上，赵奢纵兵击之，大破秦军。秦军解而走[79]，遂解阏与之围而归。

赵惠文王赐奢号为马服君[80]，以许历为国尉[81]。赵奢于是与廉颇、蔺相如同位。

后四年，赵惠文王卒，子孝成王立。七年，秦与赵兵相距长平[82]，时赵奢已死，而蔺相如病笃[83]，赵使廉颇将攻秦，秦数败赵军，赵军固壁不战[84]。秦数挑战，廉颇不肯。赵王信秦之间[85]。秦之间言曰："秦之所恶，独畏马服君赵奢之子赵括为将耳。"赵王因以括为将，代廉颇。蔺相如曰："王以名使括[86]，若胶柱而鼓瑟耳[87]。括徒能读其父书传，不知合变也。"赵王不听，遂将之。

赵括自少时学兵法，言兵事，以天下莫能当。尝与其父奢言兵事，奢不能难，然不谓善。括母问奢其故，奢曰："兵，死地也[88]，而括易言之。使赵不将括即已，若必将之，破赵军者必括也。"及括将行，其母上书言于王曰："括不可使将。"王曰："何以？"对曰："始妾事其父[89]，时为将，身所奉饭饮而进食者以十数，所友者以百数，大王及宗室所赏赐者尽以予军吏士大夫，受命之日，不问家事。今括一旦为将，东向而朝[90]，军吏无敢仰视之者，王所赐金帛，归藏于家，而日视便利田宅可买者买之。王以为何如其父？父子异心，愿王勿遣。"王曰："母置之[91]，吾已决矣。"括母因曰："王终遣之[92]，即有如不称，妾得无随坐乎？"王许诺。

赵括既代廉颇，悉更约束[93]，易置军吏。秦将白起闻之，纵奇兵，详败走，而绝其粮道，分断其军为二，士卒离心。四十馀日，军饿，赵括出锐卒自搏战，秦军射杀赵括。括军败，数十万之众遂降秦，秦悉坑之[94]。赵前后所亡凡四十五万。明年，秦兵遂围邯郸，岁馀，几不得脱。赖楚、魏诸侯来救，乃得解邯郸之围。赵王亦以括母先言，竟不诛也。

自邯郸围解五年，而燕用栗腹之谋[95]，曰"赵壮者尽于长平，其孤未壮"，举兵击赵。赵使廉颇将，击，大破燕军于鄗[96]，杀栗腹，遂围燕。燕割五城请和，乃听之。赵以尉文封廉颇为信平君[97]，为假相国[98]。

廉颇之免长平归也，失势之时，故客尽去。及复用为将，客又复至。廉颇曰："客退矣！"客曰："吁！君何见之晚也？夫天下以市道交[99]，君有势，我则从君，君无势则去，此固其理也，有何怨乎？"居六年，赵使廉颇伐魏之繁阳[100]，拔之。

赵孝成王卒，子悼襄王立，使乐乘代廉颇。廉颇怒，攻乐乘，乐乘走。廉颇遂奔魏之大梁[101]。其明年，赵乃以李牧为将而攻燕，拔武遂[102]、方城[103]。

廉颇居梁久之，魏不能信用。赵以数困于秦兵，赵王思复得廉颇，廉颇亦思复用于赵。赵王使使者视廉颇尚可用否。廉颇之仇郭开多与使者金，令毁之。赵使者既见廉颇，廉颇为之一饭斗米，肉十斤，被甲上马，以示尚可用。赵使还报王曰："廉将军虽老，尚善饭，然与臣坐，顷之三遗矢矣[104]。"赵王以为老，遂不召。

楚闻廉颇在魏，阴使人迎之[105]。廉颇一为楚将，无功，曰："我思用赵人。"廉颇卒死于寿春[106]。

李牧者，赵之北边良将也。常居代[107]、雁门[108]，备匈奴。以便宜置吏[109]，市租皆输入莫府[110]，为士卒费。日击数牛飨士[111]，习射骑，谨烽火，多间谍，厚遇战士。为约曰："匈奴即入盗[112]，急入收保，有敢捕虏者斩。"匈奴每入，烽火谨，辄入收保，不敢战。如是数岁，亦不亡失。然匈奴以李牧为怯，虽赵边兵亦以为吾将怯。赵王让李牧[113]，李牧如故。赵王怒，召之，使他人代将。

岁馀，匈奴每来，出战。出战，数不利，失亡多，边不得田畜[114]。复请李牧。牧杜门不出[115]，固称疾。赵王乃复强起使将兵。牧曰："王必用臣，臣如前，乃敢奉令。"王许之。

李牧至，如故约。匈奴数岁无所得，终以为怯。边士日得赏赐而不用，皆愿一战。于是乃具选车得千三百乘[116]，选骑得万三千匹，百金之士五万人，彀者十万人，悉勒习战。大纵畜牧[117]，人民满野。匈奴小入，详北不胜，以数千人委之。单于闻之[118]，大率众来入。李牧多为奇陈[119]，张左右翼击之，大破杀匈奴十馀万骑。灭襜褴[120]，破东胡[121]，降林胡[122]，单于奔走。其后十馀岁，匈奴不敢近赵边城。

赵悼襄王元年，廉颇既亡入魏，赵使李牧攻燕，拔武遂、方城。居二年，庞煖破燕军[123]，杀剧辛[124]。后七年，秦破杀赵将扈辄于武遂，斩首十万。赵乃以李牧为大将军，击秦军于宜安[125]，大破秦军，走秦将桓齮[126]。封李牧为武安君。居三年，秦攻番吾[127]，李牧击破秦军，南距韩、魏[128]。

赵王迁七年[129]，秦使王翦攻赵[130]，赵使李牧、司马尚御之。秦多与赵王宠臣郭开金，为反间，言李牧、司马尚欲反。赵王乃使赵葱及齐将颜聚代李牧。李牧不受命，赵使人微捕得李牧[131]，斩之。废司马尚。后三月，王翦因急击赵，大破杀赵葱，虏赵王迁及其将颜聚，遂灭赵。

太史公曰[132]：知死必勇[133]，非死者难也，处死者难。方蔺相如引璧睨柱[134]，及叱秦王左右，势不过诛，然士或怯懦而不敢发[135]。相如一奋其气，威信敌国[136]，退而让颇，名重太山[137]，其处智勇，可谓兼之矣！

《史记》卷八一

【注释】

[1]赵惠文王：赵武灵王之子，前298—前266在位。十六年：前283年。　[2]阳晋：今山东菏泽西北。　[3]宦者令：宦官的头领。舍人：战国时官员自聘的私人僚属。　[4]和氏璧：楚人和氏于楚山中得玉璞，献楚厉王，玉工相之，以为石，厉王命砍去和氏左足。武王即位，和氏再献玉璞，玉工又以为石，武王命砍和氏右足。文王即位，和氏抱璞哭于楚山下。王闻之，使玉人理其璞而得美玉，遂名"和氏璧"。事见《韩非子·和氏》。　[5]秦昭王：即秦昭襄王，前306—前251在位。　[6]遗

（wèi 畏）：致送，赠给。　　[7]求人可使报秦者：寻求可以入秦答复之人。报，回答，回复。　　[8]窃：私下里的意思，发表个人意见时所用的谦辞。　　[9]幸于赵王：受赵王宠幸。　　[10]束君归赵：把你捆起来送回赵国。　　[11]肉袒伏斧质：袒露身躯而就刑，表示主动服罪。斧质，斧钺与砧板，指杀人的刑具。　　[12]不：通"否"。　　[13]奈：通"奈"。　　[14]曲在赵：理曲在赵。曲，不公正，不合理。　　[15]"均之二策"二句：权衡二策，宁可把和氏璧许给秦王，以使秦背上理曲的名声。负，背负。　　[16]章台：秦国离宫的台观之一，在今陕西西安西北。秦王选择在离宫别馆，而不是在朝会上接见使臣，显示秦国并无诚意。因此蔺相如索回玉璧后指责秦王"见臣列观"，礼节不周，并要求"设九宾于廷"，才肯献璧。　　[17]"负其强"二句：自负其国力强盛，用空话索求玉璧。　　[18]"臣以为布衣之交尚不相欺"四句：大意是说微臣认为百姓之间交往，尚不互相欺骗，何况秦这样的大国？因为一块玉璧，而拂了秦的面子，是不可行的。　　[19]拜送书于庭：在廷会时拜送国书。　　[20]严大国之威以修敬也：强调大国的威严以表示敬意。修敬，小心持敬之意。　　[21]倨（jù 具）：傲慢。　　[22]戏弄：要笑，欺侮。　　[23]急：逼迫。　　[24]睨（nì 逆）：斜视。　　[25]辞谢固请：道歉并坚请（不要这样做）。　　[26]召有司案图：召唤有关官员查看地图。有司，官员各有职司，故称"有司"。　　[27]相如度（duó 夺）秦王特以诈详为予赵城：蔺相如揣测秦王是特意使诈，假装要给赵国城池。详，通"佯"。　　[28]九宾：由九个礼宾者依次传语，接引上殿，即《周礼》所谓"九仪"，是朝聘时的大礼。　　[29]舍相如广成传：把相如安排在广成驿站的客舍居住。舍，留宿。广成传，驿站名。　　[30]衣（yì 义）褐：穿着粗布短衣，即乔装为平民。衣，使穿衣。　　[31]从径道亡：从小路逃跑。　　[32]缪公：缪，通"穆"。秦穆公（前659—前621在位）称霸西戎，是秦国历史上很重要的一位国君。　　[33]坚明约束：坚定明确地遵守约定。　　[34]间

（jiàn 渐）至赵矣：由偏僻的小路回到赵国。间，间道。 [35]介：量词"个"。 [36]就汤镬（huò 获）：古代有"镬亨（烹）"的酷刑。镬，用于煮物的大锅。 [37]相视而嘻：互相看着，发出怒声。嘻，又惊又怒的声音。 [38]"赵王以为贤大夫"二句：赵王认为蔺相如是个贤良的大夫，出使秦国不辱使命。这说明蔺相如出使时已是大夫职分，回国后赵王以其贤良，又拜上大夫。 [39]石城：今山西离石。1975年云梦睡虎地出土秦简《编年纪》载，秦昭王二十六年（前281，即赵惠文王十八年）攻离石。 [40]欲与王为好会于西河外渑（miǎn 免）池：希望与赵王在西河外的渑池进行友好会面。渑池，今河南渑池西。 [41]瑟：古代拨弦乐器，形似琴，但无徽位，多为二十五弦，每弦一柱，通常与琴、笙合奏。 [42]请奏盆缻（fǒu 否）秦王：请允许我献盆缻给秦王。缻，即缶，瓦质的打击乐器。 [43]"五步之内"二句：大意是说距离秦王不足五步，如不肯击缻，一腔热血都要洒在秦王的身上。这是"同归于尽"的委婉说法。 [44]靡：本义为倒下，这里指秦国的左右侍从被蔺相如的声威吓退。 [45]怿（yì 译）：喜悦。 [46]竟酒：终席。竟，完毕。 [47]位在廉颇之右：地位在廉颇之上。当时以右为尊。 [48]素贱人：指蔺相如地位卑贱，当初只是宦者令缪贤门下的食客。素，一向。 [49]公之视廉将军孰与秦王：你们看廉将军和秦王谁更强？ [50]驽（nú 奴）：劣马，喻愚笨。 [51]顾：但是。 [52]"肉袒负荆"二句：袒露身体，背负荆杖，通过宾客引介，到蔺相如门上谢罪。 [53]刎颈之交：生死之交。 [54]齐几：几，今河北大名东南，当时属魏，不属齐。《史记·赵世家》："二十三年，楼昌将攻魏几，不能取。十二月，廉颇将攻几，取之。"又《战国策·赵策三》："秦败于阏与，反攻魏几。廉颇救几，大败秦师。"（梁玉绳《史记志疑》） [55]防陵：今河南安阳南。 [56]安阳：今河南安阳东南。 [57]平邑：今河南南乐东北。 [58]阏（yù 预）与：今山西和顺西北。 [59]田部史：征收田租的官吏。　　[60]平原君：即赵胜，赵国的公子，为赵惠文王相。《史记》卷七六有传。　　[61]用事者：管事的人。　　[62]说（shuì 税）：劝别人听从自己的意见。　　[63]今纵君家而不奉公则法削：如果放过您家而不秉公处理，国法就削弱了。　　[64]治国赋：管理国家赋税。　　[65]乐乘：本燕将，伐赵，为廉颇所擒。乐乘怨燕国不听其计，乃留赵，赵封之为武襄君。　　[66]邯郸：今河北邯郸西南。　　[67]武安：今河北武安。　　[68]“鼓噪勒兵”二句：秦军击鼓操练兵马的声音，震动了武安城内房上的瓦片。言其声势之大。勒，约束，统率。　　[69]候：斥候，指候望敌情的侦察人员。　　[70]坚壁：坚守营垒。　　[71]复益增垒：又增筑加固了营垒。这是为了制造坚守不战的假象。　　[72]间：间谍。　　[73]悉甲而至：全副装备而来。悉，全，尽。　　[74]内之：同意许历进言。内，通“纳”。　　[75]将军必厚集其阵以待之：将军一定要严阵以待。厚集，指集中重兵。　　[76]请受令：请遵从军令。赵奢有军令在先，“以军事谏者死”，许历在关键时刻冒死进言，赵奢虽赞其智勇，但仍提醒他要注意遵守军法，故下文许历答以甘愿受刑。　　[77]铁（fū 肤，又读fǔ 辅）质：即“斧质”。铁，铡刀，古代用为腰斩的刑具。质，行刑杀人用的砧板。　　[78]胥后令邯郸：须等邯郸（朝廷）来的命令，意思是暂不执行军法。胥，通“须”，等待，停留。　　[79]解而走：涣散而四下逃亡。　　[80]马服君：赵国都城邯郸西北有马服山，这是以马服山为封号。　　[81]国尉：战国时秦赵两国皆有国尉，其地位相当于汉代的太尉或大将军。　　[82]长平：今山西高平西北。　　[83]病笃：病重。　　[84]固壁：即“坚壁”，坚守营垒。　　[85]赵王信秦之间：赵王听信秦国间谍之言。　　[86]以名使括：凭名声而任用赵括。　　[87]胶柱而鼓瑟：瑟通常有二十五弦，每弦一柱，用胶把柱子粘住，就没法调弦定调了。“胶柱鼓瑟”比喻死守成法而不知变通。　　[88]“兵，死地也”六句：大意是说战争是生死攸关的大事，但赵括却把它看得很容易。赵国不用赵括为将则已，如用赵括为将，赵军一定败在赵括的手里。 [89]"始妾事其父"七句：大意是说妾身侍奉赵括的父亲，那时赵奢为将，由他亲自进奉饮食（即待以师长之礼）的人，就有十几个，朋友则数以百计。大王与宗室贵族赏赐的东西全都分发给军士和士大夫。接受君命之后，不过问家中的私事。 [90]东向而朝：面朝东坐，接受属下朝见。当时筵席一般以坐西向东为贵。 [91]置之：搁下不谈。 [92]"王终遣之"三句：大王最后一定要派遣他，假如有不称职的地方，妾身能不连坐么？当时败军之将，罪及其家。 [93]"悉更约束"二句：把原来管束军队的办法全改了，更换了部下。 [94]坑：坑杀。 [95]栗腹：时为燕相，奉命出使赵国，回国后向燕王提议："赵国壮年之人都死在了长平，留下的这些孤儿还没长大，可趁机伐赵。" [96]鄗（hào 浩）：今河北柏乡北。 [97]以尉文封廉颇为信平君：把尉文这个地方封给廉颇作为其食邑，号为"信平君"。尉文，不详何地。 [98]假相国：摄理相国之职。 [99]以市道交：用市场交易的原则（即利益至上）来交友。 [100]繁阳：今河南内黄东北。 [101]大梁：今河南开封西北。 [102]武遂：今河北徐水西。 [103]方城：今河北固安南。 [104]顷之三遗矢矣：一会儿工夫就拉了几次屎。三，虚数，表示多次。矢，通"屎"。 [105]阴使人迎之：暗地里派人迎接。 [106]寿春：今安徽寿县西南。 [107]代：代郡，在今河北蔚县西。 [108]雁门：雁门郡，在今山西右玉南。 [109]以便（biàn 变）宜置吏：可便宜行事，根据实际需要自委官吏。 [110]莫府：出征时将军的官署。莫，通"幕"。 [111]飨（xiǎng 享）：款待，宴享。 [112]"匈奴即入盗"三句：大意是说如果匈奴入寇，要立即收兵退保要塞，有敢追捕敌人的斩首。 [113]让：责让，责备。 [114]边不得田畜：边境上无法耕田畜牧。 [115]杜门：闭门以拒绝来者。 [116]"于是乃具选车得千三百乘"五句：于是备齐了精挑细选的兵车一千三百乘，良马一万三千匹，勇士五万人,射手十万人,都操练习战。百金之士,指能克敌制胜的勇士。《管子·轻重》:"谁能陷陈破众者,赐之百金。"彀(gòu 够)者,弓箭手。彀,拉满弓,张弓。　　[117]"大纵畜牧"五句:大意是说让人民漫山遍野地放牧,引匈奴来掠抢,让匈奴小有侵占后诈败,故意丢下几千人给匈奴。北,败逃。　　[118]单(chán 蝉)于:匈奴的最高首领。　　[119]"李牧多为奇陈"二句:大意是李牧布下奇阵,两翼包抄,夹击匈奴。陈,通"阵"。　　[120]襜褴(dānlán 丹兰):代北的胡族。　　[121]东胡:燕北的胡族,后为匈奴所灭,馀部退保乌丸(乌桓)山,称乌丸,是鲜卑人的祖先。　　[122]林胡:辽东的胡族,司马光《通鉴考异》认为或即契丹人的祖先。　　[123]庞煖(xuān 宣):赵国将领。　　[124]剧辛:本是赵国将领,燕昭王以重金招致贤才,剧辛由赵奔燕。燕国见赵国衰败,以为赵可伐,乃令剧辛伐赵。剧辛轻敌,兵败身死。事见《史记·燕召公世家》。　　[125]宜安:今河北藁城西南。　　[126]走秦将桓齮(yǐ 倚):赶走秦将桓齮。桓齮攻赵,扈辄率军救援,兵败身死。李牧为将后,杀退了桓齮。　　[127]番吾:今河北磁县。　　[128]南距韩、魏:南向抵御韩国与魏国。距,通"拒"。　　[129]赵王迁:悼襄王之子,前235—前228在位,赵国的末代国君。　　[130]王翦:秦国将领,《史记》卷七三有传。　　[131]微捕:暗中秘密地逮捕。　　[132]太史公曰:以下是司马迁的论赞之语,因司马迁任太史令,故标以"太史公曰"。　　[133]"知死必勇"三句:人既知已置于死地,反而会更加勇敢。死并不是难事,难的是如何处理和对待死亡这件事。　　[134]方:当其时。　　[135]然士或怯懦而不敢发:但有的人会因为怯懦而不敢发作。　　[136]威信敌国:在敌国面前伸张了国威。信,通"伸"。　　[137]名重太山:名望重于泰山。太山,即泰山。

【解析】

在赵惠文王当政时期，赵国在军事与外交上，一度能与秦国抗衡。这得益于当时赵国上下同心，将相协力。惠文王死后，孝成王多疑刚愎，任用只知"纸上谈兵"的赵括，致使赵国在长平一役丧师四十五万，从此一蹶不振。悼襄王与赵王迁更听信谗臣郭开之言，贬逐廉颇，杀害李牧，终于自毁长城，断送社稷。

这篇合传，事起于秦王索取和氏璧。在国家陷入困境之时，缪贤向惠文王推荐了蔺相如，连带着也把自己当年欲投奔燕国之事一并说出。缪贤敢于这样做，至少说明当时赵国的君臣关系是比较融洽的。赵奢惩治了平原君的家人，奉劝不肯交租税的平原君："法削则国弱，国弱则诸侯加兵，诸侯加兵是无赵也，君安得有此富乎？"平原君深知赵奢贤良，不但不忌恨他，还举荐了他。赵括的母亲则通过观察、比较赵奢、赵括父子在为人处世方面的差别，断言儿子必然破军丧家，谏止赵括出战。缪贤、平原君和赵母，都具有"先公后私"的大局意识，而且善于知人。有这样一批贤才，是赵国走向强盛的关键。南宋的黄震评价这篇传记，认为写出了"一时烈丈夫英风伟概，令人千载兴起"（《黄氏日抄》）。

在这些"烈丈夫"中，功业与德行最突出的，首推廉、蔺二人。廉颇虽有自傲、任气的缺点，更有勇于改过的美德。他在渑池会之前与惠文王约定，如克期不回，"请立太子为王，以绝秦望"，充分显示了政治家的谋略。而蔺相如，用司马迁的话说，就是"其处智勇，可谓兼之"。他怀璧入秦之际，不仅有慷慨赴死的气概，更对秦王有清醒的预估,他能完璧归赵,凭借的是其"韬勇"(有勇有谋)。渑池会上,当国家尊严受损的时候,他迅速做出反应,勒逼秦王击缶,又叮嘱赵国的御史当场记录下来,具有"果勇"的特点。更为可贵的是,他功成而不自居,主动对廉颇退让,维持将相和谐,体现了他的"贤勇"。太史公之所以将这几位将相合传,并以廉、蔺二人名篇,且在论赞中特别褒奖蔺相如,其中显然寄托了"国有贤相良将,民之师表"(《史记·太史公自序》)的用心。

史记·货殖列传序

〔西汉〕司马迁

【题解】

《货殖列传》是司马迁在《史记》中为商人所立的类传。"货殖"即商业经营活动。全传记述了先秦至汉代之间一些著名商人的言论与事迹，肯定了"求富"是最基本的人性，赞颂商人所做的"上则富国，下则富家"的贡献。司马迁在记述商业活动的同时，还注意到各地区由于地理条件的差异，产生了区域分工，在物产、人情与风俗方面都形成各自的特色。因此，《货殖列传》也是中国最早的关于区域经济与人文地理方面的文献。这里节选的是《货殖列传》的序言部分。

《老子》曰："至治之极[1]，邻国相望，鸡狗之声相闻，民各甘其食，美其服，安其俗，乐其业，至老死不相往来。"必用此为务[2]。輓近世涂民耳目[3]，则几无行矣。

太史公曰：夫神农以前[4]，吾不知已。至若《诗》、

《书》所述虞、夏以来[5]，耳目欲极声色之好，口欲穷刍豢之味，身安逸乐而心夸矜埶能之荣使，俗之渐民久矣，虽户说以眇论[6]，终不能化。故善者因之[7]，其次利道之，其次教诲之，其次整齐之，最下者与之争。

夫山西饶材[8]、竹、穀[9]、纑[10]、旄[11]、玉石，山东多鱼、盐、漆、丝、声色[12]，江南出枏[13]、梓、姜、桂、金、锡、连[14]、丹沙、犀[15]、玳瑁[16]、珠玑、齿革[17]，龙门[18]、碣石北多马[19]、牛、羊、旃、裘、筋、角[20]；铜、铁则千里往往山出棋置[21]：此其大较也[22]。皆中国人民所喜好，谣俗被服饮食奉生送死之具也[23]。故待农而食之[24]，虞而出之，工而成之，商而通之。此宁有政教发征期会哉[25]？人各任其能，竭其力，以得所欲。故物贱之征贵[26]，贵之征贱，各劝其业[27]，乐其事，若水之趋下[28]，日夜无休时，不召而自来，不求而民出之。岂非道之所符，而自然之验邪？

《周书》曰[29]："农不出则乏其食，工不出则乏其事，商不出则三宝绝，虞不出则财匮少，财匮少而山泽不辟矣。"此四者，民所衣食之原也[30]。原大则饶，原小则鲜[31]。上则富国，下则富家。贫富之道，莫之夺予[32]，而巧者有馀[33]，拙者不足。故太公望封于营丘[34]，地潟卤[35]，人民寡，于是太公劝其女功[36]，极技巧，通鱼盐，则人物归之，繦至而辐凑[37]。故齐冠带衣履天下[38]，海岱之间敛袂而往朝焉[39]。其后齐中衰，管子修之[40]，设轻重九府[41]，则桓公以霸，九合诸侯[42]，一匡天下[43]。而管氏亦有三归[44]，位在陪臣[45]，富于列国之君。是以齐富强至于威、宣也[46]。

故曰："仓廪实而知礼节[47]，衣食足而知荣辱。"礼生于有而废于无[48]。故君子富[49]，好行其德；小人富，以适其力。渊深而鱼生之，山深而兽往之，人富而仁义附焉。富者得埶益彰[50]，失埶则客无所之[51]，以而不乐[52]，夷狄益甚。谚曰："千金之子[53]，不死于市。"此非空言也。故曰："天下熙熙[54]，皆为利来；天下壤壤[55]，皆为利往。"夫千乘之王[56]，万家之侯，百室之君，尚犹患贫，而况匹夫编户之民乎[57]！

《史记》卷一二九

【注释】

[1]"至治之极"八句：见今本《老子》第八十章，文字稍异。大意是说最理想的社会状态是：邻国之间近到互相能看见，彼此能听见鸡鸣狗吠之声，老百姓在各自的国家里都衣食无忧，安居乐业，一辈子也不想动地方。　　[2]必用此为务：即以前引《老子》之语为追求的目标。用，以。　　[3]"輓（wǎn　晚）近世涂民耳目"二句：大意是说晚近以来，只知涂塞百姓耳目之欲，几乎没有什么求治的举动。輓，通"晚"。　　[4]神农：传说中的"三皇"之一，因教民耕种，美其衣食，故称神农。　　[5]"虞、夏以来"五句：大意是说虞夏以来，人民总想听尽、看尽、吃尽好东西，安于享乐而夸耀权势与才能带来的荣光，这种观念长久地浸染了百姓。虞、夏，虞舜、夏禹。刍豢（chúhuàn　锄患），豢养的牛羊猪狗之类的家畜。矜（jīn　今），夸耀。埶（shì　是），同"势"。下同。渐（jiān　尖），浸渍，沾染。　　[6]眇论：微妙的理论，指《老子》的学说。眇，通"妙"。　　[7]"善者因之"五句：大意是说最好的做法是顺其自然，其次是用利益来引导，其次是教诲，再次是整顿，最不好的就是与民争利。道，通"导"。　　[8]山西饶材：战国、秦汉时代称殽山（在今河南洛宁）或华山以西地区为山西，与"关中"的含义相同，地域上包括西自陇山，东至殽函，北抵北山，南届秦岭的广大地区。饶，富有，蕴藏丰富的意思。材，木材。　　[9]榖（gǔ　谷）：木材的名称，即楮，又名构树，其皮可以用来织布、造纸。　　[10]纑（lú　卢）：纻麻属植物，可用来织布。　　[11]旄（máo　毛）：牦牛尾，古代用作旌节上的装饰。　　[12]山东：殽山或华山以东的地区，与"关东"的含义相同。广义上的山东，可以泛指除秦国以外的六国；这里作为经济区域，专指黄河流域。声色：指歌童舞女。　　[13]江南出枏（nán　南）：就《货殖列传》中描绘的物产、风俗而言，作为经济区域的"江南"，不仅涵盖岭南地区，还包括了位于长江以北的一小部分的楚

地。这里的"江南"很像今人所说的"南方"。枏,同"楠"。　　[14]连:未炼的铅。　　[15]犀:犀牛角。　　[16]玳瑁(dàimào 代冒):一种海龟,龟甲有花纹,古代用作首饰。　　[17]齿革:象牙、犀牛皮。　　[18]龙门:今山西河津西北。　　[19]碣石:山名,在今河北昌黎北。"龙门、碣石北"即今山西北部至河北北部一线以北地区。　　[20]旃(zhān 沾)、裘、筋、角:指畜类与兽类的皮、毛、筋、角。旃,通"毡"。　　[21]棋置:星罗棋布。　　[22]大较:大略,大概。　　[23]谣俗:风俗,从民间歌谣中可以了解人民的习俗,故称谣俗。　　[24]"故待农而食之"四句:大意是说依靠农民才有饭吃;依靠管理山泽的人,才有林木出产;有工匠才能制成工具;依靠商人,货物才能流通。虞,古代掌管山林之官。　　[25]此宁有政教发征期会哉:是说这难道是靠政府发令或教育来征发协调的吗? 发征,征调。期会,约期而会。　　[26]"物贱之征贵"二句:物品价钱贱到一定程度以后,就意味着要涨价了;贵到一定程度,就预示着要下跌。征,求,转变。　　[27]劝:勉励。　　[28]若水之趋下:战国以来,常用水往低处流的道理,来说明趋利避害或追求欲望都是人的本能。如《管子·形势解》:"民之从利也,如水之走下,于四方无择也。"　　[29]"《周书》曰"六句:大意是说没有了农民,则粮食短缺;没有工匠,缺乏器具;没有了商人,不能具足"三宝";没有了虞人,财富将匮乏;财富匮乏了,无法进一步开辟山泽。《汉书·艺文志》著录有"《周书》七十一篇",性质、内容与《尚书》接近,古人认为是孔子整理《尚书》时删馀的篇章。司马迁引的这句话不见于今本《逸周书》。三宝,指农、工、商,或指农、工、虞三者所产出的物产资源。　　[30]原:通"源",来源。　　[31]鲜(xiǎn 显):少。　　[32]莫之夺予:没有谁能剥夺或改变。夺予,即予夺,给予或剥夺。　　[33]"巧者有馀"二句:语出《管子·形势》。大意是说聪明人能充分运用它,而笨人却不懂得用足这些道理。　　[34]太公望:姜太公吕望,事见《史记》卷三二《齐太公世家》。营丘：周武王封太公于齐，都营丘（今山东淄博北）。　　[35]潟（xì 细）卤：含有过多盐碱成分不适于耕种的土地。　　[36]女功：由女性从事的纺织刺绣缝纫等工作。　　[37]繦（qiǎng 抢）至而辐凑：是说老百姓背着孩子，由四面八方奔向齐国。繦，同"襁"，是背负婴儿的包袱。《论语·子路》："四方之民襁负其子而至矣。""繦至"，即"襁负其子而至"的省略说法。辐凑，像车轮的辐条一样，聚拢到车轴上。　　[38]齐冠带衣履天下：齐国所造的冠带衣履流行遍天下。　　[39]海岱之间敛袂（mèi 妹）而往朝焉：泰山以东直到大海之间的各诸侯国，整理好衣袖来朝见齐国。敛袂，整理衣袖，表示敬服。　　[40]管子：即管仲，齐桓公（前685—前643在位）用为相，《史记》卷六二有传。　　[41]轻重九府：铸钱与管理财政的机构。　　[42]九合诸侯：指齐国多次会盟诸侯。九，虚数，表示多次。　　[43]匡：正。齐桓公以"尊王攘夷"为旗号，号召各诸侯国尊重周天子，所以说他整顿匡正了政治秩序。　　[44]三归：指《管子·山至数》说的"则民之三有归于上矣"，意思是说百姓收入的三成要交给上位之人。管仲因有三归之策而使官员富有，故他本人也"富于列国之君"（郭嵩焘《养知书屋集·释三归》）。　　[45]陪臣：大夫的家臣。陪有重叠的意思，大夫是诸侯的臣子，而诸侯又是天子的臣子，故大夫对天子自称陪臣。　　[46]威、宣：齐威王，前356—前320在位；齐宣王，前319—前301在位。　　[47]"仓廪实而知礼节"二句：见《管子·牧民篇》，大意是说粮仓充实之后，才能谈得上礼节；温饱问题解决了，才会顾及荣辱。　　[48]礼生于有而废于无：礼在经济富有的基础上产生，在一穷二白的时候废弛。　　[49]"故君子富"四句：大意是说君子富有了之后，喜欢行仁德之事；一般人富了以后，也会施逞出自己的本领。适，逞，纵。　　[50]富者得埶益彰：指有了经济与社会地位之后，能更好地弘扬圣人之道。《货殖列传》中提到孔子的学生子贡致富之后能与诸侯国君分庭抗礼。司马迁认为：使孔子名扬天下的，正是子贡这样的人，"此所谓得埶而益彰者乎"？　　[51]失埶则客无所之：贫者无势，连个客人也没有。《货殖列传》提到的孔子的另一个学生原宪，连糠都不够吃，住在穷巷子里，与子贡形成了鲜明对比。原宪大概就是"失埶则客无所之"的典型。　　[52]"以而不乐"二句，含义不明，或可理解为贫穷无势之人，因"客无所之"而不高兴，夷狄之人就更是这样了。　　[53]"千金之子"二句：千金人家的子弟，不会因犯法而在市曹上被处死。这是说人富裕了之后，才会重视礼义廉耻，才不会违法乱纪，也就是《管子·五辅篇》说的"仓廪实而囹圄（língyǔ 灵宇，监狱）空"。　　[54]熙熙：和乐的样子。　　[55]壤壤：乱纷纷的样子。壤，通"攘"。后以"熙熙攘攘"形容人来人往、喧闹纷杂的样子。　　[56]乘（shèng 剩）：一车四马为一乘。　　[57]匹夫编户之民：即平民。编户，编入户籍。

【解析】

《货殖列传》打破了儒家"耻于言利"、法家"重农抑商"的思想传统，对商人的活动与作用予以了十分正面的记述。司马迁主要是从社会分工的角度来肯定商人与商业的价值。他认为：农、工、商、虞，都是人民的"衣食之原"，四者不可或缺，共同构成社会财富的来源。而产生社会分工的深层原因，则在于各地区自然条件的差异。不同的地理环境，孕育了丰富多样的物产资源，乃至形成各具特色的风土人情。司马迁按照这一原则，把汉朝的国土划分为四大经济区：殽山以西地区、殽山以东地区、广义上的"江南"地区和龙门与碣石以北地区。

这四大区域以及农、工、商、虞等四大部门的分工与合作，是在社会经济发展的过程中自然形成的，而不是靠政府发号施令来实现的。商人最突出的作用，就是在分工合作的过程中，进行沟通与协调。在价格贵贱消长的过程中，不同行业的人都可以获得相应的利益。这就是司马迁说的"物贱之征贵，贵之征贱，各劝其业，乐其事"。一旦有利可图，人们便"不召而自来"，各种物资"不求而民出之"。人和物都流动了，整个社会也就富裕了。

司马迁特别强调，社会经济运行的这些规律，就像水往低处流一样，不会因统治者的意志而改变。所以最高明的统治术就是因势利导，其次才是通过行政手段使之整齐划一，而最不好的做法就是与民争利。

西汉初年，为在战乱之后迅速恢复疲敝的经济，统治者曾推行黄老无为之术，实行轻徭薄赋、"与民休息"的政策。司马迁认为，正是这种比较宽松的统治，带来了当时社会的繁荣与稳定。汉文帝时期，"百姓无内外之繇，得息肩于田亩。天下殷富，粟至十馀钱，鸣鸡吠狗，烟火万里，可谓和乐者乎！"（《史记·律书》）

人只有在生活富裕了之后，才懂得礼义廉耻，也就是《管子》说的："仓廪实而知礼节。"人人知礼节，社会才能安定。司马迁为商人立传，并不是鼓吹唯利是图，也不止于探讨商人与商业的社会地位问题，实际上他是在探究财富对整个人类社会的作用，探寻实现社会长治久安的致治之道。

报任少卿书

〔西汉〕司马迁

【题解】

任少卿（？—前91），名安，荥阳（今河南荥阳东北）人，官益州刺史、北军使者护军。据王国维的考证，太始四年（前93）任安入狱，后获赦免。征和二年（前91），因为戾太子案被处以腰斩。所以，司马迁写这封信的时间，一说在征和二年十一月，即任安被腰斩前的一个月，一说在太始四年，今从前说。任安是司马迁的朋友，他在狱中写了一封信请求司马迁推贤进士，司马迁过了很长一段时间才给任安回了这封信。由司马迁的这封信来看，任安此时身陷囹圄，而且犯的是将要被处死的重罪，恐怕很快就会执行。这就是司马迁写这封信的具体背景。在信中，司马迁表达了他不能推贤进士的原因，一腔幽愤，尽发于此。该文是了解司马迁生平、思想的重要文献。

太史公牛马走司马迁再拜言[1]，少卿足下[2]：曩者辱赐书[3]，教以顺于接物，推贤进士为务[4]。意气勤勤恳恳[5]，若望仆不相师[6]，而用流俗人之言。仆非敢如此也。仆虽罢驽[7]，亦尝侧闻长者之遗风矣[8]。顾自以为身残处秽[9]，动而见尤[10]，欲益反损，是以独郁悒而与谁语[11]。谚曰："谁为为之？孰令听之？"盖锺子期死[12]，伯牙终身不复鼓琴。何则？士为知己者用，女为说己者容[13]。若仆大质已亏缺矣[14]，虽才怀随、和[15]，行若由、夷[16]，终不可以为荣，适足以见笑而自点耳[17]。书辞宜答，会东从上来[18]，又迫贱事[19]，相见日浅，卒卒无须臾之间[20]，得竭至意[21]。今少卿抱不测之罪[22]，涉旬月[23]，迫季冬，仆又薄从上雍[24]，恐卒然不可为讳[25]。是仆终已不得舒愤懑以晓左右，则长逝者魂魄私恨无穷。请略陈固陋，阙然久不报，幸勿为过。

仆闻之修身者智之符也[26]，爱施者仁之端也，取与者义之表也，耻辱者勇之决也，立名者行之极也。士有此五者，然后可以托于世，而列于君子之林矣。故祸莫憯于欲利[27]，悲莫痛于伤心，行莫丑于辱先，诟莫大于宫刑[28]。刑馀之人，无所比数，非一世也，所从来远矣。昔卫灵公与雍渠同载[29]，孔子适陈；商鞅因景监见[30]，赵良寒心；同子参乘，袁丝变色[31]，自古而耻之。夫以中才之人，事有关于宦竖[32]，莫不伤气，而况于慷慨之士乎？如今朝廷虽乏人，奈何令刀锯之馀荐天下豪俊哉[33]？

仆赖先人绪业[34]，得待罪辇毂下[35]，二十馀年矣。所以自惟[36]，上之，不能纳忠效信，有奇策才力之誉，自结明主；次之，又不能拾遗补阙，招贤进能，显岩穴之士[37]；外之，又不能备行伍[38]，攻城野战，有斩将搴旗之功[39]；下之，不能积日累劳，取尊官厚禄，以为宗族交游光宠。四者无一遂，苟合取容[40]，无所短长之效，可见如此矣。向者[41]，仆常厕下大夫之列[42]，陪外廷末议[43]。不以此时引维纲[44]，尽思虑，今以亏形为扫除之隶，在阘茸之中[45]，乃欲仰首伸眉，论列是非，不亦轻朝廷羞当世之士邪？嗟乎！嗟乎！如仆，尚何言哉！尚何言哉！

且事本末未易明也。仆少负不羁之行，长无乡曲之誉[46]，主上幸以先人之故，使得奏薄伎[47]，出入周卫之中[48]。仆以为戴盆何以望天[49]，故绝宾客之知，亡室家之业，日夜思竭其不肖之才力，务一心营职，以求亲媚于主上。而事乃有大谬不然者。夫仆与李陵俱居门下[50]，素非能相善也。趣舍异路[51]，未尝衔杯酒，接殷勤之馀欢。然仆观其为人，自守奇士，事亲孝，与士信，临财廉，取与义，分别有让，恭俭下人，常思奋不顾身，以徇国家之急。其素所蓄积也，仆以为有国士之风。夫人臣出万死不顾一生之计，赴公家之难，斯以奇矣[52]。今举事一不当，而全躯保妻子之臣，随而媒孽其短[53]，仆诚私心痛之。且李陵提步卒不满五千，深践戎马之地，足历王庭[54]，垂饵虎口，横挑强胡[55]，仰亿万之师，与单于连战十有馀日，所杀过半当[56]。虏救死扶伤不给，旃裘之君长咸震怖[57]，乃悉征其左右贤王[58]，举引弓之人，一国共攻而围之。转斗千里，矢尽道穷，救兵不至，士卒死伤如积。然陵一呼劳军，士无不起，躬自流涕，沫血饮泣[59]，更张空拳[60]，冒白刃，北向争死敌者。陵未没时，使有来报，汉公卿王侯皆奉觞上寿[61]。后数日，陵败书闻，主上为之食不甘味，听朝不怡。大臣忧惧，不知所出。仆窃不自料其卑贱，见主上惨怆怛悼，诚欲效其款款之愚[62]。以为李陵素与士大夫绝甘分少，能得人死力，虽古之名将，不能过也。身虽陷败，彼观其意，且欲得其当而报于汉。事已无可奈何，其所摧败，功亦足以暴于天下矣[63]。仆怀欲陈之，而未有路。适会召问，即以此指推言陵之功[64]，欲以广主上之意，塞睚眦之辞[65]。未能尽明，明主不晓，以为仆沮贰师[66]，而为李陵游说，遂下于理[67]。拳拳之忠，终不能自列。因为诬上，卒从吏议。家贫，货赂不足以自赎，交游莫救，左右亲近，不为一言。身非木石，独与法吏为伍，深幽囹圄之中[68]，谁可告诉者！此真少卿所亲见，仆行事岂不然乎？李陵既生降，隤其家声[69]，而仆又佴之蚕室[70]，重为天下观笑[71]。悲夫！悲夫！

事未易一二为俗人言也。仆之先非有剖符丹书之功[72]，文史星历[73]，近乎卜祝之间[74]，固主上所戏弄，倡优所畜[75]，流俗之所轻也。假令仆伏法受诛，若九牛亡一毛，与蝼蚁何以异？而世又不与能死节者[76]，特以为智穷罪极，不能自免，卒就死耳。何也？

素所自树立使然也。人固有一死，或重于太山，或轻于鸿毛，用之所趋异也。太上不辱先[77]，其次不辱身，其次不辱理色，其次不辱辞令，其次诎体受辱[78]，其次易服受辱[79]，其次关木索、被箠楚受辱[80]，其次剔毛发、婴金铁受辱[81]，其次毁肌肤、断肢体受辱，最下腐刑，极矣。传曰"刑不上大夫[82]"，此言士节不可不勉励也。猛虎在深山，百兽震恐，及在槛穽之中[83]，摇尾而求食，积威约之渐也。故有画地为牢，势不可入，削木为吏，议不可对，定计于鲜也[84]。今交手足，受木索，暴肌肤，受榜箠，幽于圜墙之中。当此之时，见狱吏则头枪地[85]，视徒隶则正惕息[86]。何者？积威约之势也。及以至是[87]，言不辱者，所谓强颜耳，曷足贵乎？且西伯，伯也[88]，拘于羑里[89]；李斯[90]，相也，具于五刑[91]；淮阴[92]，王也，受械于陈[93]；彭越、张敖[94]，南面称孤，系狱抵罪；绛侯诛诸吕[95]，权倾五伯，因于请室[96]；魏其[97]，大将也，衣赭衣，关三木[98]；季布为朱家钳奴[99]；灌夫受辱于居室[100]。此人皆身至王侯将相，声闻邻国，及罪至罔加[101]，不能引决自裁，在尘埃之中。古今一体，安在其不辱也！由此言之，勇怯，势也；强弱，形也。审矣，何足怪乎！夫人不能早自裁绳墨之外，以稍陵迟[102]，至于鞭箠之间，乃欲引节，斯不亦远乎？古人所以重施刑于大夫者，殆为此也。

夫人情莫不贪生恶死，念父母，顾妻子。至激于义理者不然，乃有所不得已也。今仆不幸，早失父母，无兄弟之亲，独身孤立，少卿视仆于妻子何如哉？且勇者不必死节，怯夫慕义，何处不勉焉！仆虽怯懦欲苟活，亦颇识去就之分矣，何至自沉溺缧绁之辱哉[103]？且夫臧获婢妾[104]，由能引决[105]，况仆之不得已乎？所以隐忍苟活，幽于粪土之中而不辞者，恨私心有所不尽，鄙陋没世，而文彩不表于后世也。

古者富贵而名摩灭，不可胜记，唯倜傥非常之人称焉[106]。盖文王拘而演《周易》[107]；仲尼厄而作《春秋》[108]；屈原放逐[109]，乃赋《离骚》；左丘失明，厥有《国语》[110]；孙子膑脚[111]，《兵法》修列；不韦迁蜀[112]，世传《吕览》；韩非囚秦[113]，《说难》、《孤愤》；

《诗》三百篇，大底圣贤发愤之所为作也。此人皆意有郁结，不得通其道，故述往事，思来者。乃如左丘无目[114]，孙子断足，终不可用，退而论书策以舒其愤，思垂空文以自见[115]。仆窃不逊，近自托于无能之辞，网罗天下放失旧闻[116]，略考其行事，综其终始，稽其成败兴坏之纪[117]。上计轩辕[118]，下至于兹，为十表[119]，本纪十二[120]，书八章[121]，世家三十[122]，列传七十[123]，凡百三十篇，亦欲以究天人之际，通古今之变，成一家之言。草创未就，会遭此祸，惜其不成，已就极刑而无愠色[124]。仆诚以著此书，藏诸名山，传之其人，通邑大都，则仆偿前辱之责[125]，虽万被戮，岂有悔哉！然此可为智者道，难为俗人言也。

且负下未易居，下流多谤议，仆以口语遇此祸，重为乡党所笑，以污辱先人，亦何面目复上父母丘墓乎？虽累百世，垢弥甚耳！是以肠一日而九回，居则忽忽若有所亡，出则不知其所往。每念斯耻，汗未尝不发背沾衣也。身直为闺阁之臣[126]，宁得自引于深藏岩穴邪？故且从俗浮沉，与时俯仰，以通其狂惑。今少卿乃教以推贤进士，无乃与仆私心刺谬乎[127]？今虽欲自雕琢，曼辞以自饰[128]，无益，于俗不信，适足取辱耳。要之，死日然后是非乃定。书不能悉意，略陈固陋。谨再拜。

《文选》卷四一

【注释】

[1]太史公：即太史令。一说指司马迁的父亲司马谈。司马谈曾任太史令，谈死后，司马迁继任父职。牛马走：谦词，指像牛马一样供驱使的仆人。走，犹"仆"。再拜：拜了又拜，表示恭敬。此十二字《汉书·司马迁传》无。　　[2]足下：对人的敬称。　　[3]曩（nǎng 囊，上声）：以前。　　[4]推贤进士：向朝廷推荐贤良之士。当时司马迁为中书令，掌文书及推选人才等事。　　[5]意气：情意和语气。勤勤恳恳：非常恳切。　　[6]"若望仆不相师"二句：好像怨我没有遵从您（的意见），而听从了世俗庸人的意见。望，怨。师，遵从。流俗人，指世俗庸人。　　[7]罢（pí 皮）：同"疲"。驽（nú 奴）：劣马。　　[8]侧闻：从旁听说，自谦之词。　　[9]身残处秽：身体受宫刑而致残缺，处在肮脏耻辱的位置。　　[10]动而见尤：一动就会受到指责。尤，过错。　　[11]郁悒（yì 义）：苦闷的样子。　　[12]"盖锺子期死"二句：锺子期死了以后，伯牙终生不再弹琴。锺子期、伯牙，春秋时楚人。伯牙鼓琴，最受锺子期欣赏，且知其音的意义所在。所以，锺子期死后，伯牙认为世无知音，乃破琴绝弦，终身不复鼓琴。见《吕氏春秋·本味》。　　[13]说（yuè 月）：同"悦"。　　[14]大质：这里指身体。　　[15]随、和：随侯珠与和氏璧，指极珍贵的宝物。　　[16]由、夷：许由和伯夷，均为古代品行高尚的隐士。　　[17]点：黑点。这里指玷污。　　[18]会东从上来：适逢从

东方跟从武帝回到长安来。这里指太始四年（前93）三月至五月间，司马迁随武帝东巡泰山、不其山（今山东崂山），返回长安。　　[19]贱事：卑贱之事，谦词。　　[20]卒（cù 促）卒：同"猝猝"，仓促。　　[21]至：《汉书》作"指"。"至"字义长。　　[22]不测之罪：不可测之罪，指大罪。　　[23]"涉旬月"二句：旬月，一整月。季冬，十二月。按汉律，每年十二月处决囚犯。　　[24]薄：同"迫"，接近。雍：在今陕西凤翔南。《汉书·武帝纪》："太始四年冬十二月，行幸雍，祠五畤。"　　[25]不可为讳：讳言其死，故采取委婉的说法。由信的内容来看，任安这次下狱，是因为犯了重罪。两年后，任安因为戾太子事件被处以腰斩。　　[26]符：信。这里是表现的意思。　　[27]憯（cǎn 惨）：同"惨"。　　[28]诟（gòu 够）：耻辱。宫刑：又称"腐刑"，割去男性生殖器的一种刑罚。　　[29]"昔卫灵公与雍渠同载"二句：孔子居卫，卫灵公和夫人同车出游，让宦官雍渠同车，孔子感到耻辱，就离开了卫国，到陈国去。事见《孔子家语》。　　[30]"商鞅因景监见"二句：商鞅因宦官景监而见到秦孝公，赵良感到心寒。景监，秦孝公的宦官。赵良，秦孝公的大臣。事见《史记·商君列传》。　　[31]"同子参乘"二句：汉文帝拜见自己的母亲，与袁盎、宦官赵谈同车。袁盎认为与天子同车者，皆天下豪英，不应与宦官同车。汉文帝笑，让赵谈下车，赵谈泣。赵谈与司马谈同名，司马迁为避父讳而称其为"同子"。子，尊称。袁丝，即袁盎，字丝，汉文帝的大臣。事见《汉书·袁盎传》。　　[32]宦竖：指宦官。　　[33]刀锯之馀：受过重刑的人，等于说"刑馀之人"。　　[34]绪业：事业，指司马迁的祖先世为史官。　　[35]待罪：指做官，谦词。辇毂（gǔ 古）下：皇帝的车轮之下，指在京城。　　[36]惟：思考。　　[37]岩穴之士：指隐士。　　[38]行伍：此处泛指军队。古代的军队编制，五人为伍，二十五人为行。　　[39]搴（qiān 牵）：拔取。　　[40]"苟合"二句：勉强求得容身存世，没有任何长处可以（为皇帝）效劳。短长，意思是无所短长，即无所长。　　[41]向：从前。 　　[42]常：通"尝"，曾经。厕（cè 侧）：间杂，置身其间。谦词。下大夫：太史令属下大夫，指官位较低。 　　[43]外廷：外朝。末议：微不足道的意见。 　　[44]维纲：国家法令。 　　[45]阘茸（tàróng 榻容）：下贱，低贱的人。茸，细毛。 　　[46]乡曲：乡里。汉文帝时期，有乡曲之誉者，可以荐官。 　　[47]奏：《汉书》作"奉"。"奉"字义长。 　　[48]周卫：宿卫周密，指宫禁。 　　[49]戴盆何以望天：戴着盆子如何看得见天，形容事情不可兼顾，即自己忙于公职，无暇顾及私事。 　　[50]不然者夫：李善注以"不然者夫"四字连读，误。"夫"字宜属下句。李陵：字少卿（？—前74），陇西成纪（今甘肃秦安）人。李广之孙。天汉二年（前99）奉命出征，孤军深入，率不足五千兵卒与八万匈奴激战，因寡不敌众兵败投降。汉武帝误信李陵为匈奴练兵的讹传，夷灭李陵三族。俱居门下：司马迁与李陵曾同时任侍中。 　　[51]趣舍：个人所走的路不同。趣，通"趋"。 　　[52]以：《汉书》作"已"。 　　[53]媒蘖（niè 聂）：酝酿的意思，比喻构陷诬害，酿成其罪。媒，酒母。蘖，通"糵"，酿酒的酵母。 　　[54]王庭：匈奴单于的住处。 　　[55]胡：指匈奴。 　　[56]所杀过半当：《汉书》无"半"字。 　　[57]旃（zhān 沾）裘：毛织品制成的衣服。 　　[58]左右贤王：左贤王和右贤王，匈奴的最高官位。 　　[59]沫（huì 汇）血：形容血流满面。沫，通"颒"，以手捧水洗脸。 　　[60]拳：应作"弮"（quān 圈），强硬的弓弩。空弮，形容弹尽粮绝。 　　[61]奉觞上寿：捧着酒杯祝汉武帝万岁长寿，这里指祝捷。 　　[62]怛（dá 达）：悲痛。款款：忠实的样子。 　　[63]暴（pù 瀑）：显露，昭示。矣：《汉书》无此字。 　　[64]指：同"旨"。 　　[65]睚眦（yázì 涯字）：怒目相视。 　　[66]沮：毁坏。贰师：指贰师将军李广利，汉武帝宠妃李夫人之兄。李陵受困时，李广利率主力却并不救援。汉武帝本欲通过这次出击匈奴给李广利提供封侯的机会，但是全军无功而返。在武帝看来，司马迁的辩解等于贬低了李广利。 　　[67]理：指

大理（廷尉），治狱官。　　[68]囹圄（língyǔ　灵宇）：监狱。　　[69]隤（tuí
颓）：坠。李陵是名将李广之后，生降匈奴后，败坏了李家名声。　　[70]佴
（èr　贰）：相次，随后。《汉书》作"茸"，推置其中。蚕室：养蚕需要温暖密闭
的房子，受过腐刑的人初期怕风怕冷，也需要住在这样的房子中。　　[71]重
（zhòng　众）：深深地。　　[72]剖符：把竹制的契约一剖为二。丹书：用丹
砂把誓词写在铁制的契券上。以上是汉初的皇帝给大臣的特殊待遇，拥有剖
符和丹书者，可以世代袭爵，子孙免罪。　　[73]文史星历：文史典籍和天文
历法，属太史令掌管。　　[74]卜祝：占卜和祝祷。　　[75]倡优所畜：被人像
倡（乐人）优（戏人）一样看待。"畜"，同"蓄"，养。　　[76]而世又不与能
死节者：《汉书》"者"下有"比"字，是。　　[77]太上：最上。　　[78]诎：通
"屈"。　　[79]易服：换上赭（深红）色的衣服，这里指穿囚服。　　[80]木
索：木枷和绳索。被箠（chuí　垂）楚：受荆杖拷打。箠楚，皆杖木之
名。　　[81]剔毛发：古代的髡（kūn　昆）刑，把头发剃光。剔（tì　替），同
"剃"。婴金铁：古代的钳刑，脖子上带着铁链。婴，缠绕，围绕。　　[82]刑
不上大夫：《礼记·曲礼》："礼不下庶人，刑不上大夫。"之所以刑不上大
夫，是因为大夫是天下的表率，以此来使大夫砥砺名节，并非是对犯罪的
大夫不施行刑罚。　　[83]槛（jiàn　建）：关野兽的笼子。穽（jǐng　井）：捕
兽的陷坑。　　[84]鲜：鲜明。表示打定主意自杀，不受辱。　　[85]枪：同
"抢"，触。　　[86]惕息：形容恐惧的样子。　　[87]以：《汉书》作
"已"，"以"同"已"。　　[88]西伯：周文王姬昌，为西方诸侯之长。伯，通
"霸"。　　[89]羑（yǒu　有）里：在今河南汤阴县北。殷纣王曾把周文王囚
禁于此。　　[90]李斯：秦统一后为丞相。秦二世继位，听信赵高谗言，将
李斯腰斩，夷灭三族。　　[91]五刑：五种刑罚。据《汉书·刑法志》："当
夷三族者，皆先黥（以墨刺面）劓（割鼻），斩左右趾，笞杀之，枭其首，菹
其骨肉于市。"　　[92]淮阴：指淮阴侯韩信（前231? —前196），西汉开国

功臣。后高祖疑其谋反，在陈（楚地）逮捕了他。　　[93]械：枷锁之类的刑具。　　[94]彭越、张敖：彭越是汉高祖的功臣，封梁王。张敖是张耳之子，袭父爵为赵王。二人皆被诬告谋反，下狱治罪。　　[95]绛侯：汉高祖的功臣周勃，封绛侯，惠帝和吕后死后，与陈平立汉文帝。　　[96]请室：请罪之室，囚禁有罪官吏的牢狱。　　[97]魏其：大将军窦婴，窦太后之侄，汉景帝时被封为魏其侯。武帝时以伪造遗诏罪处死。　　[98]三木：锁住颈、手、足的三种木制刑具。　　[99]季布：项羽的大将，多次率兵打败刘邦，项羽死后，刘邦以千金缉拿季布。季布隐姓埋名，受髡刑和钳刑，卖身给朱家为奴，后获刘邦赦免。　　[100]灌夫：汉武帝时为太仆，得罪了丞相田蚡，被囚于居室，后被诛。居室：官署名，少府所属，武帝改曰保宫。　　[101]罔：同"网"，法网。　　[102]陵迟：衰颓，指受挫。　　[103]缧绁（léixiè　雷谢）：捆绑犯人的绳子，引伸为捆绑、牢狱。　　[104]臧获：对奴婢的贱称，奴曰臧，婢曰获。　　[105]由：《汉书》作"犹"，是。　　[106]倜（tì　惕）傥：卓异不凡。　　[107]文王拘而演《周易》：周文王被殷纣王拘禁在羑里时，根据古代的八卦，推演出了《周易》的六十四卦。　　[108]仲尼厄而作《春秋》：孔丘字仲尼，周游列国，受尽艰难困苦，晚年返回鲁国，删削鲁史而为《春秋》。　　[109]"屈原放逐"二句：屈原，为楚怀王左徒，因为上官大夫向楚怀王进谗言而被疏远，心怀忧愤而作《离骚》。　　[110]厥有《国语》：春秋时的鲁国史官左丘明，作《国语》。　　[111]"孙子膑脚"二句：孙子，战国初期的著名军事家孙膑。他与庞涓一起学兵法于鬼谷子，庞涓后事魏惠王，自以为不及孙膑，骗孙膑入魏，断其两足。后来孙膑大破魏军，并擒杀了庞涓。孙膑著有《孙膑兵法》。　　[112]不韦：吕不韦，姜姓，吕氏，名不韦，卫国濮阳（今河南滑县）人。战国末年大商人、政治家、思想家，秦初为相国。大招门客，命编撰成《吕氏春秋》一书，又名《吕览》。始皇十年，令吕不韦举家迁蜀，吕不韦饮鸩自杀。　　[113]"韩非囚秦"二句：韩非是战国后期法家的代表人物，著有《韩非子》。入秦后，李斯向秦王进谗言，韩非被下狱死。《说难》、《孤愤》是《韩非子》中的篇名。　　[114]乃如：至于。"乃"，《汉书》作"及"。　　[115]空文：这里指文章，因为文章只是表达自己的感情或观念，与具体的功业相比较，只是没有实行的事情，故称"空文"。见：同"现"，显示，表达。　　[116]放失（yì 义）：散佚。失，同"佚"。　　[117]纪：《汉书》作"理"。　　[118]轩辕：指黄帝，曾居于轩辕之丘，故称轩辕氏。　　[119]表：《史记》的一种撰述体例，以表格简列世系、重要人物和史事。　　[120]本纪：帝王的传记，一般采取编年法对帝王的事迹进行叙述。　　[121]书：其内容是对古代社会政治、经济、文化等各种典章制度的专题记载，《史记》中的"八书"包括《礼》、《乐》、《律》、《历》、《天官》、《封禅》、《河渠》、《平准》。其后演变为正史中的"志"。　　[122]世家：主要记王侯贵族的历史。　　[123]列传：除了帝王诸侯外，其他各方面代表人物的生平事迹和少数民族的传记。　　[124]极刑：这里指宫刑。愠（yùn 运）色：愤怒的样子。　　[125]责（zhài 寨）：通"债"，指此前所受一切屈辱的代价。　　[126]闺閤之臣：指宦官。闺、閤，宫中小门，指宫禁内院。　　[127]剌（là 腊）谬：违背，乖离。　　[128]曼辞：美妙的言辞。曼，美。

【解析】

明人孙执升说："史迁一腔抑郁，发之《史记》；作《史记》一腔抑郁，发之此书。识得此书，便识得一部《史记》。盖一生心事，尽泄于此也。纵横排宕，真是绝代大文章。"（《评注昭明文选》引），由此可见此篇的重要性。

本文开篇总叙报书之迟及自己不能推贤进士的缘由。司马迁说自己是遭受官刑的刑馀之人，类同宦者，不具备推贤进士的资格。这当然是司马迁压抑着悲愤无奈的血泪之语。接着说他获罪之始末。天汉二年（前99）的李陵事件，是他遭受官刑的直接导火索。司马迁与李陵虽非好友，未尝有杯酒之欢，但敬佩其为人，以为有"国士之风"，所以为李陵生降匈奴进行了辩解。按汉朝的规定，无功者不得封侯。武帝这次派贰师将军李广利出征匈奴，在某种程度上是为了给李广利提供封侯的机会。结果，李广利无功而返，李陵生降匈奴。李陵，西汉名将李广之孙。李陵率不足五千的兵力与单于的八万匈奴兵鏖战十馀日，匈奴举国为之震动。最后因为弹尽粮绝，援军不至，投降了匈奴。司马迁仗义执言，为李陵辩解，一则为了宽解武帝，一则不满于满朝文武的趋炎附势与落井下石。司马迁对武帝说，李陵虽降，但在将来会伺机报答汉朝。武帝以为司马迁这样说，等于贬低了李广利，就以诬罔之罪，对司马迁处以腐刑，李陵也被夷灭三族。

在司马迁看来，所有的刑罚之中，"最下腐刑，极矣！"这是最大的人生耻辱！选择死亡，固然可以一死了之，但这样与蝼蚁何异；选择生存，接受官刑，这样却又等于选择了生不如死。为了完成《史记》，司马迁最后毅然选择了官刑。司马迁出狱前为太史令，位列下大夫。出狱后为中书令，尊宠任职。但在他看来，自己只不过是主上所戏弄的"闺阁之臣"，这也从另一个侧面反映出了司马迁对自身及现实的清醒认识。

"人固有一死，或重于太（泰）山，或轻于鸿毛"，司马迁的选择，体现了他对人生价值观的决然判断。他之所以隐忍苟活，乃在于担心"鄙陋没世，而文彩不表于后世也"，为了完成著作《史记》的理想，他宁可忍受肉体和精神上的巨大痛苦而选择宫刑，且从古代先贤那里找到了归依——文王、孔子、屈原、左丘明、孙膑、吕不韦、韩非、"诗三百"的作者，都成了他发愤著书的榜样，并为他提供了完成《史记》的精神动力。只要《史记》能够完成并得以流传，"虽万被戮，岂有悔哉！"

"究天人之际，通古今之变，成一家之言"，是司马迁写作《史记》的目的，也是司马迁贯穿《史记》始终的史学理想。《史记》是中国历史上第一部纪传体通史，它展现了上自黄帝、下至武帝时期三千年的历史画卷，探讨了天人之间的运行规律，"述往事，思来者"，其中有感慨，有惶惑，有怀疑，有诘问。历史的主体是人，《史记》不单纯是历史人物与事件的叙述与罗列，而始终指向的是天人关系、古今之变的深刻洞察和理性思索。从这一角度来讲，《史记》不但抓住了史学的核心要义，而且已经上升为历史哲学的思考，这就是《史记》的深刻之处。

总之，司马迁以自己的悲剧人生，以史家的使命意识，将自己的歌哭悲欢，将自己的血泪幽愤化作了朗照乾坤、彪炳千秋的历史巨著——《史记》，其"究天人之际，通古今之变，成一家之言"的史学理想所呈现出的恢弘格局和盛大气象，更是成为牢笼百代的史家绝唱。后世史家，无出其右者。这就是司马迁以自己的实际行动对历史做出的回答，也是我们重温《报任少卿书》的意义所在。

汉书·艺文志序

〔东汉〕班固

【题解】

《汉书·艺文志》是我国现存最早的一部史志图书目录。东汉初,明帝永平年间(58—75),班固任典校秘书,于国家藏书库兰台等处整理典籍,修撰史书。他以西汉末年刘歆所撰《七略》为蓝本,加以增删调整;分类著录藏书,并记述每类源流大概,而撰《汉书·艺文志》。其中包含六艺、诸子、诗赋、兵书、术数、方技六略,其下又细分为三十八小类,共著录图书五百九十六家,一万三千二百六十九卷,反映了西汉官藏图书之盛,堪称西汉一代学术文化的缩影。

《汉书·艺文志》不仅开创了我国纪传体史书内设《艺文志》的先例,而且是对先秦至西汉学术面貌的一个最早的全面概括,为后世"辨章学术,考镜源流"提供了门径。

《汉书·艺文志序》包括总序和小序。总序位于全篇之首。每类先列书目,小序则在各类书目之后,其中诗赋略无小序。此次选录将总序、小序合为一篇,原文所列具体书目一律省略。

　　昔仲尼没而微言绝[1]，七十子丧而大义乖[2]。故《春秋》分为五[3]，《诗》分为四，《易》有数家之传。战国从衡[4]，真伪分争，诸子之言纷然殽乱[5]。至秦患之，乃燔灭文章[6]，以愚黔首[7]。汉兴，改秦之败，大收篇籍，广开献书之路。迄孝武世[8]，书缺简脱，礼坏乐崩，圣上喟然而称曰[9]："朕甚闵焉[10]！"于是建藏书之策，置写书之官，下及诸子传说，皆充秘府[11]。至成帝时，以书颇散亡，使谒者陈农求遗书于天下。诏光禄大夫刘向校经传诸子诗赋，步兵校尉任宏校兵书，太史令尹咸校数术[12]，侍医李柱国校方技[13]。每一书已[14]，向辄条其篇目，撮其指意，录而奏之。会向卒，哀帝复使向子侍中奉车都尉歆卒父业[15]。歆于是总群书而奏其《七略》[16]，故有《辑略》，有《六艺略》，有《诸子略》，有《诗赋略》，有《兵书略》，有《术数略》，有《方技略》。今删其要，以备篇籍。

【注释】

[1]仲尼：即孔子，字仲尼。微言：指六经精微奥妙之言。　　[2]七十

子：指孔子弟子。相传孔子弟子三千，其中贤能者七十有馀。《史记·仲尼弟子列传》记载："孔子曰：受业身通者七十有七人。"此处的"七十"为约数。大义：指六经大旨。乖：背离。　　[3]"故《春秋》分为五"三句：是说经典在后世出现不同的解说。具体情形见下文。传，汉人解释经典的一种形式。　　[4]从衡：即合纵连横。从，通"纵"。合纵指战国时苏秦联合六国，西向抗秦，连横指张仪游说六国共同事奉秦国。　　[5]殽（xiáo 淆）乱：杂乱。殽，同"淆"。　　[6]燔（fán 凡）：焚烧。　　[7]以愚黔首：愚民。黔首，即平民百姓。　　[8]孝武：汉武帝刘彻（前156—前87），公元前140年即位，在位五十四年。　　[9]喟（kuì 溃）然：叹息貌。称：说。　　[10]闵：哀伤。　　[11]秘府：古代宫廷庋藏秘籍的场所。　　[12]数术：占卜之书。　　[13]方技：医药之书。　　[14]"每一书已"四句：（刘向）每校完一书，便整理编排其篇目，概述其大意，撰成叙录，上奏朝廷。已，完毕，完成。撮，总结提取。　　[15]卒：完成。　　[16]"歆于是总群书而奏其《七略》"八句：《七略》是我国最早一部图书目录，今已亡佚。刘歆将当时图书分为六大类，称为"略"。略，概要之意。《辑略》则是对众书的总结概述。辑，同"集"。班固撰《艺文志》沿袭《七略》的分类，而将《辑略》打散附入每略、每类之下，即通常所说的大序、小序。

《易》曰："宓戏氏仰观象于天[1]，俯观法于地，观鸟兽之文，与地之宜，近取诸身[2]，远取诸物，于是始作八卦[3]，以通神明之德，以类万物之情[4]。"至于殷、周之际，纣在上位，逆天暴物，文王以诸侯顺命而行道[5]，天人之占可得而效，于是重《易》六爻[6]，作上下篇[7]。孔氏为之《彖》、《象》、《系辞》、《文言》、《序卦》之属十篇[8]。故曰《易》道深矣，人更三圣[9]，世历三古[10]。及秦燔书，而《易》为筮卜之事，传者不绝。汉兴，田何传之。讫于宣、元，有施、孟、梁丘、京氏列于学官[11]，而民间有费、高二家之说[12]。刘向以中《古文易经》校施、孟、梁丘经[13]，或脱去"无咎"、"悔亡"，唯费氏经与古文同。

【注释】

[1]宓（fú　浮）戏：即伏羲。　　[2]"近取诸身"二句：近则反观自身，远则考察万物，来探索世界变化的规律。　　[3]八卦：《周易》中的八种符号，分别为乾、震、兑、离、巽、坎、艮、坤。它们由阴（--）阳（—）两种线形组成，每卦含有三条线形，称作"三爻"。每卦各代表一定属性的若干事物。　　[4]类：类比。以上引文出自《周易·系辞下》。　　[5]以诸侯：以诸侯的身份。命：天命。　　[6]重《易》六爻（yáo　尧）：将八卦两两叠加而成六爻。　　[7]上下篇：指《周易》经文，包括卦辞和爻辞。　　[8]十篇：即《易》传，包括《彖辞》上下、《象辞》上下、《系辞》上下、《文言》、《说卦》、《序卦》、《杂卦》，是对《周易》的阐释，又称"十翼"。　　[9]三圣：指伏羲、周文王、孔子。　　[10]三古：指上古、中古、下古，分别对应伏羲、周文王、孔子所处的时代。　　[11]施：施雠（chóu　愁）。孟：孟喜。梁丘：梁丘贺。京氏：京房。以上四人《汉书·儒林传》均有传。列于学官：立于博士，被

认定为官方学术。　　　[12]费：费直。高：高相。二人均见于《汉书·儒林传》。　　　[13]中：朝廷中所藏的。校：校正文字讹误衍脱。

《易》曰："河出图[1]，雒出书，圣人则之。"故《书》之所起远矣，至孔子篡焉，上断于尧，下讫于秦，凡百篇，而为之序，言其作意[2]。秦燔书禁学，济南伏生独壁藏之[3]。汉兴亡失，求得二十九篇[4]，以教齐、鲁之间。讫孝宣世，有《欧阳》、《大、小夏侯氏》[5]，立于学官。《古文尚书》者，出孔子壁中。武帝末[6]，鲁共王坏孔子宅，欲以广其宫，而得《古文尚书》及《礼记》、《论语》、《孝经》凡数十篇，皆古字也。共王往入其宅，闻鼓琴瑟钟磬之音，于是惧，乃止不坏。孔安国者，孔子后也，悉得其书，以考二十九篇，得多十六篇[7]。安国献之。遭巫蛊事[8]，未列于学官。刘向以中古文校欧阳、大小夏侯三家经文，《酒诰》脱简一[9]，《召诰》脱简二。率简二十五字者[10]，脱亦二十五字，简二十二字者，脱亦二十二字，文字异者七百有馀，脱字数十。《书》者，古之号令，号令于众，其言不立具[11]，则听受施行者弗晓。古文读应尔雅[12]，故解古今语而可知也。

【注释】

[1]"河出图"三句：出自《周易·系辞上》。河，黄河。雒，洛水。则，遵循。 [2]作意：撰述的用意。 [3]伏生：伏胜，原为秦博士。见《汉书·儒林传》。 [4]二十九篇：即《尧典》、《皋陶谟》、《禹贡》、《甘誓》、《汤誓》、《盘庚》、《高宗肜日》、《西伯戡黎》、《微子》、《泰誓》、《牧誓》、《洪范》、《金滕》、《大诰》、《康诰》、《酒诰》、《梓材》、《召诰》、《洛诰》、《多士》、《无逸》、《君奭》、《多方》、《立政》、《顾命》、《吕刑》、《文侯之命》、《费誓》、《秦誓》。 [5]欧阳：欧阳生。大夏侯：夏侯胜。小夏侯：夏侯建。三人均见于《汉书·儒林传》。 [6]"武帝末"三句：鲁共王，刘馀，汉景帝子，《史记》卷五九、《汉书》卷五三有传。坏，破坏，拆毁。广其宫，扩建其宫殿。据学者考证，此事发生在景帝时，文中言"武帝末"似误。 [7]十六篇：为《舜典》、《汩作》、《九共》、《大禹谟》、《益稷》、《五子之歌》、《胤征》、《汤诰》、《咸有一德》、《典宝》、《伊训》、《肆命》、《原命》、《武成》、《旅獒》、《冏命》。 [8]巫蛊事：汉武帝迷信鬼神，晚年多病，怀疑受人巫蛊所致。征和二年（前91），江充诬告太子宫中埋有木人。太子惧，起兵捕杀江充。武帝发兵追捕，太子兵败自杀。这是汉武帝末年动荡朝野的政治事件，史称"巫蛊之祸"。 [9]脱简：汉代典籍多书于竹简，简以绳相编连，日久或绳断简丢，而出现脱文，即为"脱简"。 [10]率：大体。 [11]立具：书写下来，具文立契。 [12]"古文读应尔雅"二句：（《尚书》文古，）应以今天的通行语加以训释，才能让人知晓其意。应，对应。尔雅，当代雅正之语。

《书》曰："诗言志[1]，歌咏言。"故哀乐之心感，而歌咏之声发。诵其言谓之诗，咏其声谓之歌。故古有采诗之官，王者所以观风俗，知得失，自考正也[2]。孔子纯取周诗，上采殷，下取鲁，凡三百五篇，遭秦而全者，以其讽诵，不独在竹帛故也。汉兴，鲁申公为《诗》训故[3]，而齐辕固、燕韩生皆为之传[4]。或取《春秋》，采杂说，咸非其本义[5]。与不得已[6]，鲁最为近之。三家皆列于学官。又有毛公之学[7]，自谓子夏所传[8]，而河间献王好之[9]，未得立。

【注释】

[1]"诗言志"二句：出自《尚书·舜典》。　　[2]考正：稽考修正。　　[3]申公：申培，《汉书·儒林传》有传。　　[4]韩生：韩婴。汉代以来多称呼儒者为"生"。他与辕固均见于《汉书·儒林传》。　　[5]咸：都。　　[6]"与不得已"二句：如果非要说的话，鲁申公的解说与《诗》本义最为接近。与，意同"如"。　　[7]毛公：指毛苌，赵国人，史称"小毛公"。　　[8]子夏：即卜商，字子夏，孔子弟子，以文章学问著称。　　[9]河间献王：刘德，汉景帝子。

《易》曰："有夫妇父子君臣上下[1]，礼义有所错。"而帝王质文世有损益[2]，至周曲为之防[3]，事为之制[4]，故曰："礼经三百，威仪三千。"及周之衰，诸侯将逾法度[5]，恶其害己，皆灭去其籍[6]，自孔子时而不具[7]，至秦大坏。汉兴，鲁高堂生传《士礼》十七篇[8]。讫孝宣世，后仓最明。戴德、戴圣、庆普皆其弟子，三家立于学官。《礼古经》者，出于鲁淹中及孔氏[9]，与十七篇文相似，多三十九篇。及《明堂阴阳》、《王史氏记》所见，多天子诸侯卿大夫之制，虽不能备，犹瘉仓等推《士礼》而致于天子之说[10]。

【注释】

[1]"有夫妇父子君臣上下"二句：出自《周易·序卦》，大意是有夫妇、父子、君臣、上下这些伦理关系，（才能尊卑上下有别，）礼仪制度才能安排施行。错，通"措"，措置，施行。　[2]质文：质朴和文饰，这里是偏正结构，意指文饰礼仪。损益：增减变化。　[3]曲：周遍，细密。防：防备。　[4]事：凡事。制：形成制度。　[5]逾法度：凌驾礼制。　[6]灭去其籍：毁弃有关尊卑礼制的典籍。　[7]具：完备。　[8]高堂生：鲁国儒生高堂伯。见《汉书·儒林传》。《士礼》：即《仪礼》，分为十七篇。　[9]淹中：鲁国里名。孔氏：指孔子旧宅壁中所藏。　[10]瘉（yù 玉）：同"愈"，超过，胜于。

《易》曰："先王作乐崇德[1]，殷荐之上帝，以享祖考。"故自黄帝下至三代[2]，乐各有名。孔子曰："安上治民[3]，莫善于礼；移风易俗，莫善于乐。"二者相与并行。周衰俱坏[4]，乐尤微眇，以音律为节，又为郑、卫所乱，故无遗法。汉兴，制氏以雅乐声律[5]，世在乐官，颇能纪其铿锵鼓舞，而不能言其义。六国之君，魏文侯最为好古[6]，孝文时得其乐人窦公，献其书，乃《周官·大宗伯》之《大司乐》章也[7]。武帝时，河间献王好儒，与毛生等共采《周官》及诸子言乐事者，以作《乐记》，献八佾之舞[8]，与制氏不相远。其内史丞王定传之，以授常山王禹。禹，成帝时为谒者，数言其义，献二十四卷记。刘向校书，得《乐记》二十三篇，与禹不同，其道浸以益微[9]。

【注释】

[1]"先王作乐崇德"三句：出自《周易·豫卦·象辞》。殷，盛大。荐，进献。享，供献。　[2]三代：指夏、商、周。　[3]"安上治民"四句：见《孝经·广要道章》，文字稍有出入。　[4]"周衰俱坏"三句：周王朝衰微，礼崩乐坏，其中乐道精微，全由音律构成（，因此难以用语言表达，更难以记载于

书,更容易亡佚)。眇(miǎo 秒),细微,精细。以,因为。　　[5]制氏:相传为鲁国的一个家族,善于音乐。雅乐:古代帝王在祭祀天地祖先或朝聘、宴享等重要场合所使用的音乐。　　[6]魏文侯:魏国国君,曾师从子夏,学以经艺。　　[7]《周官·大宗伯》:即《周礼·大宗伯》。　　[8]八佾(yì 义):古代天子专用的舞蹈规格,为八行八列。佾,古代乐舞的行列。　　[9]浸:逐渐。

古之王者世有史官,君举必书[1],所以慎言行,昭法式也[2]。左史记言,右史记事,事为《春秋》,言为《尚书》,帝王靡不同之。周室既微,载籍残缺[3],仲尼思存前圣之业,乃称曰:“夏礼吾能言之,杞不足征也;殷礼吾能言之,宋不足征也。文献不足故也,足则吾能征之矣[4]。”以鲁周公之国[5],礼文备物,史官有法,故与左丘明观其史记[6],据行事,仍人道[7],因兴以立功[8],就败以成罚,假日月以定历数[9],借朝聘以正礼乐[10]。有所褒讳贬损,不可书见,口授弟子,弟子退而异言[11]。丘明恐弟子各安其意,以失其真,故论本事而作传[12],明夫子不以空言说经也。《春秋》所贬损大人当世君臣[13],有威权势力,其事实皆形于传,是以隐其书而不宣,所以免时难也。及末世口说流行,故有

《公羊》、《穀梁》、《邹》、《夹》之传。四家之中，《公羊》、《穀梁》立于学官，邹氏无师，夹氏未有书。

【注释】

[1]举：举动。　　[2]昭法式：彰明法戒和规范。　　[3]载籍：书籍。　　[4]征：证明。引文出自《论语·八佾》。　　[5]"以鲁周公之国"三句：因为鲁国是周公子孙分封之国，承其遗绪，凡事都具备礼乐仪式，史官记载亦有法度。周公，即姬旦，周文王子，武王弟，相传周代礼乐制度由他创立。　　[6]左丘明：鲁国史官。史记：指鲁国史书。　　[7]仍人道：遵循人世的规范。　　[8]兴：表彰。　　[9]假日月以定历数：根据日月的运转来推定帝王更替的次序。古代有"天人感应"的思想，将帝王的兴衰递嬗与天地自然运转的规律相联系，因此要"假日月以定历数"。假，凭借，根据。历数，指天道，也指朝代更替的次序。　　[10]借朝聘以正礼乐：用朝聘的规矩来矫正礼乐制度。朝聘，指古代诸侯定期朝见天子。　　[11]退：退出讲席。　　[12]传：即《左传》。　　[13]"《春秋》所贬损大人当世君臣"五句：《春秋》所抨击的常常为当时君臣，他们手持重权，而其行径都被记录下来。（为了明哲保身，）只能秘密地流传此书，而不敢张扬，此书也因此幸免于秦时焚书之难。

《论语》者，孔子应答弟子时人，及弟子相与言而接闻于夫子之语也[1]。当时弟子各有所记。夫子既卒，门人相与辑而论篹[2]，故谓之《论语》。汉兴，有齐、鲁之说。传《齐论》者，昌邑中尉王吉、少府宋畸、御史大夫贡禹、尚书令五鹿充宗、胶东庸生，唯王阳名家[3]。传《鲁论语》者，常山都尉龚奋、长信少府夏侯胜、丞相韦贤、鲁扶卿、前将军萧望之、安昌侯张禹，皆名家。张氏最后而行于世。

【注释】

[1]弟子相与言而接闻于夫子：孔子弟子之间相互言论，而被孔子听说。　[2]论篹：编序排次。　[3]王阳：颜师古注："王吉字子阳，故谓之王阳。"即前文所说"王吉"。

《孝经》者，孔子为曾子陈孝道也[1]。夫孝，天之经，地之义，民之行也[2]。举大者言，故曰《孝经》。汉兴，长孙氏、博士江翁、少府后仓、谏大夫翼奉、安昌侯张禹传之，各自名家。经文皆同，唯孔氏壁中古文为异。"父母生之[3]，续莫大焉"，"故亲生之膝下[4]"，诸家说不安处，古文字读皆异[5]。

【注释】

[1]曾子：即曾参，字子舆，孔子弟子，以孝著称。 [2]民之行也：人人都会做的举动。 [3]"父母生之"二句：出自《孝经·圣治章》。大意是父母生养子女，传续了生命，（因此）对于孩子来说，结婚生子，再续血脉，是最重要的事情。 [4]故亲生之膝下：出自《孝经·圣治章》。大意是所以对父母的亲近眷恋从孩提时就产生了。亲，亲近，亲爱。膝下，代指幼年。 [5]字读：文字和解读。

《易》曰："上古结绳以治[1]，后世圣人易之以书契，百官以治，万民以察，盖取诸《夬》。""夬，扬于王庭[2]"，言其宣扬于王者朝廷，其用最大也。古者八岁入小学，故《周官》保氏掌养国子[3]，教之六书[4]，谓象形、象事、象意、象声、转注、假借，造字之本也。汉兴，萧何草律[5]，亦著其法[6]，曰："太史试学童，能讽书九千字以上[7]，乃得为史。又以六体试之，课最者以为尚书御史史书令史[8]。吏民上书，字或不正，辄举劾。"六体者，古文、奇字、篆书、隶书、缪篆、虫书[9]，皆所以通知古今文字[10]，摹印章，书幡信也[11]。古制[12]，书必同文，不知则阙，问诸故老，至于衰世，是非无正，人用其私。故孔子曰："吾犹及史之阙文也[13]，今亡矣夫！"盖伤其浸不正。《史籀篇》者，周时史官教学童书也，与孔氏壁中古文异体。《苍颉》七章者，秦丞相李斯所作也；《爰历》六章者，车府令赵高所作也；《博学》七章者，太史令胡母敬所作也：文字多取《史籀篇》，而篆体复颇异，所谓秦篆者也。是时始造隶书矣[14]，起于官狱多事，苟趋省易，施之于徒隶也。汉兴，闾里书师合《苍颉》、《爰历》、《博学》三篇[15]，断六十字以为一章，凡五十五章，并为《苍颉篇》。武帝时司马相如作《凡将篇》，无复字。元帝时黄门令史游作《急就篇》，成帝时将作大匠李长作《元尚篇》，皆《苍颉》中正字也。《凡将》则颇有出矣[16]。至元始中，征天下通小学者以百数，各令记字于庭中。扬雄取其有用者以作《训纂篇》，顺续《苍颉》，又易《苍颉》中重复之字，凡八十九章。臣复续扬雄作十三章，凡一百二章，无复字，六艺群书所载略备矣。《苍颉》多古字，俗师失其读，宣帝时征齐人能正读者，张敞从受之[17]，传至外孙之子杜林，为作训故，并列焉。

【注释】

[1]"上古结绳以治"五句：出自《周易·系辞下》。治，治理。书契，指文字。《夬（guài 怪）》，卦名。夬卦含有决断之义，书契可用来决断万事，所以说"盖取诸《夬》"。 [2]扬于王庭：出自《周易·夬卦·卦辞》。宣扬于王者之庭，此处用来说明文字的用途。 [3]保氏：古代掌管贵族子弟教育的官员。掌：掌管。养：培养。国子：进入国学的贵族子弟。 [4]"教之六书"三句：意在解释六书。六书是古人归纳的六种造字用字的方法。比如象形就是通过描摹实物形态来造字，"日"、"月"即为其例。象声，又称"形声"，字由意旁和声旁构成，"江"、"河"即为其例。 [5]萧何：西汉初丞相，汉之律令典制多出于其手。草：起草。 [6]著：著明，明确。 [7]讽：讽诵，背诵。 [8]课最者：考试成绩最好的。 [9]古文：指战国时东方六国所使用的文字。奇字：根据古文改变而成的字。缪篆：摹刻印章所用的篆书，形态屈曲缠绕，是篆书的别体。虫书：篆书的一种变体，形体类似鸟虫。 [10]通知：通晓。 [11]幡（fān 翻）信：用来传递信息的旗帜。或云"六体者"至此三十一字，为后人窜入。 [12]"古制"七句：在古代，书写的文字一定相同，不知道的字就空着，去请教学识渊博的老者；等到周世衰微，文字正确与否难以校正，人们便随意乱写。 [13]"吾犹及史之阙文也"二句：我曾经遇到过史书文字有残阙而留待他人校正的情形，（然而）现在再也没有了。引文出自《论语·卫灵公》。 [14]"是时始造隶书矣"四句：秦代开始创造隶书，是因为秦法严苛，案件繁冗，为求简便，删减改易篆书的笔画形体，使得书写简易，供地位低下的小吏使用。苟，随意，草草。 [15]闾里：乡里，指民间。书师：教写字、读书的老师。 [16]出：指出于《苍颉》一书，与《苍颉》中的正字有差别。 [17]从受之：跟着齐人学习。

六艺之文[1]:《乐》以和神[2],仁之表也;《诗》以正言,义之用也;《礼》以明体,明者著见,故无训也;《书》以广听,知之术也;《春秋》以断事,信之符也。五者,盖五常之道,相须而备,而《易》为之原。故曰"《易》不可见[3],则乾坤或几乎息矣",言与天地为终始也。至于五学[4],世有变改,犹五行之更用事焉。古之学者耕且养,三年而通一艺,存其大体[5],玩经文而已[6],是故用日少而畜德多[7],三十而五经立也。后世经传既已乖离[8],博学者又不思多闻阙疑之义,而务碎义逃难,便辞巧说,破坏形体;说五字之文,至于二三万言。后进弥以驰逐[9],故幼童而守一艺,白首而后能言;安其所习[10],毁所不见[11],终以自蔽。此学者之大患也。序六艺为九种。

【注释】

[1]六艺:即六经。 [2]"《乐》以和神"至"而《易》为之原":《乐》能愉悦天神,调和天地,它是仁爱之情的表现;《诗》能端正言语,让道义得以表达;《礼》能确定礼仪体制,这一点显而易见,因此不用解释;《书》能广人听闻,它是增长智慧的手段;《春秋》能帮助人断别是非,它是信用的凭证。这

五种书承载五常之道，相互依存，而《易》是它们的本源。知，同"智"。五常，即仁、义、礼、智、信。相，相互。须，通"需"，需要。　　[3]"《易》不可见"二句：引文出自《周易·系辞上》。乾坤，指天地宇宙的变化。息，停息，停止。　　[4]"至于五学"三句：五学的解释历代有所不同，就像五行相生相克、用事有所变迁一样。五学，指上文《乐》、《诗》、《礼》、《书》、《春秋》五经。五行，指金、木、水、火、土，这是古人认为构成各类物质的五种元素。　　[5]存其大体：体会经典中的大义。　　[6]玩：研习、品味。　　[7]用日少：指通贯一经所需要的时间少。畜：同"蓄"，积蓄，累积。　　[8]"后世经传既已乖离"五句：大意是后来经文和解释经文的传注已经相背离，博学的人又不讲究多闻阙疑，于是破碎文义，以逃避问难，强辩立说，背离本义，不通古字，于是破坏文字形体。阙疑，保留疑问。务，从事，追求。难，责难，反驳。便辞，牵强附会。　　[9]后进弥以驰逐：指后来的人变本加厉。弥，更加。驰逐，效仿前人"务碎义逃难，便辞巧说，破坏形体"的做法。　　[10]安：满足。　　[11]毁：诋毁。

儒家者流，盖出于司徒之官[1]，助人君顺阴阳明教化者也。游文于六经之中[2]，留意于仁义之际，祖述尧、舜[3]，宪章文、武[4]，宗师仲尼，以重其言[5]，于道最为高。孔子曰："如有所誉[6]，其有所试。"唐、虞之隆，殷、周之盛，仲尼之业，已试之效者也。然惑者既失精微[7]，而辟者又随时抑扬[8]，违离道本，苟以哗众取宠[9]。后进循之，是以《五经》乖析，儒学浸衰，此辟儒之患。

【注释】

[1]司徒：古代掌管邦国教化、安和百姓的官职。　　[2]游文于六经之中：儒家撰文于六经中取意。　　[3]祖述尧、舜：以尧、舜为始祖，而遵循学习他们。　　[4]宪章文、武：效法周文王和周武王。宪，法。章，明。　　[5]以重其言：来加重自己学说的分量。　　[6]"如有所誉"二句：出自《论语·卫灵公》。大意是凡我所赞誉的人，都是经过考验的。文中引用此语，来说明儒者的主张也是经过考验的。　　[7]惑者：糊涂的人。失精微：失去儒家学说中细微深刻的精髓。　　[8]辟者：邪僻偏颇的人。辟，通"僻"。随时抑扬：指对学说任意加以贬抑或张扬（背离原本的意思）。　　[9]苟：苟且。

　　道家者流，盖出于史官，历记成败存亡祸福古今之道，然后知秉要执本[1]，清虚以自守[2]，卑弱以自持[3]，此君人南面之术也[4]。合于尧之克攘[5]，《易》之嗛嗛[6]，一谦而四益[7]，此其所长也。及放者为之[8]，则欲绝去礼学[9]，兼弃仁义，曰独任清虚可以为治。

【注释】

[1]秉：持，掌握。要：要点。本：根本。　　[2]清虚：清静虚无。　　[3]卑弱：卑下柔弱。　　[4]君人南面之术：君王实现统治的手段。道家主张治国清静无为，以逸待劳。　　[5]克攘：能让。攘，同"让"。　　[6]嗛嗛：同"谦谦"，谦虚。《周易·谦卦·初六爻辞》曾说："谦

谦君子，用涉大川。" 　　[7]一谦而四益：典出《周易·谦卦·象辞》。原文为："天道亏盈而益谦，地道变盈而流谦，鬼神害盈而福谦，人道恶盈而好谦。"大意是天之道会减损有馀的而补充不足的，地之道会侵蚀饱满的而流向低凹的，鬼神会妨害完满的而庇佑有所欠缺的，为人之道讨厌满足的而喜欢谦虚的。 　　[8]及：等到。放者：放旷的人。为之：继承和推行道家学说。 　　[9]绝去：抛弃，废除。

阴阳家者流，盖出于羲和之官[1]，敬顺昊天，历象日月星辰[2]，敬授民时[3]，此其所长也。及拘者为之[4]，则牵于禁忌，泥于小数[5]，舍人事而任鬼神。

【注释】

[1]羲和：即羲氏、和氏，古时掌管天地四时之官。 　　[2]历象日月星辰：观测日月星辰的运行。 　　[3]敬授民时：指制定历法给百姓使用。 　　[4]拘者：刻板的人。 　　[5]泥：拘泥。小数：指占卜、择日等小技能。

法家者流，盖出于理官[1]，信赏必罚[2]，以辅礼制。易曰"先王以明罚饬法[3]"，此其所长也。及刻者为之[4]，则无教化，去仁爱，专任刑法而欲以致治[5]，至于残害至亲，伤恩薄厚[6]。

【注释】

[1]理官：法官。　　[2]信赏必罚：有功必赏，有罪必罚。　　[3]明罚：严明刑罚。饬（chì 赤）法：整饬法度。引文出自《周易·噬嗑卦·象辞》。　　[4]刻者：严苛刻薄的人。　　[5]任：任凭，任用。致治：达到太平盛世。　　[6]薄厚：薄待厚谊。

名家者流，盖出于礼官[1]。古者名位不同[2]，礼亦异数。孔子曰[3]："必也正名乎！名不正则言不顺，言不顺则事不成。"此其所长也。及訾者为之[4]，则苟钩鈲析乱而已[5]。

【注释】

[1]礼官：掌管礼仪典制之官。　　[2]"古者名位不同"二句：古代按名位的高低来确定不同的礼仪规范。名位，即官爵品位。　　[3]"孔子曰"四句：出自《论语·子路》。　　[4]訾（áo 敖）者：纠缠不清、吹毛求疵的人。　　[5]钩鈲（pì 僻）析乱：穿凿，割裂，把名家学说弄得支离破碎。鈲，破裂。

墨家者流，盖出于清庙之守[1]。茅屋采椽[2]，是以贵俭；养三老五更[3]，是以兼爱[4]；选士大射[5]，是以上贤[6]；宗祀严父[7]，是以右鬼[8]；顺四时而行，是以非命[9]；以孝视天下，是以上同[10]：此其所长也。及蔽者为之[11]，见俭之利，因以非礼，推兼爱之意，而不知别亲疏。

【注释】

[1]清庙：太庙，古代帝王的宗庙。 [2]采橼（chuán 船）：指用未经打磨的木材来做橼子。采，同"棌"，柞木。 [3]三老五更：指年老之人。 [4]兼爱：指无等级差别的爱。 [5]选士：在民间选拔贤德之人。大射：为祭祀而举行的一种射礼，中的者才能参加祭祀，含有选拔之意。 [6]上贤：即尚贤，推崇贤能。上，同"尚"。 [7]严父：指父亲。 [8]右鬼：尊尚鬼。古人认为鬼是人的祖先之神。 [9]非命：反对命定说。 [10]上同：即尚同，提倡同一，反对分等。 [11]蔽者：见识浅陋的人。

从横家者流[1]，盖出于行人之官。孔子曰："诵《诗》三百[2]，使于四方，不能专对，虽多亦奚以为？"又曰："使乎[3]，使乎！"言其当权事制宜[4]，受命而不受辞[5]，此其所长也。及邪人为之，则上诈谖而弃其信[6]。

【注释】

[1]"从横家者流"二句：从横家，即纵横家。行人之官，掌管出使、外

交的官职。 [2]"诵《诗》三百"四句：出自《论语·子路》。使，出使。专对，在外交场合能独立应对。虽多亦奚以为，《诗》背得再多又有什么用呢？虽，即使。奚，何。 [3]"使乎"二句：出自《论语·宪问》，是孔子对蘧伯玉使者善于应对的称赞。 [4]权事制宜：权衡是非利弊，而做出合适的处理。 [5]命：命令，任务。辞：应对的言辞。 [6]上诈谖（xuān 宣）而弃其信：推崇欺诈而抛弃他的信义。谖，欺诈。

杂家者流，盖出于议官。兼儒、墨，合名、法，知国体之有此[1]，见王治之无不贯[2]，此其所长也。及荡者为之[3]，则漫羡而无所归心[4]。

【注释】

[1]知国体之有此：明白治国需要兼采儒墨名法诸家。国体，国家的结构与典章制度。 [2]王治：君王的治理。贯：综贯，贯通。 [3]荡者：放浪的人。 [4]漫羡而无所归心：用意过于庞杂散漫，离道太远。漫羡，漫衍，不着边际。

农家者流，盖出于农稷之官[1]。播百谷，劝耕桑[2]，以足衣食，故八政一曰食，二曰货[3]。孔子曰"所重民食[4]"，此其所长也。及鄙者为之[5]，以为无所事圣王[6]，欲使君臣并耕，悖上下之序[7]。

【注释】

[1]农稷之官：管理农业的官职。　　[2]劝：劝勉，鼓励。　　[3]八政：《尚书·洪范》记载"农用八政"："八政：一曰食，二曰货，三曰祀，四曰司空，五曰司徒，六曰司寇，七曰宾，八曰师。"食，指通过耕种获得粮食。货，指衣食等物品交换。这两项是关乎民生的大事，也是农家学说的重点。　　[4]所重民食：见《论语·尧曰》。　　[5]鄙者：鄙陋、见识短浅的人。　　[6]以为无所事圣王：以为没有什么可以侍奉君王的，即不需要圣王，天下便可自治。　　[7]悖：违背。

　　小说家者流，盖出于稗官[1]。街谈巷语，道听途说者之所造也。孔子曰："虽小道[2]，必有可观者焉，致远恐泥，是以君子弗为也。"然亦弗灭也。闾里小知者之所及[3]，亦使缀而不忘。如或一言可采[4]，此亦刍荛狂夫之议也。

【注释】

[1]稗（bài 败）官：小官。　　[2]"虽小道"四句：出自《论语·子张》。致远，从事远大的事业。泥，凝滞不通。弗，不。　　[3]"闾里小知者之所及"二句：（对于）民间小民所想到的小事情，也把它们纂集起来，不忽视其中的启发警示作用。小知者，知识短浅的人。缀，聚拢，缀集。　　[4]"如或一言可采"二句：即使是村野农夫之言，也有可取之处。刍荛（ráo 饶），樵夫。狂

夫,狂放无识的人。

　　诸子十家,其可观者九家而已[1]。皆起于王道既微,诸侯力政[2],时君世主[3],好恶殊方[4],是以九家之术蜂出并作[5],各引一端,崇其所善,以此驰说,取合诸侯。其言虽殊,辟犹水火,相灭亦相生也。仁之与义,敬之与和,相反而皆相成也。《易》曰:"天下同归而殊途,一致而百虑[6]。"今异家者各推所长,穷知究虑,以明其指,虽有蔽短,合其要归[7],亦《六经》之支与流裔[8]。使其人遭明王圣主[9],得其所折中[10],皆股肱之材已。仲尼有言:"礼失而求诸野[11]。"方今去圣久远,道术缺废,无所更索,彼九家者,不犹瘉于野乎[12]? 若能修六艺之术,而观此九家之言,舍短取长,则可以通万方之略矣。

《汉书》卷三〇

【注释】

　　[1]可观者九家:指儒、道、阴阳、法、名、墨、纵横、杂家、农家九家,而不包括小说家。　　[2]力政:以力为政,相互攻伐。　　[3]世主:当世的君

主。一说世袭的君主。 [4]殊方：各不相同。殊，不同。 [5]"是以九家之术蜂出并作"五句：因此九家学说蜂拥并出，各自坚守一方面，推崇他所擅长的，以此游说四方，取悦诸侯。 [6]一致而百虑：目的虽然相同，但思考的方向却有很多种。引文出自《周易·系辞下》。 [7]要：要义。归：旨归，根本。 [8]亦《六经》之支与流裔：（诸子）都是从《六经》衍生、演变而来。 [9]遭：遇到。 [10]得其所折中：去掉其中的偏激不妥之说，而得其中肯之论。 [11]求诸野：在民间求访。野，与都城相对，指民间乡野。 [12]瘉：同"愈"，胜。

【解析】

先秦是中华文明的奠基时期，中华文明中深层、核心的内容都在这个时期奠定下来。这一时期的典籍和学说对后世文明的发展、对中华民族性格的塑造，产生了巨大而深远的影响。产生于公元一世纪的《汉书·艺文志》便是对这一时期学术文化的一次系统梳理，事实上，也是现存最早、最全面的一次，历来被认为是了解先秦学术史、思想史不可或缺的文献。

在本文中，班固论述各类典籍的成书与流传，阐述它们的性质与功用，追溯各类思想流派的渊源与演变，评价它们的优劣与得失。如《春秋》类小序，班固先从古代史官制度说起，说明修史传统由来已久；然后，着力阐明孔子修撰《春秋》的动机，与《春秋》的要旨："因兴以立功，就败以成罚，假日月以定历数，借朝聘以正礼乐。"继而说明左丘明作传的缘由；接下来，则谈到战国以来对《春秋》的解说出现了分歧，出现了《公羊》、《穀梁》、《邹》、《夹》四家之传；最后以四家在汉代的流传情况作为序文的收尾。整段论述脉络清晰，达到贯通古今、考镜源流的效果。

春秋战国，诸侯纷争，社会动荡不安，但给思想发展带来了空间，各种流派应运而生，"各引一端"，"崇其所善"，百家争鸣。秦并六国，汉承秦制，一个"大一统"的国家由此建立。从分裂到统一，这种改变并不只是体现在国家领土的合并、地方权力向中央的集中、经济上的管理调配，也体现在思想文化层面——汉武帝采纳"罢黜百家，表章《六经》"的建议，确定了儒学的尊崇地位。这一举动影响深远，儒学从此成为官方主流思想，贯穿了之后两千年的中国历史。班固的《汉书·艺文志序》便在这样的思想背景下产生，表现出了明显"尊儒"的倾向。一者，《六艺略》所收典籍便是以《易》、《书》、《诗》、《礼》、《乐》、《春秋》为代表的儒家经典。它们被单列为一类，其尊崇地位远非其他流派典籍可比。再者，在《诸子略》中班固评价各家得失，多以儒家观念权衡。如谓道家之流弊，在于"则欲绝去礼学，兼弃仁义，曰独任清虚可以为治"，而礼学、仁义都是儒学提倡的重要内容。又如谓墨家之弊，在于"见俭之利，因以非礼，推兼爱之意，而不知别亲疏"，而亲疏有别、上下有序的等级制度正是儒家学说的重点之一。这是《汉书·艺文志序》的历史局限，却也是今天理解这篇文章、理解班固所处时代的学术文化的一把钥匙。此文对我们了解中国文化的渊源以及中国文化的基本价值观也多有裨益。

苏武传

〔东汉〕班固

【题解】

苏武（？—前60）字子卿，杜陵（今陕西西安东南）人。年轻时凭着父亲苏建的庇荫，官拜郎中，后升任栘中厩监。汉武帝时期不断进讨匈奴，双方多次派使节互相交涉。匈奴扣留了郭吉、路充国等前后十馀批汉使，汉朝也扣留匈奴使节以相抵。天汉元年（前100），匈奴且鞮侯单于即位，害怕受到汉朝攻击，送还了之前扣押的汉使路充国等。武帝为了表达赞许，于是派遣苏武以中郎将的身份，持节护送扣留在汉的匈奴使者回国，并赠送单于礼物答谢。苏武同副中郎将张胜及临时委派的使臣常惠等，招募士卒、斥候百馀人一同前往。到了匈奴，却意外遭扣留，受到各种威逼利诱。后来苏武被放逐到酷寒的北海（今俄罗斯贝加尔湖）边牧羊，历尽磨难。苏武对回到祖国一直怀着坚定的信念，坚持十九年不降。始元六年（前81），胡汉和亲，苏武回归汉朝，官至典属国。苏武去世后，汉宣帝将其列为麒麟阁十一功臣之一，以彰显其节操。晚清李慈铭在《汉书札记》中针对苏武麒麟阁画像事说："故班氏特以此事系之传后，以慰千载读史者心，用心之苦，非晋宋以后史家所知。"苏武坚定的民族气节,忠于祖国、忠于职守、正气凛然、威武不屈的坚贞情操和高尚品质,使之成为历代人民心目中可歌可泣的历史人物。

这篇《苏武传》出自东汉班固编撰的《汉书》,附见于《汉书·苏建传》中。作为我国第一部纪传体断代史,《汉书》是继《史记》之后的又一部史学巨著,与《史记》同列于正史"二十四史"之中。

《汉书》作者班固(32—92),字孟坚,扶风安陵(今陕西咸阳东北)人。其父班彪、伯父班嗣,皆为当时著名学者。班固十六岁入太学,博览群书,于儒家经典及史籍无不精通。建武三十年(54),班彪过世,班固以其所遗《史记后传》为基础,开始撰写《汉书》。前后历经二十馀载,于章帝建初年间基本告成。永元元年(89),大将军窦宪率军北征匈奴,班固随军出征,任中护军,行中郎将,参议军机大事。此役大败匈奴,漠北为之一空。班固不仅创作了《窦将军北征颂》以歌颂其事,而且在汉军登燕然山勒石纪功之际,创作了彪炳千古的《封燕然山铭》。稍后窦宪因擅权被杀,班固亦受株连而死在狱中,时年六十一岁。

苏武的故事代代相传,宋代以来,还被搬上舞台,《苏武持节》、《苏武牧羊》等成为常演不衰的戏曲节目。

武字子卿,少以父任[1],兄弟并为郎[2],稍迁至栘中厩监[3]。时汉连伐胡,数通使相窥观[4],匈奴留汉使郭吉、路充国等[5],前后十馀辈。匈奴使来,汉亦留之以相当。

天汉元年，且鞮侯单于初立[6]，恐汉袭之，乃曰：“汉天子，我丈人行也[7]。”尽归汉使路充国等。武帝嘉其义，乃遣武以中郎将使持节送匈奴使留在汉者[8]，因厚赂单于，答其善意。武与副中郎将张胜及假吏常惠等[9]，募士斥候百馀人俱。既至匈奴，置币遗单于[10]。单于益骄，非汉所望也。

方欲发使送武等，会缑王与长水虞常等谋反匈奴中[11]。缑王者，昆邪王姊子也[12]，与昆邪王俱降汉，后随浞野侯没胡中[13]。及卫律所将降者[14]，阴相与谋劫单于母阏氏归汉[15]。会武等至匈奴，虞常在汉时素与副张胜相知，私候胜[16]，曰：“闻汉天子甚怨卫律，常能为汉伏弩射杀之。吾母与弟在汉，幸蒙其赏赐。”张胜许之，以货物与常。后月馀，单于出猎，独阏氏子弟在。虞常等七十馀人欲发，其一人夜亡，告之。单于子弟发兵与战。缑王等皆死，虞常生得。

单于使卫律治其事[17]。张胜闻之，恐前语发[18]，以状语武[19]。武曰：“事如此，此必及我。见犯乃死[20]，重负国！”欲自杀，胜、惠共止之。虞常果引张胜[21]。单于怒，召诸贵人议，欲杀汉使者。左伊秩訾曰[22]：“即谋单于，何以复加？宜皆降之。”单于使卫律召武受辞[23]，武谓惠等：“屈节辱命，虽生，何面目以归汉！”引佩刀自刺。卫律惊，自抱持武，驰召医[24]。凿地为坎[25]，置煴火[26]，覆武其上，蹈其背以出血[27]。武气绝，半日复息。惠等哭，舆归营[28]。单于壮其节，朝夕遣人候问武，而收系张胜[29]。

武益愈，单于使使晓武[30]。会论虞常[31]，欲因此时降武。剑斩虞常已，律曰：“汉使张胜谋杀单于近臣，当死，单于募降者赦罪。”举剑欲击之，胜请降。律谓武曰：“副有罪，当相坐[32]。”武曰：“本无谋，又非亲属，何谓相坐？”复举剑拟之[33]，武不动。律曰：“苏君，律前负汉归匈奴，幸蒙大恩，赐号称王，拥众数万，马畜弥山，富贵如此。苏君今日降，明日复然。空以身膏草野[34]，谁复知之！”武不应。律曰：“君因我降，与君为兄弟。今不听吾计，后虽欲复见我，尚可得乎？”武骂律曰：“女为人臣子[35]，不顾恩义，畔主背亲[36]，为降虏于蛮夷，何以女为见？且单于信女，使决人死生，不平心持正，反欲斗两主，观祸败。南越杀汉使者[37]，屠为九郡；宛王杀汉使者[38]，头县北阙[39]；朝鲜杀汉使者[40]，即时诛灭。独匈奴未耳。若知我不降明[41]，欲令两国相攻，匈奴之祸，从我始矣。"

律知武终不可胁，白单于[42]。单于愈益欲降之，乃幽武置大窖中[43]，绝不饮食。天雨雪，武卧啮雪与旃毛并咽之[44]，数日不死，匈奴以为神。乃徙武北海上无人处[45]，使牧羝[46]，羝乳乃得归[47]。别其官属常惠等，各置他所。

武既至海上，廪食不至[48]，掘野鼠去草实而食之[49]。杖汉节牧羊，卧起操持，节旄尽落。积五六年，单于弟於靬王弋射海上[50]。武能网纺缴[51]，檠弓弩[52]，於靬王爱之，给其衣食。三岁馀，王病，赐武马畜服匿穹庐[53]。王死后，人众徙去。其冬，丁令盗武牛羊[54]，武复穷厄。

初，武与李陵俱为侍中[55]。武使匈奴明年，陵降，不敢求武。久之，单于使陵至海上，为武置酒设乐，因谓武曰："单于闻陵与子卿素厚，故使陵来说足下[56]，虚心欲相待。终不得归汉，空自苦亡人之地[57]，信义安所见乎？前长君为奉车[58]，从至雍棫阳宫[59]，扶辇下除[60]，触柱折辕，劾大不敬[61]，伏剑自刎[62]，赐钱二百万以葬。孺卿从祠河东后土[63]，宦骑与黄门驸马争船[64]，推堕驸马河中溺死，宦骑亡，诏使孺卿逐捕不得，惶恐饮药而死。来时，大夫人已不幸[65]，陵送葬至阳陵[66]。子卿妇年少，闻已更嫁矣。独有女弟二人[67]，两女一男，今复十馀年，存亡不可知。人生如朝露，何久自苦如此！陵始降时，忽忽如狂[68]，自痛负汉，加以老母系保宫[69]，子卿不欲降，何以过陵！且陛下春秋高[70]，法令亡常，大臣亡罪夷灭者数十家，安危不可知。子卿尚复谁为乎？愿听陵计，勿复有云。"武曰："武父子亡功德，皆为陛下所成就，位列将，爵通侯[71]，兄弟亲近，常愿肝脑涂地。今得杀身自效，虽蒙斧钺汤镬[72]，诚甘乐之。臣事君，犹子事父也，子为父死亡所恨。愿勿复再言。"陵与武饮数日，复曰："子卿壹听陵言[73]。"武曰："自分已死久矣[74]！王必欲降武[75]，请毕今日之欢，效死于前[76]！"陵见其至诚，喟然叹曰[77]："嗟乎[78]，义士！陵与卫律之罪上通于天！"因泣下沾衿[79]，与武决去[80]。

陵恶自赐武[81]，使其妻赐武牛羊数十头。后陵复至北海上，语武："区脱捕得云中生口[82]，言太守以下吏民皆白服，曰上崩[83]。"武闻之，南乡号哭[84]，欧血，旦夕临[85]。

数月，昭帝即位[86]。数年，匈奴与汉和亲。汉求武等，匈奴诡言武死。后汉使复至匈奴，常惠请其守者与俱，得夜见汉使，具自陈道。教使者谓单于，言天子射上林中[87]，得雁，足有系帛书，言武等在某泽中。使者大喜，如惠语以让单于[88]。单于视左右而惊，谢汉使曰[89]："武等实在。"于是李陵置酒贺武曰："今足下还归，扬名于匈奴，功显于汉室。虽古竹帛所载[90]，丹青所画[91]，何以过子卿！陵虽驽怯[92]，令汉且贳陵罪[93]，全其老母，使得奋大辱之积志，庶几乎曹柯之盟[94]，此陵宿昔之所不忘也[95]。收族陵家[96]，为世大戮，陵尚复何顾乎？已矣！令子卿知吾心耳。异域之人，壹别长绝[97]！"陵起舞，歌曰："径万里兮度沙幕[98]，为君将兮奋匈奴。路穷绝兮矢刃摧，士众灭兮名已隤[99]。老母已死，虽欲报恩将安归！"陵泣下数行，因与武决[100]。单于召会武官属，前以降及物故[101]，凡随武还者九人。

武以始元六年春至京师[102]。诏武奉一太牢谒武帝园庙[103]。拜为典属国[104]。秩中二千石[105]，赐钱二百万，公田二顷，宅一区。常惠、徐圣、赵终根皆拜为中郎，赐帛各二百匹。其馀六人老归家，赐钱人十万，复终身[106]。常惠后至右将军，封列侯[107]，自有传。武留匈奴凡十九岁，始以强壮出，及还，须发尽白。

武来归明年，上官桀子安与桑弘羊及燕王、盖主谋反[108]。武子男元与安有谋，坐死[109]。

初，桀、安与大将军霍光争权[110]，数疏光过失予燕王[111]，令上书告之。又言苏武使匈奴二十年[112]，不降，还乃为典属国，大将军长史无功劳[113]，为搜粟都尉[114]，光颛权自恣[115]。及燕王等反诛，穷治党与[116]，武素与桀、弘羊有旧，数为燕王所讼，子又在谋中，廷尉奏请逮捕武[117]。霍光寝其奏[118]，免武官。

数年，昭帝崩。武以故二千石与计谋立宣帝，赐爵关内侯，食邑三百户[119]。久之，卫将军张安世荐武明习故事[120]，奉使不辱命，先帝以为遗言。宣帝即时召武待诏宦者署，数进见，复为右曹典属国[121]。以武著节老臣，令朝朔望[122]，号称祭酒[123]，甚优宠之。

武所得赏赐，尽以施予昆弟故人，家不馀财。皇后父平恩侯、帝舅平昌侯、乐昌侯[124]、车骑将军韩增、丞相魏相、御史大夫丙吉皆敬重武。武年老，子前坐事死。上闵之，问左右：“武在匈奴久，岂有子乎？”武因平恩侯自白：“前发匈奴时，胡妇适产一子通国，有声问来[125]，愿因使者致金帛赎之。”上许焉。后通国随使者至，上以为郎。又以武弟子为右曹。武年八十馀，神爵二年病卒[126]。

甘露三年[127]，单于始入朝[128]。上思股肱之美[129]，乃图画其人于麒麟阁[130]，法其形貌[131]，署其官爵姓名。唯霍光不名，曰大司马大将军博陆侯姓霍氏，次曰卫将军富平侯张安世，次曰车骑将军龙额侯韩增[132]，次曰后将军营平侯赵充国，次曰丞相高平侯魏相，次曰丞相博阳侯丙吉，次曰御史大夫建平侯杜延年，次曰宗正阳城侯刘德，次曰少府梁丘贺，次曰太子太傅萧望之，次曰典属国苏武。皆有功德，知名当世，是以表而扬之，明著中兴辅佐，列于方叔、召虎、仲山甫焉[133]。凡十一人，皆有传。自丞相黄霸、廷尉于定国、大司农朱邑、京兆尹张敞、右扶风尹翁归及儒者夏侯胜等[134]，皆以善终[135]，著名宣帝之世，然不得列于名臣之图，以此知其选矣。

赞曰：……孔子称"志士仁人[136]，有杀身以成仁，无求生以害仁"，"使于四方[137]，不辱君命"，苏武有之矣。

《汉书》卷五四

【注释】

[1]父任：以父荫而担任官职。汉制，俸禄二千石以上的官吏，任满三年，可保任子弟为郎官。苏武的父亲苏建，官至代郡太守，封平陵侯。因此苏武兄弟三人都被保任为郎官。　[2]兄弟：此指苏嘉、苏武、苏贤三兄

弟。郎：皇帝侍从官的通称。　　　[3]栘（yí 移）中厩监：掌管栘园中马厩的官员。栘中厩，西汉宫中马厩，设在栘园中。　　　[4]数（shuò 朔）：多次，屡次。　　　[5]郭吉：汉武帝元封元年（前110），出使匈奴被扣留。路充国：汉武帝元封四年（前107），出使匈奴被扣留。　　　[6]且鞮（jūdī 居低）侯单（chán 蝉）于：匈奴王。公元前100年继位。单于，匈奴君主的称号。　　　[7]丈人行（háng 航）：父辈，长辈。　　　[8]节：又称节符、旄节，以竹为杆，上饰牦牛尾，古代使臣所持信物。　　　[9]“武与副中郎将”二句：假吏，临时兼任的官。斥候，侦察敌情。　　　[10]遗（wèi 卫）：赠送。　　　[11]会：适逢，恰巧。缑（gōu 沟）王：匈奴亲王。长水：水名，在今陕西蓝田西北，流经长安东南。此地多胡人。虞常：西汉长水人，沦落匈奴。　　　[12]昆邪（húnyé 魂爷）王：匈奴亲王。　　　[13]浞（zhuó 浊）野侯：太初二年（前103）春，汉将赵破奴率两万骑兵抗击匈奴，兵败而降，封浞野侯。　　　[14]卫律：西汉长水胡人，投降匈奴后被封为丁灵王。　　　[15]单于母阏氏（yānzhī 烟支）：即匈奴王的母亲。阏氏，匈奴王后的称号。　　　[16]候：拜访。　　　[17]治：审理。　　　[18]发：泄露。此指被揭发。　　　[19]状：情形。　　　[20]见犯：受到侮辱。　　　[21]引：牵扯。　　　[22]左伊秩訾（zī 资）：匈奴诸王之称号。　　　[23]受辞：审讯口供。　　　[24]瘗（yī 医）：同“医”。　　　[25]坎：坑穴。　　　[26]煴（yūn 晕，阴平）火：没有火苗的小火堆。　　　[27]蹈（tāo 滔）：通“搯”，叩，轻敲。　　　[28]舆：抬。　　　[29]收系：拘禁。　　　[30]晓：告知。　　　[31]会论：共同审讯。论，定罪。　　　[32]相坐：也叫连坐，即一人犯法，株连他人同时治罪。　　　[33]拟：做出用兵器杀人的样子。　　　[34]膏：使肥沃。　　　[35]女（rǔ 乳）：通“汝”，你。　　　[36]畔：通“叛”，背叛。　　　[37]“南越杀汉使者”二句：南越，今广东、广西一带。元鼎五年（前112），南越王相吕嘉杀南越王及汉使者，自立为王。次年，汉武帝派兵讨伐,斩吕嘉,并把南越改置为南海、苍梧、郁林、合浦、交趾、九真、日南、珠崖、儋耳九郡。　　[38]宛王杀汉使者:汉武帝太初元年(前104)秋,宛王毋寡杀汉使者韩不害。武帝怒,于太初三年派大将军李广利讨伐大宛。次年,李广利获胜携毋寡首级回京师。大宛(yuān 渊),西域国名,在今乌兹别克斯坦费尔干纳。　　[39]县:通"悬"。　　[40]朝鲜杀汉使者:武帝元封二年(前109)朝鲜王右渠杀汉使者涉何。汉武帝派兵讨伐朝鲜,右渠部下杀了右渠后投降。　　[41]若:你。　　[42]白:下对上陈述。　　[43]幽:囚禁。窖:蓄存粮食的地穴。此指空窖。　　[44]旃:通"毡",毛织物。　　[45]北海:即今俄罗斯的贝加尔湖。为当时匈奴最北方,故名北海。　　[46]羝(dī 低):公羊。　　[47]乳:生育。　　[48]廪食:官方供给的粮食。　　[49]去(jǔ 举):通"弆",收藏。　　[50]於靬(wūjiān 乌坚)王:且鞮侯单于的弟弟。弋射:指用带绳子的箭射猎,以便回收猎物。　　[51]网:结网。缴(zhuó 酌):弋射时箭尾所用的丝线。　　[52]檠(qíng 晴):本指矫正弓弩用的器具,此处用作动词,矫正。　　[53]服匿:盛酒酪的器具。小口,大腹,方底。穹庐:圆顶帐篷。　　[54]丁令:即丁灵或丁零,匈奴部落名。据说卫律投降匈奴后,被单于封为丁灵王。　　[55]武与李陵俱为侍中:李陵(?—前74)字少卿,汉武帝时为骑都尉。天汉二年(前99)出征匈奴,陷入重围,战九昼夜,终因寡不敌众,被迫投降,死在匈奴。其事迹见《汉书·李广传》。侍中,官名,为西汉大臣正规官职之外的加官,可出入宫廷,应对顾问。　　[56]说(shuì 税):劝说。足下:同辈相称的敬词。　　[57]亡(wú 吴):通"无"。下同。　　[58]长君:苏武的长兄苏嘉。奉车:官名。奉车都尉的省称。掌管皇帝出行时的车驾。　　[59]雍:春秋时秦郡,今陕西凤翔境内。棫(yù 玉)阳宫:秦昭王所建宫殿,汉代尚存。　　[60]辇(niǎn 撵):汉代指帝王乘坐的车。除:台阶。此指殿阶。　　[61]大不敬:中国古代侵犯皇帝人身、权力及尊严的一种罪名。　　[62]伏:通"服",使用。　　[63]孺卿：苏武的弟弟苏贤。河东：今山西南部。后土：指土地神。　　[64]宦骑（jì 计）：指骑马侍卫皇帝的宦官。黄门驸马：指驸马都尉，汉代掌管皇帝车马之官职。　　[65]大（tài 太）夫人：汉制，列侯之母称太夫人。此指苏武的母亲。　　[66]阳陵：今陕西咸阳东。　　[67]女弟：妹妹。　　[68]忽忽：恍忽，失意的样子。　　[69]保宫：拘禁犯罪大臣及家属的监狱。　　[70]春秋：此指年龄。　　[71]通侯：即"彻侯"。因避汉武帝刘彻讳，改称通侯。汉代爵分十二级，以通侯为尊。此处指其父苏建封平陵侯。　　[72]汤镬（huò 货）：酷刑用具（大锅中沸水烹人）。　　[73]壹：一定，表示决定。　　[74]分（fèn 奋）：料想。　　[75]王：指单于王，一说指李陵。匈奴封李陵为右校王，故称之为王。　　[76]效死：死给你看。效，验证。　　[77]喟（kuì 愧）：叹息声。　　[78]嗟（jiē 揭）乎：感叹词。　　[79]沾：沾湿。衿：同"襟"。　　[80]决：辞别。　　[81]陵恶自赐武：是说李陵不好意思亲自赐给苏武财物。恶，羞愧，不好意思。　　[82]区（ōu 欧）脱：匈奴语音译，指汉朝与匈奴连界处所建的土堡哨所，也称边界地区。云中：今内蒙古托克托。生口：活口，即俘虏。　　[83]上崩：此指汉武帝死。　　[84]南乡：面向南方。乡，通"向"。　　[85]临（lìn 吝）：哭吊。　　[86]昭帝：即刘弗陵，公元前87年继位。　　[87]上林：秦苑名，汉武帝时扩建，供皇帝春秋游猎。在今陕西周至、户县一带。　　[88]让：责问。　　[89]谢：道歉。　　[90]竹帛所载：指史册。　　[91]丹青所画：指图画。　　[92]驽（nú 奴）怯：比喻才能低下。驽，劣马。　　[93]贳（shì 式）：赦免，宽恕。　　[94]曹柯之盟：鲁庄公十三年（前681），齐桓公与鲁庄公在柯邑结盟，曹沫为鲁庄公胁迫齐桓公归还鲁国失地，取得胜利。曹沫，《左传》作曹刿。此处，李陵以曹沫自喻，说明想立功赎罪。　　[95]宿昔：往日，向来。　　[96]族：灭族，诛杀全族。　　[97]壹：一旦。　　[98]径：路径，穿过。　　[99]隤（tuí 颓）：坠落。　　[100]决：通"诀"，永别。　　[101]物故：死亡。　　[102]始元六年：汉昭帝继位的第六年，前81年。　　[103]太牢：以牛羊猪各一祭祀称为太牢。园庙：皇帝的陵墓与宗庙。　　[104]典属国：官名，掌管归附的各属国事务。　　[105]秩中二千石：汉代二千石的官秩分为三等。最高一等是中二千石，次为二千石，再次为比二千石。秩，俸禄。　　[106]复：免除赋税或徭役。　　[107]列侯：即"通侯"。见注[71]。　　[108]"上官桀"句：上官桀（？—前80），陇西上邽（今甘肃天水）人。武帝末年封安阳侯。受武帝遗诏与霍光共同辅佐幼主。其子上官安，娶霍光之女，生女六岁，即为昭帝皇后。上官安因为是皇后的父亲，被封为桑乐侯。上官桀父子阴谋杀霍光，废昭帝，立燕王。事败后，灭族。桑弘羊，武帝时为侍中，因善理财务，领大农丞，主管财会工作。后升任大农令兼治粟都尉，总管全国租税、盐铁、运输及财政事务。武帝末年任御史大夫。昭帝时，与上官桀谋反，被杀。燕王，名旦，武帝第三子，昭帝之兄。为了夺取皇位与上官桀等谋反，事败自杀。盖主，即武帝长女鄂邑长公主，因嫁盖侯为妻，故称鄂盖主或盖主。　　[109]坐死：被牵连处死。　　[110]霍光（？—前68）：字子孟，霍去病之弟，西汉权臣。昭帝幼年即位，霍光受武帝遗诏辅政。《汉书》卷六八有传。　　[111]燕王：即刘旦，汉武帝第三子。　　[112]苏武使匈奴二十年：实为十九年，"二十"取其整数。　　[113]长史：西汉时，丞相府、将军府等各有长史。此指霍光府中长史杨敞。　　[114]搜粟都尉：又名治粟都尉，掌管军粮。　　[115]颛：通"专"。　　[116]党与：党羽。　　[117]廷尉：官名，掌刑狱。　　[118]寝：搁置，扣下不发。　　[119]食邑：卿大夫的封地。因收其赋税而食，故名食邑。　　[120]"卫将军张安世"句：张安世（？—前62），字子孺。昭帝时封富平侯，宣帝时拜大司马。见《汉书·张汤传》。明习故事，熟悉过去的典章制度。　　[121]右曹：下属尚书令官员的加衔。　　[122]朔望：指朔望谒之礼。朔，指每月初一。望，指每月十五。　　[123]祭酒：对年长有德位尊者的敬称。　　[124]平恩侯：指许伯。平昌侯：指王无故。乐昌侯：指王无故的弟弟王武。　　[125]声问：音信，消息。　　[126]神爵二年：宣帝继位的第十四年，前60年。　　[127]甘露三年：前51年。　　[128]单于：指呼韩邪单于。　　[129]股肱：大腿与胳膊，喻指辅佐大臣。　　[130]麒麟阁：元狩元年（前122）武帝获麟时所建，在未央宫内。　　[131]法：模仿，效法，比照。　　[132]"车骑将军龙頟侯韩增"八句：韩增（？—前56），韩王信玄孙，历事三主，为人宽和自守。龙頟（é 峨），山东齐河境域旧称，又名龙雒。赵充国（前137—前52），字翁孙，西汉著名将领。魏相（？—前59），字弱翁，官至丞相，西汉政治家。丙吉（？—前55），字少卿，西汉名臣。杜延年（？—前52），字幼公，杜周之子，通晓法律，长期主管朝政。刘德（前171—前130），字路叔，汉景帝刘启第二子，西汉宗室，谥献王，藏书家。梁丘贺（生卒年不详），字长翁，西汉时今文《易》学"梁丘学"之开创者。萧望之（约前114—前47），字长倩，萧何的六世孙。　　[133]列：并列。方叔、召虎、仲山甫：三人均为辅佐周宣王中兴之功臣。　　[134]黄霸（前130—前51）：字次公，西汉大臣，善治郡县，为官清廉，外宽内明，文治有方，政绩突出，后世常将黄霸与龚遂作为"循吏"的代表，并称为"龚黄"。于定国（？—前40）：字曼倩，宣帝时曾任丞相，为人谦恭，能决疑平法，被时人所称赞。朱邑（？—前61）：字仲卿，当时朝廷重臣，秉公办事，不贪钱财，以仁义之心广施于民，深受吏民的爱戴和尊敬。张敞（？—前48）：字子高，西汉大臣，执法酷严，治理有方，政绩卓著。尹翁归（？—前62）：字子兄（kuàng 况），治盗干练，清廉严峻，语不及私，温良谦退，名誉朝廷。夏侯胜（生卒年不详）：字长公，为人质朴守正，简易而无威仪。通灾异之学，并善说礼服。西汉今文尚书学"大夏侯学"的开创者。　　[135]善终：天年老死而非遭横祸。　　[136]"志士仁人"三句：语出《论语·卫灵公》。　　[137]"使于四方"二句：语出《论语·子路》。

【解析】

《汉书·苏武传》以充分的史料，通过许多细节，描写了我国历史上的一位爱国英雄人物苏武。苏武出使匈奴，在个人安危和国家民族利益发生冲突需要做出选择的时候，能够大义凛然，视死如归，毫不动摇高尚的民族气节。即令流放北海，也不为饥饿严寒所屈服，渴饮雪，饥吞毡，持节牧羊，坚持到底。千百年来，"苏武牧羊"的故事，一直深受人们的喜爱。

《苏武传》中还有两个反面人物——卫律和李陵。他们从反面衬托了苏武的高大形象。班固把叛徒卫律和降将李陵的劝降跟苏武义正词严的拒降相对照，使苏武的形象更加光彩夺目。卫律投降匈奴后受到重用，为匈奴入侵出谋献策，单于使卫律审讯苏武及其他汉朝使者，但当他的威逼花招失灵以后，竟然厚颜无耻地说："苏君，律前负汉归匈奴，幸蒙大恩，赐号称王，拥众数万，马畜弥山，富贵如此。苏君今日降，明日复然。空以身膏草野，谁复知之！"面对卫律的无耻诱降，苏武感到受到莫大的侮辱，马上给他以严厉的斥责，使这个民族败类无地自容。

班固还写到了自惭形秽的降将李陵。当单于知道往日李陵与苏武素有深厚的友情，就派李陵去劝苏武投降。李陵试图从昔日的交往入手，动之以情义，分析苏武的切身利害，劝他投降，但苏武总是用坚定的语言回答他，并且最后表明了宁死不降的严正立场。李陵看见苏武忠诚不二，也觉得自己辜负了汉朝的期望，不敢再来拜访苏武。

在我国的历史长河中，苏武的忠勇之心和坚定的爱国情操，激励着一代又一代的中华儿女。苏武用他的选择与坚守对中华民族精神进行了阐释。苏武精神的核心是爱国情怀，是强烈的责任感与使命感，也充分体现了那个时代的诚信与友善。苏武的诚信是对国家民族的诚信，他的友善也是民族之间的友善，这种友善可以避免两个民族之间更大的战争。鲁迅先生曾说过：欲作一部中国的"人史"，"人史"中好坏人物皆有。在好人方面，排在第一的就是"啮雪苦节的苏武"。苏武品格中的忠诚既包括对国家的忠诚，还包括对事业、对家人、对朋友以及对百姓的忠诚。苏武是一位集伟大与平凡于一身的历史人物，他的形象也许并不完美，但很真实，正是这样的真实才更为人所敬重，更能穿透历史，其精神也更具生命力。

张骞传

〔东汉〕班固

【题解】

张骞（？—前114），汉中成固（今陕西城固）人，我国历史上著名的探险家、外交家，中亚交通的开拓者。他的功业事迹在《史记》的《卫青传》、《大宛传》和《汉书》的《张骞传》、《西南夷传》、《西域传》中都有记载。

汉武帝时，由于国力强盛，改变以往的消极和亲政策，开始对匈奴发起攻势。为了联络西迁的大月氏共同夹击匈奴，张骞于建元二年（前139）奉命出使。他穿过河西走廊、天山南路，翻越葱岭，经大宛、康居，到达位于今中亚阿姆河流域的大月氏和大夏。行程数万里，历时十三年，其间途经匈奴时两次被扣留，共达十一年之久，然而张骞坚贞不屈，终于回到汉朝。元狩四年（前119），张骞再次出使。他率领庞大的使团，携带价值数千万的财物，跋涉万里，抵达位于伊犁河流域和伊塞克湖一带的乌孙，然后又分别派出副使前往大宛、康居、月氏、大夏等国。

张骞以远大的视野和无畏的气魄两次出使西域，开辟了中亚交通的孔道，加强了中原与西域各民族的联系，发展了汉朝与中亚各国人民的友好关系，促进了中外政治、经济、文化的交流，使西汉王朝愈加安定富强。

　　张骞，汉中人也[1]，建元中为郎[2]。时匈奴降者言匈奴破月氏王[3]，以其头为饮器，月氏遁而怨匈奴，无与共击之。汉方欲事灭胡[4]，闻此言，欲通使，道必更匈奴中[5]，乃募能使者。骞以郎应募，使月氏，与堂邑氏奴甘父俱出陇西[6]。径匈奴[7]，匈奴得之，传诣单于[8]。单于曰："月氏在吾北，汉何以得往使？吾欲使越，汉肯听我乎？"留骞十馀岁，予妻，有子，然骞持汉节不失[9]。

　　居匈奴西，骞因与其属亡乡月氏[10]，西走数十日，至大宛[11]。大宛闻汉之饶财，欲通不得，见骞，喜，问欲何之。骞曰："为汉使月氏而为匈奴所闭道，今亡，唯王使人道送我[12]。诚得至，反汉，汉之赂遗王财物不可胜言[13]。"大宛以为然，遣骞，为发译道，抵康居[14]。康居传致大月氏。大月氏王已为胡所杀，立其夫人为王。既臣大夏而君之[15]，地肥饶，少寇，志安乐，又自以远远汉[16]，殊无报胡之心。骞从月氏至大夏，竟不能得月氏要领[17]。

留岁馀，还，并南山[18]，欲从羌中归[19]，复为匈奴所得。留岁馀，单于死，国内乱，骞与胡妻及堂邑父俱亡归汉[20]。拜骞太中大夫[21]，堂邑父为奉使君[22]。

骞为人强力，宽大信人，蛮夷爱之[23]。堂邑父胡人，善射，穷急射禽兽给食。初，骞行时百馀人，去十三岁，唯二人得还。

骞身所至者，大宛、大月氏、大夏、康居，而传闻其旁大国五六，具为天子言其地形、所有。语皆在《西域传》。

骞曰："臣在大夏时，见邛竹杖[24]、蜀布，问：'安得此？'大夏国人曰：'吾贾人往市之身毒国[25]。身毒国在大夏东南可数千里。其俗土著[26]，与大夏同，而卑湿暑热。其民乘象以战。其国临大水焉。'以骞度之[27]，大夏去汉万二千里[28]，居西南。今身毒又居大夏东南数千里，有蜀物，此其去蜀不远矣。今使大夏，从羌中，险，羌人恶之；少北，则为匈奴所得；从蜀，宜径[29]，又无寇。"天子既闻大宛及大夏、安息之属皆大国[30]，多奇物，土著，颇与中国同俗，而兵弱，贵汉财物；其北则大月氏、康居之属，兵强，可以赂遗设利朝也[31]。诚得而以义属之[32]，则广地万里，重九译，致殊俗，威德遍于四海。天子欣欣以骞言为然。乃令因蜀犍为发间使[33]，四道并出：出駹，出筰，出徙、邛，出僰[34]，皆各行一二千里。其北方闭氐[35]、筰，南方闭嶲、昆明[36]。昆明之属无君长，善寇盗，辄杀略汉使，终莫得通。然闻其西可千馀里，有乘象国，名滇越[37]，而蜀贾间出物者或至焉，于是汉以求大夏道始通滇国。初，汉欲通西南夷，费多，罢之。及骞言可以通大夏，乃复事西南夷。

骞以校尉从大将军击匈奴，知水草处，军得以不乏，乃封骞为博望侯[38]。是岁元朔六年也[39]。后二年，骞为卫尉，与李广俱出右北平击匈奴[40]。匈奴围李将军，军失亡多，而骞后期当斩，赎为庶人[41]。是岁骠骑将军破匈奴西边，杀数万人，至祁连山。其秋，浑邪王率众降汉，而金城[42]、河西并南山至盐泽[43]，空无匈奴。匈奴时有候者到，而希矣。后二年，汉击走单于于幕北[44]。

天子数问骞大夏之属。骞既失侯，因曰："臣居匈奴中，闻乌孙王号昆莫[45]。昆莫父难兜靡本与大月氏俱在祁连、焞煌间，小国也。大月氏攻杀难兜靡，夺其地，人民亡走匈奴。子昆莫新生，傅父布就翎侯抱亡置草中[46]，为求食，还，见狼乳之，又乌衔肉翔其旁，以为神，遂持归匈奴，单于爱养之。及壮，以其父民众与昆莫，使将兵，数有功。时，月氏已为匈奴所破，西击塞王[47]。塞王南走远徙，月氏居其地。昆莫既健，自请单于报父怨，遂西攻破大月氏。大月氏复西走，徙大夏地。昆莫略其众，因留居，兵稍强，会单于死，不肯复朝事匈奴。匈奴遣兵击之，不胜，益以为神而远之。今单于新困于汉，而昆莫地空。蛮夷恋故地，又贪汉物，诚以此时厚赂乌孙[48]，招以东居故地，汉遣公主为夫人，结昆弟[49]，其势宜听，则是断匈奴右臂也。既连乌孙，自其西大夏之属皆可招来而为外臣。"天子以为然，拜骞为中郎将，将三百人，马各二匹，牛羊以万数，赍金币帛直数千钜万[50]，多持节副使，道可便遣之旁国。骞既至乌孙，致赐谕指[51]，未能得其决。语在《西域传》。骞即分遣副使使大宛、康居、月氏、大夏。乌孙发译道送骞，与乌孙使数十人，马数十匹，报谢，因令窥汉，知其广大。

骞还，拜为大行[52]。岁馀，骞卒。后岁馀，其所遣副使通大夏之属者皆颇与其人俱来，于是西北国始通于汉矣。然骞凿空[53]，诸后使往者皆称博望侯，以为质于外国[54]，外国由是信之。其后，乌孙竟与汉结婚。

初，天子发书《易》[55]，曰"神马当从西北来"。得乌孙马好，名曰"天马"。及得宛汗血马[56]，益壮，更名乌孙马曰"西极马"，宛马曰"天马"云。而汉始筑令居以西[57]，初置酒泉郡，以通西北国。因益发使抵安息、奄蔡、犛轩、条支[58]、身毒国。而天子好宛马，使者相望于道，一辈大者数百，少者百馀人，所赍操[59]，大放博望侯时[60]。其后益习而衰少焉[61]。汉率一岁中使者多者十馀，少者五六辈，远者八九岁，近者数岁而反。

是时，汉既灭越[62]，蜀所通西南夷皆震，请吏。置牂柯、越巂、益州、沈黎、文山郡[63]，欲地接以前通

408

大夏。乃遣使岁十馀辈，出此初郡，皆复闭昆明，为所杀，夺币物。于是汉发兵击昆明，斩首数万。后复遣使，竟不得通。语在《西南夷传》。

自骞开外国道以尊贵，其吏士争上书言外国奇怪利害，求使。天子为其绝远，非人所乐，听其言，予节，募吏民无问所从来，为具备人众遣之，以广其道。来还不能无侵盗币物，及使失指，天子为其习之，辄覆按致重罪[64]，以激怒令赎，复求使。使端无穷[65]，而轻犯法。其吏卒亦辄复盛推外国所有，言大者予节，言小者为副，故妄言无行之徒皆争相效。其使皆私县官赍物[66]，欲贱市以私其利。外国亦厌汉使人人有言轻重，度汉兵远，不能至，而禁其食物，以苦汉使。汉使乏绝，责怨，至相攻击。楼兰、姑师小国[67]，当空道[68]，攻劫汉使王恢等尤甚。而匈奴奇兵又时时遮击之[69]。使者争言外国利害，皆有城邑，兵弱易击。于是天子遣从票侯破奴将属国骑及郡兵数万以击胡[70]，胡皆去。明年，击破姑师，虏楼兰王。酒泉列亭障至玉门矣[71]。

而大宛诸国发使随汉使来，观汉广大，以大鸟卵及黎轩眩人献于汉[72]，天子大说[73]。而汉使穷河源[74]，其山多玉石，采来，天子案古图书[75]，名河所出山曰昆仑云。

是时，上方数巡狩海上[76]，乃悉从外国客[77]，大都多人则过之，散财帛赏赐，厚具饶给之，以览视汉富厚焉。大角氏[78]，出奇戏诸怪物，多聚观者，行赏赐，酒池肉林[79]，令外国客遍观各仓库府臧之积[80]，欲以见汉广大[81]，倾骇之。及加其眩者之工[82]，而角氏奇戏岁增变，其益兴，自此始。而外国使更来更去。大宛以西皆自恃远，尚骄恣，未可诎以礼羁縻而使也[83]。

汉使往既多，其少从率进孰于天子[84]，言大宛有善马在贰师城[85]，匿不肯示汉使。天子既好宛马，闻之甘心，使壮士车令等持千金及金马以请宛王贰师城善马。宛国饶汉物，相与谋曰：“汉去我远，而盐水中数有败，出其北有胡寇，出其南乏水草，又且往往而绝邑[86]，乏食者多。汉使数百人为辈来，常乏食，死者过半，是安能致大军乎？且贰师马，宛宝马也。”遂不肯予汉使。汉使怒,妄言[87],椎金马而去[88]。宛中贵人怒曰[89]:"汉使至轻我!"遣汉使去,令其东边郁成王遮攻,杀汉使,取其财物。天子大怒。诸尝使宛姚定汉等言:"宛兵弱,诚以汉兵不过三千人,强弩射之,即破宛矣。"天子以尝使涩野侯攻楼兰,以七百骑先至,虏其王,以定汉等言为然,而欲侯宠姬李氏[90],乃以李广利为将军,伐宛。

骞孙猛,字子游,有俊才,元帝时为光禄大夫[91],使匈奴,给事中[92],为石显所谮[93],自杀。

《汉书》卷六一

【注释】

[1]汉中:今陕西汉中东。 [2]郎:帝王的侍从官。 [3]月氏(zhī 支):也作"月支"。古代西域国名。秦汉之际居敦煌和祁连间,汉文帝时被匈奴击败,大部分人西迁至今新疆伊犁河上游,占据塞种人故地,称大月氏;少数没有西迁的人进入祁连山,称小月氏。 [4]胡:古代对北方和西方各族的泛称,这里指匈奴。 [5]更(gēng 庚):经过。 [6]堂邑氏奴甘父:堂邑氏的奴仆,名甘父。 [7]径:取道,路过。 [8]诣(yì 艺):到。 [9]节:节杖,古代使臣持的表明身份的凭证。 [10]乡(xiàng 象):通"向",方向。 [11]大宛(yuān 渊):古西域国名,西

南与大月氏为邻,盛产名马。　　[12]道:通"导",向导,引导。　　[13]遗(wèi 位):赠与。　　[14]康居:古西域国名。东临乌孙、大宛,南接大月氏,西与奄蔡交界。　　[15]大夏:中亚古国名。在今阿富汗北部一带,西汉时为大月氏所灭。　　[16]又自以远远汉:第一个"远"字是形容词,遥远;第二个"远"字是动词,疏远。　　[17]要领:喻事物的重点和关键。　　[18]并(bàng 棒):通"傍",靠近。　　[19]羌(qiāng 枪):我国古代西部民族名。部落众多,主要分布在今甘肃、青海、四川一带。　　[20]堂邑父:前面所说堂邑氏奴甘父。　　[21]太中大夫:郎中令属,掌管论议。　　[22]奉使君:堂邑父的封号。　　[23]蛮夷:对西域各国各族的泛称。　　[24]邛(qióng 穷):汉代西南少数民族名。一说即邛崃山,在成都平原西。　　[25]身(yuán 员)毒:古印度的音译。　　[26]土著:定居,有城郭,不逐水草而迁徙。　　[27]度(duó 夺):忖度,推测。　　[28]去:距离。　　[29]宜径:应当径直前往。　　[30]安息:亚洲西部古国名,地处伊朗高原。　　[31]赂遗(lùwèi 路卫):赠送财物。设利朝:施之以利,诱之入朝。设,施也。　　[32]诚:果真,果能。　　[33]犍为:犍为郡,今四川宜宾西南。间使:负有见机行事使命的使者。　　[34]駹(máng 忙)、筰(zuó 昨)、徙、邛、僰(bó 帛):我国古代几个西南少数民族名。　　[35]氐:古族名,分布在今陕西、甘肃、四川等地。　　[36]巂(suǐ 虽,上声)、昆明:我国西南古族名。　　[37]滇越:西南古国名,族名。　　[38]博望侯:侯爵名。取其能广博瞻望的意思。　　[39]元朔六年:公元前123年。　　[40]右北平:右北平郡。　　[41]庶人:平民。　　[42]金城:古县名,在今甘肃兰州西北。　　[43]河西、南山、盐泽:古地名,在今甘肃、青海两省黄河以南地区。　　[44]幕:通"漠",沙漠。　　[45]乌孙:古代西域国名,在今新疆伊犁河流域。　　[46]布就:人名。翕(xī 西)侯:乌孙官职名。　　[47]塞:古西域部族名。　　[48]赂:赠送财物。　　[49]昆弟:兄弟。　　[50]赍

（jī 基）：携带。　　[51]谕指：谕，晓告。指，通"旨"，意旨。　　[52]大行：官名。掌管接待宾客。　　[53]凿空：开通，打通。　　[54]质：诚信。　　[55]《易》：即《易经》，卜筮之书。"发书《易》"就是用《易经》的办法占卜。　　[56]汗血马：大宛国所出的一种骏马，据说汗从前肩出，色如血，故名。　　[57]令居：县名，今甘肃永登西北。　　[58]奄蔡、犛靬（líjiān 离奸）、条支：三个西域古国名。　　[59]操：持，携带。这里指携带彼国节符与货币。　　[60]放（fǎng 仿）：模仿，依照。　　[61]衰：递减。　　[62]越：即南越。秦末，赵佗自立为南越国王。汉武帝元鼎六年（前111）灭南越，设置南海、苍梧、郁林、合浦、交趾、九真、日南、珠厓、儋耳等九郡。事见《史记·南越列传》。　　[63]牂（zāng 赃）柯、越嶲（suǐ 虽，上声）、益州、沈（chén 沉）黎、文山：牂柯，今贵州凯里西北。越嶲，今四川西昌东南。益州，今云南晋宁东北。沈黎，今四川汉源东北。文山，今四川汶川。　　[64]覆按：反复审查。　　[65]端：事。　　[66]县官：指朝廷、官府。　　[67]楼兰：古西域国，在今新疆罗布泊西。姑师：古西域国，今新疆吐鲁番一带。　　[68]空道：同"孔道"，即大道。　　[69]遮：阻拦。　　[70]破奴：即赵破奴，汉骠骑将军司马，封从骠侯、浞（zhuó 酌）野侯。　　[71]亭障：古代在边防地带修筑的堡垒。　　[72]眩（huàn 幻）：通"幻"。眩人，即魔术艺人。　　[73]说（yuè 月）：通"悦"，喜悦。　　[74]穷：寻求到尽头。　　[75]图书："河图洛书"的省称。古代以讲符命占验为主要内容的书。　　[76]巡狩：皇帝视察各地。　　[77]从：使随从。　　[78]大角氐：古时的一种竞技表演，略同于现代的摔跤，后泛称各种乐舞杂戏。　　[79]酒池肉林：形容酒肉极多，筵席奢华。　　[80]臧：同"藏"，储藏。　　[81]见：同"现"，显现，显示。　　[82]工：技巧。　　[83]诎（qū 屈）：屈服。羁縻：联络，维系。　　[84]少从：随同使节出使国外的年轻人。　　[85]贰师城：大宛城名，故址在今乌兹别克斯坦马尔哈马特。　　[86]绝邑：没有城郭。　　[87]妄言：此指唾骂。　　[88]椎（chuí　垂）：击打。　　[89]宛中贵人：指宛王左右的重臣。　　[90]李氏：武帝宠妃李夫人，李广利之妹。　　[91]光禄大夫：官名。掌顾问应对。　　[92]给事中：官名。为列侯、将军等的加官，常在皇帝左右侍从，备顾问应对等事。　　[93]石显：汉元帝时一位权倾一时的宦官。谮（zèn　怎，去声）：说坏话诬陷他人。

【解析】

张骞通西域在两千多年前是一件艰巨的事业。张骞最初出使，是为了能完成汉武帝交付的联络西迁的大月氏，共同夹击匈奴的任务，沿途既要逾越路途艰险、山河横断、草原沙漠、气候变迁的自然险阻，又要战胜语言不通、习俗殊异、饥寒侵扰、生死安危等种种难关，其艰险是常人难以想象的。而张骞能够以民族和国家利益为重，勇往直前，忠贞不屈，历时十数年，致力于"凿空"中西交通的通道，其探险行动足以彪炳史册。

张骞出使西域是中国人认识世界、走向世界的一个新起点。汉初的西部边疆，初时定在陇西郡，武帝时期能够逐渐向西伸展，这显然是与张骞的开拓西进分不开的。而且，张骞在地理学史上也是个"先行者"。他的西行实践扩展了中国人的视野，提升了有关"天下"的认知水平。张骞出使西域的意义，就在于加强了中原和西域的交流和联系，丰富了祖国各民族的社会生活内容，促进了各民族的发展，这是中国政治、经济、文化生活中的一件大事。

虽然自先秦以来，中原就有与西域各地联系的渠道，但是这条东西经济文化交流的渠道即丝绸之路的开通和活跃，实际上是从张骞出使西域之后才开始的。中原的医学、铸铁冶炼、凿井等技术相继传入西域，同时中原精美的手工艺品，特别是丝绸、漆器、玉器、铜器也相继传到西方；西域的土产如苜蓿、葡萄、胡桃（核桃）、石榴、胡麻（芝麻）、胡豆（蚕豆）、胡瓜（黄瓜）、大蒜、胡萝卜，各种玉石、毛织品、毛皮，良马、骆驼、狮子、驼鸟，以及西方的音乐、舞蹈、绘画、雕塑、杂技等也相继传入中原。可以说这条道路的开通，极大地促进了内地与西方的商品交流、文化交流和宗教交流。

作为沿线各国共同促进经贸文化发展产物的丝绸之路，是古代亚欧互通有无的商贸大道，也是促进亚欧各国和中国的友好往来、沟通东西方文化的友谊之路。从这个意义上讲，张骞所完成的事业，正式揭开了东西交通的序幕，使得中国、印度、西亚和希腊、罗马等古代文明有了直接的交流和交互影响。如果说公元前139年汉朝"凿空西域"具有划时代的全球意义，那么张骞对东西方文明交流史的贡献堪称卓越。